国家骨干高职院校工学结合创新成果系列教材

应用文写作教程

主　编　王　彦　黄小娥
副主编　陈华炎　区诗琳　莫千娟　宋晓玲
主　审　罗显克

内 容 提 要

本书采用项目化的编排体例,设计了应用文写作基础知识、党政公文写作、事务文书写作、经济文书写作、礼仪文书写作、传播文书写作、科技文书写作六个项目,每个项目设置了任务,通过引导学生完成任务,使其在任务完成过程中主动获取理论知识,训练写作技能。本书理论精要,例文典型新颖,练习实操性强,突出了高职教育特色。

本书既可以作为高职高专院校各专业应用文写作课程的教材,也可以作为相关从业人员的培训用书或参考用书。

图书在版编目(CIP)数据

应用文写作教程 / 王彦,黄小娥主编. -- 北京:中国水利水电出版社,2015.5(2018.7重印)
国家骨干高职院校工学结合创新成果系列教材
ISBN 978-7-5170-3211-3

Ⅰ.①应… Ⅱ.①王… ②黄… Ⅲ.①汉语-应用文-写作-高等职业教育-教材 Ⅳ.①H152.3

中国版本图书馆CIP数据核字(2015)第112583号

书　　名	国家骨干高职院校工学结合创新成果系列教材 **应用文写作教程**
作　　者	主　编　王　彦　黄小娥 副主编　陈华炎　区诗琳　莫千娟　宋晓玲 主　审　罗显克
出版发行	中国水利水电出版社 (北京市海淀区玉渊潭南路1号D座　100038) 网址:www.waterpub.com.cn E-mail:sales@waterpub.com.cn 电话:(010)68367658(营销中心)
经　　售	北京科水图书销售中心(零售) 电话:(010)88383994、63202643、68545874 全国各地新华书店和相关出版物销售网点
排　　版	中国水利水电出版社微机排版中心
印　　刷	北京合众伟业印刷有限公司
规　　格	184mm×260mm　16开本　18印张　426千字
版　　次	2015年5月第1版　2018年7月第2次印刷
印　　数	2001—4000册
定　　价	**48.00元**

凡购买我社图书,如有缺页、倒页、脱页的,本社营销中心负责调换

版权所有·侵权必究

前言

为了适应高职教育的特点，达到培养学生职业技能，提高应用写作能力的目的，我们结合多年的应用文写作教学实践，编写了这本《应用文写作教程》。

本教材与以往的教材相比，突出了"新"的特点。

一、体系结构新

项目化的体系结构符合高职教育的人才培养规律，反映了高职教学改革的新成果。全书除应用写作基础知识外，从实际工作岗位文书拟制工作需要出发，把全书分成党政公文写作、事务文书写作、经济文书写作、礼仪文书写作、传播文书写作、科技文书写作六个项目，每个项目设置了任务，强调引导学生在完成工作任务的过程中主动建构理论知识和实践技能，从而培养和提升学生的职业能力。

二、内容新

首先，本教材在编写过程中，力求吸取应用写作理论研究和实践教学的最新成果，比如"党政公文写作"项目，就依据了最新文件《党政机关公文处理工作条例》（2012年7月1日起施行），保证了教材所涉及理论知识紧跟时代步伐，反映社会发展、学科研究的最新成果。其次，在例文的选择上，在追求典型性、可模仿性的同时，强调采用近两年新出的文章，兼顾地域、行业特点，充满时代气息。

三、实训练习编排新

本教材舍弃了以知识记忆为主的传统思考练习方式，代之以情境模拟、写作实训为主，交流探讨为辅的训练方式。在练习编排上设计了情景模拟、技能实训、综合练习、学习交流4个模块，力求教材所选文种都有一道以上实训练习，使每个文种都能通过练习得到巩固和提高，能使学习者学有所获。

本教材编写方案由王彦提出，各项目编写具体分工如下：项目一由王彦编写；应用文写作基础知识、项目二由黄小娥编写；项目三、项目六由陈华炎编写；项目四由莫千娟编写；项目五由区诗琳编写。初稿完成后，由王彦负责全书的统稿并做了具体的修改。

在本书的编写过程中，我们借鉴引用了一些同类教材、专著、报纸、网络中的有益资料，在此谨向有关作者致以深深的谢意。由于编者学识有限，疏漏与不妥之处在所难免，诚望专家学者拨冗赐教，敬请读者批评指正。

编者
2015 年 5 月

目 录

前言

绪论 应用文写作基础知识 …… 1
  第一节 应用文写作概论 …… 2
  第二节 应用文的主旨 …… 7
  第三节 应用文的材料 …… 11
  第四节 应用文的结构 …… 16
  第五节 应用文的语言 …… 19
  本项目小结 …… 25
  本项目练习 …… 25

项目一 党政公文写作 …… 29
  任务一 学习党政公文基本知识 …… 30
  任务二 发布公告通告 …… 37
  任务三 拟发通知通报 …… 43
  任务四 撰写报告请示批复 …… 53
  任务五 拟制函纪要 …… 64
  本项目小结 …… 72
  本项目练习 …… 72

项目二 事务文书写作 …… 76
  任务一 制定计划 …… 77
  任务二 拟写总结 …… 82
  任务三 撰写调查报告 …… 86
  任务四 制作简报 …… 94
  任务五 写作会议记录 …… 100
  本项目小结 …… 104
  本项目练习 …… 104

项目三 经济文书写作 …… 107
  任务一 拟写意向书 …… 109
  任务二 撰拟合同书 …… 114
  任务三 撰写招标书、投标书 …… 131
  任务四 撰拟市场预测报告 …… 144

本项目小结 ·· 148
　　本项目练习 ·· 148

项目四　礼仪文书写作 ·· 154
　　任务一　撰写欢迎词、欢送词 ·· 155
　　任务二　学会写开幕词、闭幕词 ··· 162
　　任务三　写作感谢信、慰问信、表扬信 ··· 168
　　任务四　写作申请书、倡议书 ·· 177
　　任务五　写作介绍信、证明信 ·· 183
　　本项目小结 ·· 186
　　本项目练习 ·· 186

项目五　传播文书写作 ·· 188
　　任务一　拟发新闻 ·· 190
　　任务二　制作广告 ·· 208
　　本项目小结 ·· 213
　　本项目练习 ·· 213

项目六　科技文书写作 ·· 216
　　任务一　撰写实习报告 ··· 219
　　任务二　撰写毕业设计报告 ·· 232
　　任务三　写作毕业论文 ··· 242
　　本项目小结 ·· 254
　　本项目练习 ·· 254

附录一 ·· 256

附录二 ·· 262

参考文献 ·· 280

绪论　应用文写作基础知识

学习目标：

一、知识目标
（1）了解应用文写作的重要性；了解应用文写作与文学创作的区别。
（2）理解"主旨"的概念与作用。
（3）了解"材料"的概念与作用及材料处理的方法。
（4）了解应用文写作的基本结构及构成要素。
（5）了解应用文语言的基本特征；通过阅读应用文熟悉其语言的风格要求。

二、能力目标
（1）能辨别应用文与非应用文的异同。
（2）能概括应用文的主旨。
（3）能恰当地运用材料体现主旨。
（4）能熟练地进行应用文结构构思。
（5）能恰当运用叙述、说明、讨论等表达方式写作常用应用文。

案例导入：

试比较下面的两段文字，思考：应用文与一般文章有什么不同？应用文的特点有哪些？

【例文0-1】

同志们：

中国共产党第十二次代表大会现在开幕。

我们这次代表大会的主要议程有三项：（一）审议第十一届中央委员会的报告，确定党为全面开创社会主义现代化建设新局面而奋斗的纲领；（二）审议和通过新的《中国共产党章程》；（三）按照新的党章的规定选举新的中央委员会、中央顾问委员会和中央纪律检查委员会。

——邓小平：《中国共产党第十二次代表大会开幕词》

上面用简洁明了的文字指出中国共产党第十二次代表大会的议程，毫不含糊，使与会者明白，会议就照此进行。它是应用文。

【例文0-2】

一语未完，只听后院中有笑语声，说："我来迟了，没得迎接远客！"黛玉思忖道："这些人个个皆敛声屏气如此，这来者是谁，这样放诞无礼？"心下想时，只见一群媳妇丫头拥着一个丽人从后房进来：这个人打扮与姑娘们不同，彩绣辉煌，恍若神妃仙子。头上戴着金丝八宝攒珠髻，绾着朝阳五凤挂珠钗，项上戴着赤金璎珞圈，身上穿着缕金百蝶穿花大红云缎窄袄，外罩五彩刻丝石青银鼠褂，下着翡翠撒花洋绉裙；一双丹凤三角眼，两弯柳叶掉梢眉，身量苗条，体格风骚；粉面含春威不露，丹唇未启笑先闻。黛玉连忙起身接见。贾母笑道："你不认得他：他是我们这里有名的一个泼辣货，南京所谓'辣子'，你只叫他'凤辣子'就是了。"

——《红楼梦》第三回

这段文字准确地描写了王熙凤的出场，未见其人，先闻其声。整段文字简洁、形象、逼真，使读者对这个人物有一个感性的认识。它是文学作品。如果应用文这样写，就会使人感到莫名其妙。应用文写作的目的是要办事，与文学作品不一样，在写法上也有不同的特点。

第一节 应用文写作概论

应用文写作是一门综合性、实践性很强的课程，其目的在于通过本课程的教学实践活动，使学生了解一般文章写作的基础知识，学会一些常用文体的写作方法，提高阅读能力和写作能力，树立良好的文风；能运用所学知识和技能，正确地表情达意，自觉地为社会主义物质文明建设和精神文明建设服务。

一、应用文的概念

应用文也叫实用文，是指人们在处理公私事务、沟通信息时所撰写的应用性文章。在

1998年举行的第三届现代应用文国际研究会上,研究者达成了共识,把一切非文学写作统称"应用文写作"。

(一) 应用文体的沿革

应用文的产生,大体上与文字的产生同步。文字的产生,主要是为了记事、交际,此外是抒发感情。当初记事的片言只语就是无意识的应用文创作。随着文字和社会生活的发展,应用文也逐渐发展和丰富起来。

周代的《尚书》是目前我国最早的应用文汇编。春秋战国时期,使用较多的有书、檄文、辞令和盟书4种应用文体;秦汉有章、表、奏、议、制、诏、策、戒等;隋唐有册、制、敕;元代有圣旨、令旨、懿旨等;明清有题、奏、启、揭帖、表、书状、文册、笺等。正式将应用文作为一种文体提出的是清代学者刘熙载,他在《艺概·文概》中说:"辞命体,推之即可为一切应用之文。应用文有上行、有平行、有下行。重其辞乃所以重其实也。"他不仅对应用文作了简要说明,还根据应用文的行文方向,把它分为3种,研究更深入了。

(二) 未来应用文体的发展趋势

新世纪以来,应用文体写作也出现了新的发展趋势。据统计,现代实用文的文种已达数千个,即使是通用常用的文种也有近两百个。随着经济体制的改革和发展,将会有许多新的应用文文种出现,实用的体系会更完善,写作的手段也会更加现代化。具体表现如下。

1. 内容更趋专业化

随着社会进步和科技的发展,专业分工越来越细,必然要求现代实用文体也趋向专业化。目前,我国所缺乏的就是某些领域的专门性应用写作人才。

2. 适用范围国际化

随着经济日趋全球化,国家、区域、集团之间商务往来日益频繁,应用文的使用范围也逐渐国际化。

3. 写作格式通用化

各国之间商务往来的增加,生产经营跨国化的出现,国与国之间的交往以及人际关系的沟通,给应用文写作带来的是文体上的融合,如各种进出口单证、邀请函、信用证等,其格式在国际化范围内日趋通用化。

4. 书写手段现代化

科学技术的飞跃发展,带来了现代化办公设备的改变,也改变着现代应用文体的写作手段。电脑写作、声像配合、网络传输等,使应用文的传播和阅读方式发生重大变革。

5. 语言表达双语化

随着国际交往的日益增加,在涉外应用文中已逐渐采用了双语甚至多种语言,从而令应用文在不同的语言环境中也能准确地进行信息传递。

二、应用文的特点

应用文是万世文章之鼻祖,在千百年的发展中,由于应用的特点,形成了其自身独特的表达方式和写作样式。由于应用文种类较多,各类应用文的特点也不尽相同,但从整体而言，应用文具有自身的规律与共同的特征。

1. 鲜明的实用性

实用性是应用文最为根本的特征。一般文学作品的创作是"有感而发"，诗歌、散文、小说等文学作品主要是表达人们的喜怒哀乐、抒发感情、反映对现实的认识和感悟。而应用文的写作主要是为了解决实际问题，是"有事而发，无事不发"。

汉代学者王充说："为世用者百篇无害，不为用者一章无补。"应用文有别于其他文体的就是它的实用性，例如，要和远方的朋友联系，就要写信；要借款，就得立字据；向上级汇报工作、反映情况，要写报告；推销产品，要写广告等，这些都是为了解决实际问题，所以应用文往往被人称为实用文，是"为实用而作之文"，其写作目的是为了解决问题或沟通关系的需要，与人们的关系十分密切，几乎无时不用，无处不在。

2. 内容的真实性

文学作品来源于生活又高于生活，人物、事件等都可以虚构加工，而应用文则不可以，其内容必须真实，写作时必须坚持实事求是的原则，来不得半点虚构和杜撰。文中所写的数据、材料等要准确；所表达的意见、主张要真实；所发布、传达的上级指示精神要确切，没有经过任何艺术加工，否则作者将承担一定的行政和法律责任。

3. 格式的规范性

文学作品贵在求新、奇、特，讲究构思巧妙，而应用文则不同。由于社会交往实际的需要，应用文的文体形式日益完善和充实，其格式要求有的是约定俗成，有的是由行政机构作出统一规定，为大家所共同遵守，这就是应用文的规范性。例如，会议纪要、演讲稿、倡议书、合同、条据等都有其规定和惯用的格式，不可以随意更改和创新，大家必须严格遵守。

应用文格式的规范性主要体现在两个方面：一是文种的规范，即涉及什么样的事务使用什么样的文种，是约定俗成或明文规定的，应遵照执行；二是格式的规范，即每一文种在写法上有固定的格式规范，不能随意变更。

4. 语体的独特性

应用文的语言具有准确、简明、质朴和庄重的特点。其表达方式以叙述、说明为主，以议论为辅，要避免使用一些不切实际的形容词和不适宜的比拟、夸张等修辞方法。除此之外，人们在长期实践中已形成了一系列的专用词汇和习惯语。

5. 强烈的时效性

应用文是为处理工作或生活中的事务应运而生的。由于大多数的事务在处理时都要讲求时效，所以，应用文也具有强烈的时效性，随着工作的完成，与之相关的文件、文章也就失去了其效用，转化为档案资料。如请示、通知、新闻、计划、合同、毕业论文等。

6. 对象的明确性

文章是写给人看的，即要有一定的读者对象。一般的文章或文学作品的读者对象范围比较广，没有严格的针对性，像一首诗、一篇小说、一部电影剧本，老少不分，雅俗共赏。而应用文不同，它有明确的范围，特定的读者对象，并有明显的约束力。就是说写给谁看，谁就非读不可。例如，信写给谁，字据写给谁，报告打给谁，都有对象，即使是一些广告、启示也是针对有关消费者、知情者的，只不过对象范围大一些。至于国家规定的法令、条例，任何人不得违反，人人都要看。所有这些都不存在读者对象愿不愿意看的问题，所以写应用文一定要明确读者对象，只有这样，写出的文章才有的放矢。

7. 文体的生动性

事实上，在现代生活中，应用文不单纯是一种简单的语言载体，更重要的也是一种思想载体和感情载体。一篇漂亮的应用文，同样不乏文采和智慧。恩格斯在马克思墓前的著名演说，毛泽东在开国大典上的庄严宣告，周恩来在记者招待会上的精彩答辞，无一不体现着伟人们的气度与智慧，也无一不是思想与感情的和谐统一。在现代经济活动中，一份颇有独到之处的求职信、一个富有创意的广告策划、一份别具慧眼的市场调查报告、一篇详细的产品说明书，乃至一个匠心独运的启事和信函，都体现着一个人的才华和能力。

三、应用文的类型

划分应用文的种类，可以帮助我们明确要学习的应用文的范围。按照应用文的使用功用来划分，其种类如下。

1. 通用类

通用类是指人们在办公或办事中普遍使用的文书。

（1）党政公文类：指《党政机关公文处理工作条例》中所规定的文种。党政机关公文是党政机关实施领导、履行职能、处理公务的具有特定效力和规范体式的文书，是传达党和国家方针政策，公布法规和规章，指导、布置和商洽工作，请示和答复问题，报告、通报和交流情况等的重要工具。包括决议、决定、命令（令）、公报、公告、通告、意见、通知、通报、报告、请示、批复、议案、函、纪要等15种。

（2）通用事务类：包括调查报告、工作总结、述职报告、简报、计划、规章制度和会议材料等。

（3）个人事务类：如日记、读书笔记及各类信函等。

2. 专用类

专用类是指指专业性较强的文书。

（1）科技类：如毕业论文、学术论文、专利申请书、实验报告等。

（2）财经类：如市场预测报告、市场调查报告、经济活动分析报告及经济合同等。

（3）司法类：如诉状、辩护词、公证书和判决书等。

（4）传播类：如消息、通信、特写和广告等。

四、应用文的撰稿人应具备的素养

1. 扎实的专业知识

（1）提高政治理论修养。应用文具有强烈的思想性与政治性。这就要求撰写者要有较高的政治理论水平，要不断地学习党和国家的方针、政策，了解形势的发展，坚持科学发展观，才能站在正确的立场上，用辩证唯物主义的观点去认识事物、分析问题、解决问题。我们必须不断加强政治理论的学习和修养，才能使撰写的应用文符合党和国家的方针政策，否则将无法胜任工作。

(2) 要提高自身的道德修养。人们常说"文如其人",没有好的品德,就不会写出好的文章。我们讲"作文先做人"。应用文写作从实际需要出发,是为了解决人们生活、学习、工作中出现的问题的。因此,这就要求我们要有较强的责任心,有辩证唯物主义世界观,有一分为二的实事求是的工作态度和良好的职业道德。

(3) 要有多方面的知识积累。应用文写作涉及社会生活的各个领域、各个层面,并与方方面面的知识密切相关,需要多方面的知识积累。要写出较高水平的文章,作者必须全面提高自己的修养。

2. 较强的逻辑思维能力

逻辑思维能力,是指正确、合理地对事物进行观察、比较、分析、概括、判断及推理,采用科学的逻辑方法,准确而有条理地表达自己的思维过程的能力。科学的逻辑思维能力是一种辩证的、多维的、严谨的思维能力。

逻辑思维能力有助于应用文的撰稿人正确领悟和运用国家法律法规,快速领会写作意图,准确把握行文重点和要求,根据主题思路进行符合逻辑的拓展和延伸写作;有助于应用文撰稿人在面对错综复杂的管理工作,甚至是与事实或实质相违背的情况时,认真观察,沉着冷静地研究和分析问题,准确地把握事实的本质,提出科学合理、切实可行的解决问题的方案;同时,还有助于增强表达能力,高效传递管理者的意图,从而大大提高组织管理水平和管理效率。总之,培养较强的逻辑思维能力是写出内容充实、逻辑清晰的优秀应用文的一个重要前提。

3. 良好的文字表达能力

应用文撰稿人要想文章能够做到文约事丰、文简而理周,使受文者准确理解发文者的意图和把握应用文的主题,就必须具备良好的文字表达能力,如熟悉语法,注意用词的准确与规范,重视词语的锤炼,掌握特定的表达方式,文字表述言简意赅,等等。

提高撰稿人的文字表达能力一方面是要多读,广泛阅读优秀应用文;另一方面要多写,即亲自动手,将所学的知识应用到写作活动中,不断地思考、写作、修改,循环往复,逐渐将别人的经验转化成自身的知识和能力,从而撰写出高水平的应用文。

4. 严谨的写作态度

常言道,态度决定行为,行为决定细节,细节决定成败。同样,在应用文写作活动中,撰稿人的态度决定着应用文的质量,而应用文质量代表着一个组织的对内对外形象,并直接影响着组织的管理效率。因此,撰稿人要时刻以组织利益为重,做到言之有据、言之有理,实事求是地反映客观事物的规律,以事立言,不夸大成绩,不回避问题,不以主观代客观,不评好恶下结论。只有这样才能客观、准确、高效地完成应用文写作的任务。

绪论 应用文写作基础知识

案例导入:

阅读下面的应用文,思考:
1. 文章的主旨是什么?
2. 文章是如何围绕主旨层层展开说明的?

【例文 0-3】

萌动·嬗变·提高——××省青年农民精神文化生活调查

在改革开放的20余年中,我国农村发生了三次历史性飞跃:一是家庭联产承包责任制的实施,二是乡镇企业的遍地开花,三是目前正在推进的小城镇建设。与此相适应,农村社会经济生活出现了前所未有的大变动、大震荡、大发展。在这社会经济转型期,正如上所述,农村青年的文化精神生活发生了剧烈的嬗变。特别是青年农民大量向城镇和非农产业的转移,把各种价值观念和生活习俗带给了城市,但他们很快又被城市的运作规则所同化、所融合。相反,城市的理念、生活方式、价值观念从各个方面对他们进行了重塑,在潜移默化中拓宽了青年的视野,使他们的价值取向、人生追求发生了极大的转换。(略)

如何加强农村精神文明建设的力度,如何使他们的人生态度、理想信念、生活方式、价值观念与整个社会的主导价值体系取得一致,从而激发起广大农村青年为中华民族的伟大复兴而努力奋斗的爱国热情,这一问题值得引起农村各级党、团组织的高度重视。为此,仅提出粗略的若干措施。

一、坚持正确思想导向,提升农村青年工作的文化内涵。(内容略)

二、服务青年实际要求,夯实思想政治工作的群众基础。(内容略)

三、发展教育事业,提高青年农民的科技文化素质。(内容略)

四、增大投入力度,加快基础文化设施建设。(内容略)

本文用小标题的形式在每段段首表明了从属主旨。这些从属主旨从不同侧面、不同角度层层展开,说明了基本主旨,使基本主旨与从属主旨达到和谐统一,便于读者清晰地领会全文的精神实质。

第二节 应用文的主旨

一、应用文主旨的概念

主旨又称题旨、立意等,是通过文章的具体材料所表达的中心思想、基本观点或要说明的主要问题,是作者对客观事物的评价和态度。

二、应用文主旨的作用

(一)主旨是文章的灵魂和生命

主旨决定着应用文质量的高低、价值的大小、作用的强弱和影响的好坏。应用文的主旨一旦确立,它就成了全文的中心,全篇文章就有了灵魂和生命。主旨的正确与否、深刻与否，决定着文章的质量、作用、影响和价值。

（二）主旨是文章的统帅，处于支配地位

每一篇应用文的材料取舍、谋篇布局、技巧运用，乃至拟订标题、遣词造句等，都受到主旨的制约，并服从于主旨的需要。

三、对主旨的要求

应用文的主旨一般来自三个途径：单位领导、工作实践、党政机关文件。

（一）正确

符合国家的法律、法规，符合党和国家的路线、方针、政策，符合客观实际情况，能放映客观事物的本质规律，经得起实践和时间的检验。主旨正确与否直接影响到能否科学高效地解决和处理各种工作问题。

（二）鲜明

文学作品的主旨是含蓄的、曲折的、隐晦的、令人回味的，讲究余音绕梁，三月不绝于耳的美感。而应用文的主旨不能像文学作品的主旨那样含蓄隐晦，令人回味。要直截了当点明主旨，表明态度，提出观点，拿出解决问题的措施和办法，一定要把思想态度表达得清楚、明白。赞成或反对、提倡或禁止、肯定或否定，都一目了然。

（三）客观

应用文主旨是应客观实际的需要，为解决实际问题而产生的具体方法，其主旨确立在全文写作之前，就是所说的"意在笔先"。而文学作品的主旨是从生活中、从已经获取的材料中提炼出来的，是写作者对于生活的有感而发，往往反对主旨先行。

（四）集中

一般说文学作品的主旨具有复杂性，对主旨的理解更呈多元化。然而应用文的主旨却单一、明确，常常是一文一事，一文一主旨。应用文所有的材料紧紧围绕主旨，从头到尾一条线。一个主旨贯穿全篇，读者容易把握。

四、应用文主旨的确立与显示

（1）标题点旨。用标题点明主旨。如《市人民政府关于加强"门前三包"责任管理的通告》。

（2）开宗托旨。在应用文中用主旨句明白、准确地表达主旨。主旨句常以介词结构"为了……"为特征，通知、通报、通告、报告、规章文书等常用此方法。

（3）篇末点旨。在应用文正文的结尾点明写作主旨。

（4）呼应显旨。在正文的开头和结尾前后呼应，以突出主旨。

（5）转换揭旨。在内容重大转换处揭示主旨。

（6）小标题显旨。把主旨分解成几个部分，每个部分用一个小标题来显示。

对于以上主旨的表现形式，写作者在使用时根据实际情况，可以单独使用，也可以综合使用。

五、应用文主旨的产生

应用文的主旨归根到底是从材料当中产生的。它不是由材料简单堆砌而自动显示出

的，它只能是通过写作者综合实际事项现状和行文目的，经过深思熟虑才能产生。应用文的主旨有两种表现形态：一种是科学意义形态的主旨，指通过抽象思维方式思考得出的结论、定理、定律、理论等；另一种是情意指向形态的主旨，指以形象思维形式表达出来的情绪指向、感情色彩。在应用文中，主旨的主要表现形态是科学意义，次要表现形态是情意指向。下面介绍几种科学意义形态的主旨产生的方法。

（一）直接归纳法

在材料的倾向性十分明显时，多用直接归纳法获得主旨。这时，主旨是对材料进行定量分析的结果。例如：

该中队近10年来共看押人犯1.2万多人次，抓获罪犯210多人，抢救遇险群众190多人，执行警卫保卫国家领导人视察井冈山等重大任务80多次，在维护驻地社会稳定和处置突发事件中发挥了重要作用。

上段文字中所列举的数字性质特征极为明显，写作者自然而然地得出了最后的结论——"发挥了重要作用"。

（二）间接归纳法

在材料的倾向性不明显时，多用间接归纳法获得主旨。这时，主旨是写作者对材料进行定性分析的结果。所谓对材料进行定性分析，是指写作者通过能动的思维过程，对只具有个别性的材料进行抽象化处理，使之获得普遍性意义。例如：

国务院、中央军委号召全体公安民警、武警官兵和全军指战员向该中队学习。学习他们视祖国和人民利益高于一切，维护社会稳定和人民安宁甘愿牺牲奉献的崇高精神；学习他们坚持以人为本，自觉实践党的宗旨；学习他们忠实履行职责，不怕艰难困苦、坚决完成任务的战斗队作风。

上段文字中将"该中队"具体的先进事迹加以提炼、升华，转化成"崇高精神"和"战斗队作风"这样具有普遍意义的主旨；也只有这样，"全体公安民警、武警官兵和全军指挥员"才有了学习"该中队"的可能性。

（三）演绎推理法

演绎推理法指对材料进行逻辑推导。演绎的基本形式是三段论式（大前提、小前提和结论），也就是由具有普遍性的理论出发（大前提），去获得对个别性事物的认识（小前提、结论）。例如：

本次招投标活动中，××大陆会计师事务所、××盛元会计师事务所报价过低，其中××大陆会计师事务所第一标段审计收费报价仅占《××省审计业务收费办法》规定审计收费的2.96%，第三标段报价仅占4.1%；××盛元会计师事务所第一标段报价占9.2%，第三标段报价占6.8%。

上述两家会计事务所的行为，违反了《××省注册会计师行业规范投标报价行为协议》的有关规定，扰乱了行业正常的竞争秩序。

上段文字中，行文主体以"《××省审计业务收费办法》""《××省注册会计师行业规范投标报价行为协议》"这两份具有普遍行为规范作用的文件（大前提）衡量两家会计师事务所的具体"审计收费报价"行为（小前提），得出了"违反……规定""扰乱了行业正常的竞争秩序"的结论。

（四）因果分析法

因果分析法是指依据事物之间前后相继、先因后果的客观规律去推断事物的原因或结果的一种思维方法。因果分析法在使用中存在两种不同的情形：一是执果索因型，即要求分析导致材料所述事实的原因；二是据因推果型，即分析材料所述事实会导致什么结果。利用因果分析法查找到问题产生的各种原因，深层挖掘问题可能引发的后果，是能够有针对性地提出解决问题的对策、措施的前提和关键；而只有提出解决问题的对策和措施，才能满足应用文写作的基本要求。

在进行因果分析时，要注意抓住事物的主要矛盾，即问题产生的主要根源；要注意分析问题产生的内因，还要注意分析问题产生的外因。同时，产生某个具体社会实践问题的原因往往是多方面的，如政治原因、经济原因、文化原因、礼会原因等，因此，需要写作者进行多方位、多层次的缜密思考和分析。

例如《××省关于今年以来用电及工业经济运行情况通报》一文，就是以因果分析法贯穿全文的。文章对现状的描述是"虽然工业经济保持了较快增长，但离目标进度仍有一定差距，经济运行中仍存在一些困难和问题"。接着，就分析了导致现状的原因："一是电煤供应形势比较严峻；二是新投产的工业项目不多，尚未形成对工业增长的明显支撑"。在此基础上，文章提出了针对性的措施："一是切实抓好电煤供应；二是抓好生产组织和调度；三是下大力气抓好工业项目建设，增强工业经济发展后劲"。

因果分析法是应用文主旨产生的多种方法中至为重要的一种。

（五）假说演绎法

假说演绎法是形成和构造科学理论的一种重要思维方法，指人们以现有的经验材料和已知的科学原理为指导，对未知的自然现象、社会现象产生的原因和运动规律所做出的推测性判断。

在应用文写作中，应用文的主旨也可通过假说演绎法确立，这时写作者在以往的社会实践经验和公认的科学理论的基础上设定任务目标以及完成任务的手段和措施，形成行文主旨，但这一主旨是否能够真正确立，尚需社会实践的检验。公务文书中的"计划"一类的文种就是运用假说演绎法确立主旨的典型代表。

绪论　应用文写作基础知识

案例导入：

阅读下面的应用文，思考：

【例文0-4】和【例文0-5】都是为了说明"我县教育事业蓬勃发展"这个观点，二者有什么不同？哪一篇更能充分说明主旨？

【例文0-4】

新中国成立以来，我县教育事业发展很快，不但办起了中小学，还办起了中专、技校，甚至大学，在校学生人数已占全县人口的四分之一，专职教师已逾两千人。此外，还聘请了有实践经验的兼职教师。全县乡级以上领导干部和科技人员中，百分之八十是新中国成立后学校培养出来的。

【例文0-5】

新中国成立以来，我县教育事业蓬勃发展。新中国成立以前，全县仅有1所中学、十几所小学，现在已有小学635所、普通中学40所、中专技校10所、高等学校4所；各级各类在校生已达23万人，专职教师共有2300多人；适龄儿童入学率达99.6%，全县1986年已普及初等教育；幼儿教育、特殊教育、成人教育也都有较大的发展。

（以上两例文均摘自杨文丰编著《高职应用文写作》，高等教育出版社）

第三节　应用文的材料

一、应用文材料的概念

应用文的材料是指作者为表现主旨而写进文章中的，从生活、学习、工作或调查研究中摄取、聚集的事实和理论依据。既然是事实和理论依据，那么，材料就分为事实材料和理论材料，事实材料主要有事件与情况、实物与现象等；理论材料主要有方针、政策、各种法律法规及科学原理、定律、学说等。它是文章的血肉，支撑主旨的表现。

二、主旨与材料的关系

材料是应用文写作的基础。如果说主旨是应用文写作的灵魂，那么材料就是应用文的血肉。

要使两者达到统一，必须做到以下几点：

第一，要在研究材料的基础上形成主旨。文件中的主旨，不是凭空杜撰出来的，而是从客观现实情况和实践所提供的大量材料中形成并提炼而成的。我们不论是写任何一种文件，都必须从客观实际出发，详细地占有材料，在马克思主义的指导下，通过科学的分析，从中引出正确的主旨。只有如此，作为指令性、法规性的文件，才能确保其所提办法、措施的正确性，即基本精神的正确性；作为论说性的文件，如总结、调查报告等，才能确保其观点和材料的统一，正确地反映出工作中的现实情况、问题和某些规律性的东西。

是否只有大量占有了材料之后，才能提炼主旨，进行概括呢？在实际工作中，有时候可以先根据部分材料，提出粗略的看法，形成一个初步的观点。但这种观点只能带有假设的性质，必须进一步占有材料，加以认真的检验和证明。否则，那种假设的观点就不能确立。

写文件之前，要掌握大量材料，但文件写成后，材料是否要直接摄入文件之中，这要依文件的性质而定；属于指令性、法规性的文件，原始的材料并不直接摄入文件之中。那么，这种指令性、法规性文件中所提出的一系列办法、措施，是不是凭空制造的呢？当然不是，它是根据大量的材料提炼出来的，它包含和融化了大量材料的精华，是大量材料的"观念的反映"。

第二，主旨要在文件中起统帅作用。一个文件，材料如何取舍，结构如何安排，语言如何遣用，都要依照主旨的要求来确定。主旨是影响文件全局的一个主导因素，它在文件中起着统帅的作用。如何使主旨在文件中起统帅作用呢？

其一，主旨和与之相应的材料要单一。即一个文件只能有一个主旨，所使用的材料必须在内容上和主旨有紧密关系。其次，较长的文件，要有篇旨和段旨。朱光潜先生说："一篇须有一篇的主旨，一段须有一段的主旨。主旨是纲，由主旨生发出来的意思是目。纲必须能领目，目必须附丽于纲，尊卑就绪，然后全体自能整一。"其二，篇旨和段旨的确立，是为了更好地安排材料，使主旨起到统帅、整一的作用。最后，语言要精确。也就是要求语言要简练准确，与主旨无关的言词一律不要。其三，刘勰说："意授予思，言授予意，密则无际，疏则千里。"意思是：主旨是由作者通过思考提炼获得的，而语言则是由主旨决定的。彼此结合得紧密，就会浑然无间；结合得不好，就会相去千里。刘勰在这里充分论述了主旨和语言的紧密关系。其四，关于主旨在文章中的重要作用，苏东坡有一段很精当而又形象的话，他说："儋州虽数百家之聚，州人之所须，取之市而足，然不可徒得也。必有一物以摄之，然后为己用。所谓一物者，钱是也。作文亦然，天下之事，散在经子史中，不可徒使。必得一物以摄之，然后为己用。所谓一物者，意是也。不得钱不可以取物，不得意不可以用事，此作文之要也。"苏东坡的这段话，非常形象地说明了"意"，也就是主旨在文章中的统帅作用，"不得钱不可以取物，不得意不可以用事"，没有钱不可以买东西，没有主旨就不能够写文章撰稿子。否则，硬写出来，必然是一堆杂乱无章的废话，不解决任何问题。

第三，要通过不同的表达方式，充分说明和论证主旨。一般指令性的文件，往往通过一系列的办法、措施来展示与论证主旨；而一般论说性的文件，如总结、调查报告等，则是通过段旨说明篇旨，又通过不同的叙述方式来说明段旨，从而构成从目到纲的论证说明体系。这种通过不同的表达方式来说明和论证主旨的方法，实质上就是依照主旨的要求，科学而灵活地使用材料的方法，是从篇章的角度来实现主旨与材料相统一的基本方法。

三、应用文对材料处理的要求

（一）选择材料的标准

（1）确凿。写进应用文中的材料要真实、准确，事实和数据都必须是真实无误的。

（2）切题。有针对性，紧扣写作主旨，有实用性，能具体显示或说明观点。

(3) 典型。能深刻地揭示事物的本质，又具有代表性和说服力，以一当十。

(4) 新颖。具有强烈的时代感，能表现客观事物的发展变化趋势，反映客观事物的最新面貌，以及现实生活中人们最关心的新人、新事、新思想、新成果、新经验和新问题。

（二）材料处理的常用方法

(1) 类化法。按材料的共同属性和特征把纷繁的材料进行梳理和归并，使之显出"类"的特点。

(2) 筛选法。对材料进行反复鉴别、筛选，力求从纷繁的材料中找到最切合主旨的切合点。

(3) 浓缩法。把有价值但又非常详尽纷繁的材料加以压缩，使之更为凝练，材料的精华更加突出。

(4) 截取法。选用一个完整事件的片段或一个完整事物中的部分去表现观点。

（三）合理地安排材料

合理地安排材料是指在应用文写作中，要根据表现主旨的需要，按一定的思路合乎逻辑地、和谐地组织材料，使材料与观点形成一个有机的整体。应用文写作安排材料的方法主要有：

1. 先亮观点，后举材料

先用层、段、条概括出观点，然后列举理论材料或事实材料来陈述观点使观点鲜明、引人注目。

2. 先举材料，后亮观点

先举事实、列举数字或说明依据，然后推导出结论、归纳出观点的方法。点是由事到理，说服力强。叙事性应用文常用这种方法。

3. 边举材料，边亮观点

这种方法的优点是一边举材料，一边亮观点的夹叙夹议的方法，其优点是既摆事实又讲道理，行文层层深入，使人便于理解。应用文中叙事说理较强的部分常用此法。

四、应用文材料的获取途径

材料不可能自己摆到我们向前，必须依靠平时的搜集与积累。获取材料的主要途径有以下几种。

（一）社会实践

在工作实践中做个有心人，时刻关注有价值的事件及数据，如在工作中及时对做了什么工作、采用了什么方法、取得了什么效果、有哪些人参与等信息及时记录收集。在观察时要做到实事求是，防止主观武断、先入为主，同时要全面、系统、动态地进行观察，以获取真实、广泛、完整的材料，并能把观察所得及时整理成文字，为写作提供基础。

（二）调查研究

个人的实践和视野总是有限的，观察也很难做到深入细致，这就需要走向社会，向有关人士了解情况，做一些调查，以扩大自己的视野，获取材料上的补充。

(三) 查阅资料

写作应用文时常常会从有关文件、正式出版物,以及会议资料中获取材料,是应用文写作经常采用的方法。

绪论　应用文写作基础知识

案例导入：

从下文中我们可看出，应用文的结构分为哪几部分？

【例文 0 - 6】

国务院办公厅关于进一步加强鲜活农产品运输和销售工作的通知

各省、自治区、直辖市人民政府，国务院各部委、各直属机关：

今年1月10日以来，我国自西向东连续出现两次大范围雨雪天气，部分地区出现大雾、冰冻天气，导致公路等交通运输大范围受阻，鲜活农产品运输和销售受到影响。……为进一步加强鲜活农产品（包括蔬菜、水果、活畜活禽，下同）的运输和销售，保障春节市场供应，保持价格基本稳定，经国务院同意，决定从2008年1月26日至2月5日，采取临时性应对措施。现就有关事宜通知如下：

一、畅通公路运输

交通部门要加强对支干线道路的维护，及时清除冰雪路障；公安部门要加强对交通的监管和组织，维护交通秩序，尤其是确保鲜活农产品"绿色通道"畅通。对运输鲜活农产品的车辆，各地交通、公安部门要切实做到：①优先放行；……⑤高速公路沿线服务站、收费站要主动做好服务工作。

二、增加铁路运力

铁道部门要进一步加强组织调度，全力保障铁路鲜活农产品的运输，特别是对重点大中城市等鲜活农产品主销区，要确实在运力上给予保障。各地农业、商务部门要及时提出运输需求，铁道部负责安排。

三、减免流通环节费用

各地物价、财政、工商、质检等有关部门要及时清理针对鲜活农产品批发销售环节的各种收费项目，能免除的要尽量免除。对进入批发市场或农贸市场销售鲜活农产品的车辆入场费、工商管理费等各种费用一律减半征收。

四、促进产销衔接

对海南等鲜活农产品的重要产地，要抓紧调度车辆，及时组织运输。各地商务、农业部门要采取有效措施，积极组织农副产品批发市场、大型流通企业和运输大户加强与产地衔接，适当扩大鲜活农产品收购、运输和销售量。新闻媒体要客观、及时、准确地报道鲜活农产品的市场供求和价格信息，农业、商务部门要及时提供有关信息。要充分发挥农业信息网、新农村商业网的作用，及时发布农产品供求信息。

各地区、各有关部门一定要高度重视，按照本通知要求，将有关政策措施落到实处，切实保障鲜活农产品的市场供应。

200×年1月16日

第四节 应用文的结构

一、应用文的结构概念

结构是指文章内部的组织和构造，是作者按照主旨的需要，对材料所进行的有机的组织和编排。具体讲的就是，所选材料应该放在文章什么位置合适；所选材料按照什么顺利排列；文章如何开头、如何展开、如何过渡、如何结尾；主要材料和次要材料如何安排；详略如何斟酌；段落层次如何安排等。因此，设计应用文篇章结构总的要求是以尽可能完美的结构形式表达尽可能正确的内容，使观点与材料统一，内容与形式一致，二者协调配合，相得益彰。

二、应用的篇章结构

（一）标题

标题是文章的命题，是文章最引人注意的地方。如果说主旨是文章的灵魂。材料是文章的血肉，思路是文章的脉络，结构是文章的骨骼，那么标题就是文章的眼睛。好的标题要起到点睛之笔，能准确概况和表达文章的主旨，激发读者阅读文章的兴趣；相反则令读者不明就里，兴趣骤减。

应用文的标题要求准确、醒目、简洁、规范，大体可以分为三类。

1. 公文式标题

这类标题由发文单位、事由和文种组成，主要用于公文。如《国务院关于发布〈国家行政机关公文处理办法〉的通知》《中共中央关于认真学习贯彻党的十六大精神的通知》。

2. 新闻式标题

一种是单行标题。直陈事实式，如《花园村走上致富路》；提出问题式，如《空调降价大战原因何在》；显示结论式，如《非法传销活动应予禁止》等。另一种是双行标题，由正题、副题组成，如《一人富了不算富　共同富了才算富——（山西）壶郑县大胆启用德才兼备的能人当书记的启示》《诚信与全面建设小康社会——关于诚信问题的讨论》。

3. 论文式标题

此类标题或概况论文的内容和结论，如《加快发展是富国强民的第一要务》。

（二）正文

应用文的正文结构和一般文章一样，包括开头和结尾，层次和段落，过渡和照应等。经常我们用凤头、猪肚、豹尾来形容。

1. 开头

开头，即凤头，小巧美丽，新颖诱人。好的开头可以唤起读者的兴趣，产生巨大的吸引力，好的开头，能为全篇定下基调，点明主旨；好的开头，能自然顺畅地引领下文。应用文的开头一定要"起笔立意"，开门见山，直扣主旨，引领全文，不枝不蔓，还要简短凝练，文字少内容集中，并且文字新颖，引人注目。

（1）根据式开头。开头引用上级指示精神或有关法律，或对方来文，或存在的问题，突发事件等。行文常以"根据""按照""遵照"等词语引起下文。如《关于粮食政策性财务挂账停息的意见》一文的开头:"根据中共中央、国务院关于妥善解决粮食财务挂账问题的一系列文件精神,结合各地清理粮食财务挂账的实际情况,经过反复研究,对粮食财务挂账实行停息的有关政策提出如下意见。"这种方式常在决定、批复、规章、调查报告、市场预测报告、合同等文种的开头使用。

(2) 目的式开头。开头以简明的语言,直接说明写作的目的和意义,常用介词"为""为了"引起下文。如《国务院关于成立经济贸易办公室的通知》一文开头写道:"为了进一步贯彻落实……实现……标准,根据《中华人民共和国环境保护法》和《国务院关于环境保护问题的决定》的规定,特作如下决定……"这种开头常用于情况通报、通告、通知、意见等文种。

(3) 原因式开头。开头常用的"由于""鉴于""因为"等词引起下文,也可以简述发文原因,再引出写作目的。如《广州市建设用地起坟通告》的开头:"因建设的需要,经核准,市公安局天河区分局征用天河区东圃镇堂下乡(村)土地。为便于建设工程顺利进行……"情况通报、调查报告、会议纪要、学术论文、新闻等,有时用这种方式开头。

(4) 说明式开头。说明式开头是先对要写的对象背景、情况作一些说明,在此基础上引出征文。这种开头常见于调查报告、新闻、通讯、广告等。

(5) 议论式开头。开头用议论的方式,表达作者的看法,提出观点。如《现代化企业需要什么样的复合型会计人才》的开头:"随着社会主义市场经济的不断深入发展,会计工作也不断拓展,过去单一的会计知识结构已远远不能适应会计管理工作的需要,会计人员作为企业经济管理的重要专门人才,必须应地提高自身的专业素质,改变那种单一的知识结构,以适应市场经济发展的需要。因此,培养造就一批复合型会计人才是当前会计工作的一项重要任务,也是企业发展向现代化迈进的关键所在。"

(6) 提问式开头。先提出问题,然后引出下文。这种开头方式能引起读者的注意思考。这种开头方式常见于调查报告、学术论文的写作。如《核心竞争力——企业制胜的根本》的开头:"在激烈的市场竞争中,一个企业制胜的根本是什么?为什么有的企业长盛不衰,有的企业只能成功一时,而有些企业却连一点成功的机会都没有?笔者一直为这个问题所困惑。"这篇论文就是采用了提问式开头。

2. 结尾

结尾,即豹尾,取其言简意赅,雄健有力之意。俗话说,头好起,尾难落。之所以说头好起尾难落,就是因为这是通向成功的最后一步。结尾是文章的总结束,应用文结尾要写得是在,不着空文,要干净利落,不拖泥带水。常见的应用文结尾有以下几种方式。

(1) 指令式结尾,对与内容有关的问题做一些必要交代。这多用于公告、通报、通告、规章制度等。如"本通告自公布之日起生效""这个通知精神,适用于政府机关和事业单位"之类的结尾语句,作为公文的结束语句,都是对有关事项的补充说明。

(2) 请求式结尾。在结尾处提出请求或希望。惯用式多用于公文的结尾。其中包括行文中的新请求,如"妥否,请审查批示""以上意见,如无不妥,请批转各地执行"等带有请示意思的语句,作为公文的结束语。还有下行文中期望式,如"特此公告""希遵照执行""希参照执行"等带有期望意见意思的惯用语句作为结尾。

（3）总括式结尾。它是依据正文的中心内容，进行概括总结，作出结论，点明主旨，以加深人们对文章的印象。这多用于总结、调查报告、通报等。

（4）感召式结尾。它是在结尾处发出号召，号召人们行动起来去落实文中所提出的要求和任务，这多用于总结、决定、会议纪要等。

（三）主体

主体是应用文的主干，是文章最重要的部分，是中心意思所在。应用文的正文，要像猪肚一样，大而丰满，有血有肉。在这部分里要注意好层次和段落、过渡和照应的关系。

内在结构顺序：所谓内在结构顺序是指在进行应用文写作时，按其内在层次结构安排顺序的方式。通常会考虑时间结构顺序、空间结构顺序、时空交叉结构顺序和事理逻辑结构顺序。

时间结构顺序：以事物的产生、发展、变化的过程或时间先后顺序安排。文章的内容，是一种纵式结构。使用这种写法时要对事件的发展过程进行分析，分成几个阶段并区分主次，再分别叙述，使读者可以抓住事物的要害。在写作单位的大事记、工作简报等应用文时可采用这种结构。

空间结构顺序：以空间变换顺序安排文章内容，是一种横式结构。使用这种写法时要先按事物相关关系进行类型，把主体分成几个部分（或几个方面），然后将各个部分横向排列，逐个进行阐述。通过深入浅出的分析，先抓住问题的"总"，然后以"总"为中心，推导出各个相互并列的"分"。

时空交叉结构顺序：将时间结构顺序和空间结构顺序交叉结合来安排文章内容，是一种纵横式结构，也叫合式结构。事理逻辑结构顺序：以事物的内在逻辑联系安排文章内容，即按对事物进行判断、分析、推理、综合等逻辑思维方式的顺序来安排文章的内容。在写作一些法律文书、总结和情况报告时，可使用此种结构。

（四）结尾

应用文的结尾讲究言尽意尽，不留"余味"，不添"蛇足"，更不能草率收尾常用的结尾方法有以下几种：

（1）强调式：对文中提出的问题作强调说明，以引起重视。

（2）结论式：对文中的主要观点或问题加以归纳总结或略作重申，以加深印象。

（3）说明式：对与主体内容有关但性质不同的问题或事项作补充交代、说明，以保证内容的完整性，如公文结尾交代施行日期、执行范围、传达对象、与该文规定不符的原有规定如何处置等；论文结尾则说明尚未解决而应另作讨论的问题。

（4）号召式：提出希望，发出号召，展望未来。例如，公文的通报、市场预测、倡议书、计划等常用这种结尾形式。

（5）建议式：针对设定的施行目标、存在问题提出意见和建议。

（6）责令式：多用于下行公文，即向下级提出贯彻执行的要求。如"以上各点，希望遵照办理""希望认真执行""请研究执行"等。除了上述几种结尾方式，还有请求式、表态式等，不再一一列举。有的应用文主体部分已经言尽意明，或是结尾已融进主体部分，则不必再另写结尾，自然收尾。

绪论 应用文写作基础知识

案例导入：

【例文0-7】和【例文0-8】同是写人，从语体上有什么差别？

【例文0-7】

一篇调查报告介绍一位工程师

张×，男，现年四十二岁，一九六二年清华大学机械系毕业，可阅读英、日外语专业资料，工作勤勤恳恳，积极努力。近年来，工厂的几项重大技术课题，都有他参与或是在他的主持下攻克的，被公认为"全厂一号技术尖子"。他从一九七五年起便申请入党，但因出身于地主家庭，哥哥曾被错划右派，工厂一些领导认为，对他只能在技术上使用，不能在政治上重用。因此至今仍被关在党组织的大门之外。

【例文0-8】

《红楼梦》中的贾雨村

葫芦庙内寄居的一个穷儒——姓贾名化，表字时飞，别号雨村的走来。这贾雨村原系胡州人氏，也是诗书仕宦之族，因他生于末世，父母祖宗根基已尽人口衰丧，只剩得他一身一口，在家乡无益，因进京求取功名，再整基业。自盲岁来此，又淹蹇住了，暂寄庙中安身，每日卖字作文为生，故士隐常与他交接。

第五节 应 用 文 的 语 言

一、应用文语言的基本特征

应用文的语言要做到平实、准确、简洁、严谨。这是作为日常应用文语言的四个基本特征。

（一）平实

应用文的文风要朴实自然，所讲的事情要符合实际情况，数字要确实无误，办法要切实可行。实事求是是应用文的起码要求。不能为了达到某种目的而夸大或缩小一些真实情况。一句话，应用文要做到文实相符、文如其事，来不得半点虚假。

要做到实事求是，就必须深入生活，亲自调查，不闭门造车。同时还要熟悉本行业务，学习有关知识，避免由于"外行"而抓不住重点，说不到要害。

（二）准确

准确同平实是相统一的，应用文要做到实事求是，就必须在准确上下工夫。而要做到准确就必须注意以下几点。

1. 所写内容要准确

写应用文时，必须准确，不能走样。一则"启事"是什么就写什么，不可随意地歪曲内容；一则招生广告也要将各种要求、条件如实列出，不可为了吸引生源，而发布虚假的信息。写应用文，不能凭主观臆想，凭一时的热情，而要靠客观的、实事求是的态度。如果偏离了内容准确这一原则，无论如何说得头头是道，也会给工作带来某些不必要的损失。

2. 所用语句要准确

应用文要做到语言准确。具体来讲，又可从词语的选用，句子的组合，修辞格的使用等方面来说明。

（1）词语的选用。说话、写文章都离不开词，词是构成句子、篇章的最基本的语言单位，所以词语的选择就显得十分重要。加上汉语语言词汇相当丰富，表达同样的事情，可以选用不同的词语，因此选择词义要注意不错用词义。如：我们到该木器厂地下室检查时发现里面陈列着很多套顾客退还的不合规格的组合柜、转角沙发、写字台、皮转椅。这是一句有多处词语选用不当的句子。应当将"陈列"改为"摆着"或"放着"或者"堆着"；"退还"应改为"退回"；而"不合规格"可改为"质量不合格"。而"套"字对组合柜、转角沙发是合适的，而用来修饰写字台、皮转椅显然不合适。

除此之外，词语的选用还要考虑到不出现词类误用现象；不出现词语情感色彩不配的现象以及产生歧义甚至生造词语等情况。如：

经过反复讨论，五易其稿，我们终于制定出了一个规模庞大的计划。（"庞大"改为"宏大"）

听了××同学的先进事迹后，我们对他刻苦求学，身处逆境仍奋斗不息十分感动。（这里"对……十分感动"改为"被……的精神所感动。"）

我们的业余党校自开办以来，已有两年多了。（删去"自开办以来"，去掉逗号）

（2）句子的使用。应用文句子的使用要做到以下几点：少用长句，多用短句；少用整句，多用散句；少用感叹句、疑问句，多用陈述句。如果长句太多，既易出现病句，也会给理解带来困难，而整句、感叹句、疑问句使用太多，也会使应用文失去其独有的平实、自然的文风，降低其作为应用文的存在价值。除此之外，造句时要避免出现病句，病句的出现不仅不能正确地表达所要说明的意思，反而会影响所要传递的信息。如：

参加安全生产知识竞赛的只是该厂职工中的一部分工人。（删去"职工中"三字，同"工人"重复了）

工人们克服了天气干燥、风沙较大、饮水缺乏等问题。（"问题"改成"困难"，属于搭配不当）

（3）修辞格的运用。应用文要少用修辞，若确实必要用的话，要注意用得恰当、合适，不可滥用。一般来讲，应用文中常用的修辞格有比喻、对比、引用、设问、反问等；夸张、双关的修辞方式不适用于应用文。

3. 所列的数字、事例、话语要准确

应用文所引用的内容，往往是作出判断、处理事情的依据，因此要反复核对，做到准确无误，引用话语要写原话，不任意改动，必要时还要注明出处。

除此之外，应用文还要准确地使用标点符号。

（三）简洁

应用文的写作目的是以传递信息为主，因此，行文务必简洁。具体来讲，简洁在这里应包括以下一些内容。

1. 文字要简练，篇幅要短小精悍

应用文写作要惜墨如金，要选用简洁的词语，要删去可有可无的段落。要实话实说，不穿靴戴帽，冗长的文章往往淹没了主旨，同时也浪费了阅读时间，降低了办事效率。

2. 扫除套话、空话、废话

文字是用来表情达意、传递信息的，如果为写作而写作就会废话连篇。应用文更是要避免说不中用的话，读者希望得到的是你提供给他的信息，"言之无文，行而不远"。

（四）严谨

严谨即严密周到的意思，指应用文的语言具有严肃性和规范性，必须符合现代汉语（或民族语言）的语法规则和一般逻辑规则。应用文的语言逻辑性强，表达严密，这是其重实用的性质决定的。任何语言都是表达思想的工具，应用文的语言尤其如此。如果逻辑混乱，就会表意不明，产生误读。如"对挥霍公款大吃大喝、屡教不改的，应当追究有关人员的行政责任，并承担一定的经济损失；对少数检查态度较好的，可不必再承担经济上的责任"。前面说要"承担一定的经济损失"，后面又说"可不必再承担经济上的责任"，前后矛盾，违背了逻辑。

二、应用文语言的要求

（一）叙述语言需简洁、概括

在进行叙述时要用最简短的语言陈述特定时空的信息，概述事实的主干，而不应纠缠于耗时费事的具体情节之中。如有一篇表彰通报是这样写的：×××在科学研究上走的是一条不平凡的路，他全心扑在科研上，而忘记了个人的事。有一次孩子病了，他妻子在家里忙着护理，打电话到×××单位叫他赶回家把孩子送医院治疗。×××接了电话答应后，电话筒一放他又埋进了实验。他妻子在家中左等右等等不到他回家，急得像热锅上的蚂蚁，又往×××单位打电话，这时×××正潜心做实验，电话铃声都没听见。他妻子又急又气只好打120急救中心的电话，才把孩子送往医院治疗。他的小孩高烧退后，还在问他妈妈："爸爸又出差了吗？或者还没下班……"该公文将×××先进事迹作为表彰决定的理由时，陷入毫无实际作用的情节纠缠，内容冗长，不符合文约事丰的要求。

（二）语言表达要严谨、有度

应用文语言表达是否严谨有度，关系到对问题的判断、处理是否合理、准确。如一份处理决定，其中这样写道："李××在19××年×月间收受×××工程公司的50万元的巨款。案发后李××还和×××工程公司经理及会计订立攻守同盟，妄图掩盖其过错。"文中"过错"一词有失严谨，表述与事实不符，李××的行为不是过失而是严重犯罪。

（三）数据语言书写要规范、清晰、准确

具体要做到以下几点：

（1）在同一篇文章中序数数字的体例要统一，不能体例混杂。如"农历初一至初7放假"一句，前后数字体例书写不规范，需统一书写。同时分数与小数的体例也必须统一。如"该县企业所得税收入完成95.6万元，比去年增长百分之十三"也出现了混写的错误。

（2）表示公元、世纪、年代、年、月、日、时刻均需使用阿拉伯数字，而星期则用汉

字。如"21世纪""90年代""星期五"。

（3）邻近两个数字并列表示概数时，应该用汉字书写，数字与数字之间不能用顿号将其隔开。如"3、4天"应写成"三四天"，"七、八种"的"七"和"八"之间不能用顿号隔开。

（4）朴实、简洁

应用文的语言要求准确无误，朴实无华，简洁有力，不像文学作品那样用华丽的语言去描摹事物，刻画形象，而是提倡简洁朴实。如一篇公文是这样写的："20××年某天深夜，乌云密布，雷声隆隆，大雨倾盆而下，刹那间，美丽富饶的鱼米之乡被一片汪洋吞没。接连几天如注的暴雨，淹没了田野，冲毁了村庄和工厂，交通、电力、通信一度中断。这百年不遇的特大洪涝灾害，给我乡造成了不可估量的损失。……"这段话就不符合应用文语言朴实、简洁的写作要求，带有浓厚的文学色彩，反映情况也有失真实。

三、公文常用特定语言

专业用语是应用文体特征的主要组成部分。任何类型的文章在为表达特定的目的服务、表达特定的内容时都会发展出一整套只在本专业、本行业使用的语汇，成为本专业、本行业参与者的共同语，应用文也有这样的行业共同语。下面就介绍几种常见的应用文专用语。

（一）公文专用语

公文专用语主要用于公务文书领域，反映公务活动的程序性特征。

称谓用语：我（局）、本（院）、你（公司）、贵（集团）、该（县）。

开头用语：根据、按照、依照、遵照；为、为了；鉴于、关于、由于；兹、兹有、兹介绍、兹派、兹请。

引叙用语：接、前接、近接、现接；悉、收悉、欣悉、惊悉、电悉。

转文用语：印发、颁布、批转、转发。

经办用语：经、曾经、已经、业经、后经、现经、均经、并经、未经；拟、现拟、拟交；试行、暂行、可行、遵照执行、参照执行。

征询用语：可否、当否、妥否、能否、是否可行。

期请用语：希、望、希望、盼；拟请、请批复、请批示、请回复、请函复、请查收。

表态用语：同意、原则同意、不同意、可、不可。

结尾用语：特此通告、特此通知、特此请示、特此批复、特此报告、特此函复、特此通报；……为要、……为盼。

（二）应用性行业专用语

以财经专业为例，反映财经行业应用文语言特征，例如资金、市场、投资、融资、信贷、利率、汇率、证券、基金、债券、股票、期货、权证、利润、税收、采购、仓储、物流、批发、零售等。在应用文服务于不同的应用性行业时，不同行业的专业用语便会转化为应用文专用语。

（三）雅语

源自古代汉语语汇。反映应用文语体书面语特征，例如蒙、承蒙、会同、提请、商请、准予、给予、授予、责成、查处等。

四、应用文表达方式的特点

表达方式就是将人、事、物以及目的、根据、见解、主张、要求等表达出来的方式。文章的表达方式主要有记叙、描写、抒情、说明、议论5种。而应用文常用的表达方式是记叙、说明和议论3种，其中说明方式是应用文写作的最基本的表达方式，描写和抒情只在通信或调查报告等极少数的文种中出现。

（一）说明

与文学作品相比，说明在应用文中占主要地位，它是以简明的文字，将对象的形态、性质、特征、构造、成因、关系、功能等解说清楚的表达方式，其目的是扼要地说清楚人或事物的特征、成分、功能等让人认识和了解。如产品说明书、商业广告、市场预测报告、合同、计划等。

在应用文中说明主要有以下几种。

1. 解释说明

解释说明就是作者根据自己对情况的把握和对问题的理解，直接面向读者解释什么是什么，什么不是什么。如一份表彰通报的开头以简短的文字清楚的交代被表彰人员的基本情况："何××，女，1966年9月出生，汉族，中共党员，河南省郑州市人，×××公司机械工程师。"

2. 比较说明

在应用文中，可采用比较说明的方法，使表达更清楚明白。可同类比较，可异类比较，可宏观情况比较、也可是精确数据比较。通过比较，可鲜明地显示出事物的特征、成绩、差距等。

3. 分条列举性说明

在应用文写作中，常常围绕着一个中心分条列项加以说明。如合同的正文，宜采用条款式。

4. 数字说明

在应用文写作中，常常用事物的量反映其外观结构或变化过程，让人获得具体而准确的印象。

（二）记叙

记叙是对人物的经历、活动或事件的发展变化过程以及场景间的转换所作的叙说和交代。应用文中的记叙主要在于说明事物发展变化的过程，或者说明事物所包含的道理，或者提出证明意见和办法依据，或者说明经验与教训，最终使人一目了然地了解事情的来龙去脉。

记叙的方式有顺叙、倒叙、插叙、补叙、平叙等。应用文写作中大多采用平铺直叙的顺叙。

1. 顺叙

应用文讲究一目了然，最好一看文章的开头标题，就知道作者要讲的事，并猜出它的结局，所以只能用顺叙，即平铺直叙的写法。文章的层次、段落和事件发展的过程与时间先后顺序基本一致。例如，对一起仓库被盗事故的通报文字表达如下："200×年7月8日，×市×厂×仓库保管员陈平，在×库房值班时，违反规定私自与人饮酒大醉，未能关闭仓库大门以及进行安全检查，以致酿成×仓库材料被盗事故，给国家造成三十多万元的巨大损失。"用不到100字叙述了案件发生的时间、经过以及原因，文字简练，条理清楚，语言平实庄重。

2. 概叙

概叙就是概括的、粗线条的叙述，即用简单的笔墨，对人物、事件、环境等加以介绍。

文学作品的叙述要求具体、详尽，一般和描写配合起来，精雕细刻，使文章传神，栩栩如生。而应用文的叙述只为实用，所以多采用概括叙述的方法，即使是比较详细的典型材料，也不宜像写小说那样铺陈细描，而是尽可能用概括的语言说出它的前因后果，来龙去脉。例如，"当出现严重的危害旅客和飞机安全的险情时，机组及时采取紧急措施，化险为夷。在暴徒以武力相威胁而与地面失去联系等危急情况下，为了避免机毁人亡，机组人员沉着冷静，以高超的技术，使飞机安全降落在不适宜大型飞机降落的韩国春川机场。飞机落地后，机组人员面对各种复杂情况，立场坚定，组织旅客团结战斗，争取返回祖国。"本公文使用"当……时""在……情况下""面对……情况"分别从不同的方面进行概述，简洁概要。

（三）议论

议论是对客观事物进行分析、评论，以表明作者观点和态度的一种表达方式。根据应用文的性质和特点，议论只有做到事理相符，精当概括，具有针对性，才能达到点石成金、一语中的之功效。切忌空发脱离实际、有意拔高、不善边际的大话、空话和套话。应用文的议论具有以下特点。

1. 议论时就事论事

议论是在叙述和说明的基础上展开，结合有关材料反映事物，揭示内在联系、本质与规律并阐明作者主张的表达方式。所以它无需长篇大论或作复杂的、多层次的逻辑推理，也不一定要具备论点、论据、论证这样一个完整的议论过程，只求对事物直接加以论断，一针见血地提出论点，简要分析议论，点到为止，不作深入的论证。

例如，在一份关于煤矿安全问题的通报中，发文者首先列举了×省发生的一系列重大安全事故的基本情况，之后写道："这些事故的发生和瞒报行为的出现，充分暴露出少数矿主无视国家法律、无视政府监管、无视矿工生命，继续违法生产等严重问题，同时也反映出×省安全工作中还存在监管不到位、执法不严格、企业生产安全主体责任不落实等问题。"这段文字，概括分析了重大安全事故发生的诸多问题和深层次原因，即标明发文者对发生安全事故的看法，又为下文的"提出如下工作"提供了逻辑依据，奠定了行文基础。

2. 议论要冷静、公允

在文学作品中为了表现主旨，作者常常寓情于理，带着个人的感情展开议论，有时冷嘲热讽、嬉笑怒骂也成为作者发表议论的方式。应用文中的议论，注重在分析理由和原因的基础上，明确地进行评价、判断、表态。为了快捷有效地处理公务，公文中各种决策意见的得出是在叙述或说明事理的基础上进行简要的总结、论断、分析、评述或者夹叙夹议，以进一步阐述公文作者的观点和态度，或提出解决问题的方法和意见。

本项目小结

"凡作文之道,构思为先。"就是说,在写文章之前,我们要考虑为什么而写、写什么、怎么写等许多问题。这种潜心准备,酝酿文稿的思维过程就叫作构思。它对写作的速度和质量有很大的影响。应用写作常常是"受命而作",即写作目标、要求已经确定,似乎只要求执笔者用恰当的形式表现出来就可以,而不能"随意发挥",甚至认为作者不必动脑筋了,只是机械地"记录"而已。实际上要求更高。它要求作者由被动转变到积极构思、认真写作、付诸较强的责任感和极大的热情。在某种意义上,比"自由创作"更难。所以在写作时更要精心准备和构思。

文章是由内容和形式两部分构成的,因此,构思与撰写也就围绕在这两方面进行,其过程包括立意、构思、选材、谋篇等方面。

本项目练习

【综合练习1】

一、下面一段话是某校就环境污染问题给《光明日报》编辑部写的一封信。请从得体的角度看,有哪些毛病。

前进化工厂排放大量的有毒气体,使我校师生长期生活在被污染的环境中身心受到严重损害,对此,我们强烈要求编辑部对该厂绳之以法,赔偿我们损失,限令该厂如期迁址,只有实行法治,宣传法制,才能有效地杜绝环境污染。

二、请删掉下列划线文字中意思重复的词语。

一个人<u>之所以</u>(1)会<u>变坏</u>的<u>原因</u>(2),除了<u>受到坏的影响外</u>(3),<u>更重要</u>(4)的是他们自己<u>没有把握自己</u>(5),<u>受了坏人的影响</u>(6),才逐渐<u>变坏的</u>(7);如果这个人能<u>把握自己</u>(8),能抵制<u>多方面的</u>(9)<u>各种</u>(10)坏的影响,那么他还会变坏吗?

三、应用文讲究用词准确,语言规范,请选择准确的词语填空。

1. 应该肯定,尊师重教的风气已经形成,教师职业越来越受到( )。
   A. 尊重   B. 青睐   C. 欣赏   D. 肯定

2. 有许多事情,一般人( ),而记者却能从中发现新意。
   A. 置若罔闻   B. 置之度外   C. 司空见惯   D. 漠不关心

3. 文字不规范,使用混乱,不仅给文化教育造成危害,也给经济、技术、国际交流造成不易( )的损失。
   A. 挽回   B. 挽救   C. 减少   D. 磨灭

4. 最近,有几十位公民提出( )博物馆的申请。
   A. 举办   B. 举行   C. 办理   D. 开办

【综合练习2】

一、请将下列材料按题后的标准类型,并将其序号填在题后的括号里。

1. 省政府各部门召开全省性的业务会议,原则上只开到市、地、州一级。

2. 部门业务工作需以省政府名义召开的,或需市、地、州分管领导同志参加的全省性业务会议,除由省政府办公厅发会议通知外,其余会务组织工作,由主办会议的部门负责,会议经费由主办部门开支。

3. 部门召开的或以几个部门联合召开的全省性业务会议,须经分管副省长同意。

4. 可开可不开的会议坚决不开,可合并召开的会议不要分别开。

5. 全省全局性的市长、州长、专员会议或省长会议由省政府直接召开。其会务组织工作,由省政府办公厅负责,会议经费由省政府办公厅承担。

6. 要尽量压缩会期,减少出席人员。会议工作人员不得超过会议人员的百分之十。

7. 可通过电话会议传达贯彻的工作就不要集中开会。

8. 省政府召开全省性的会议,由省政府常务会议研究决定。

9. 会议不得安排住高级宾馆,不准搞宴请,不准发纪念品,不得向下级转嫁会议经费负担,严禁以参观、学习为名搞公费旅游。

10. 上级一般业务性会议,已有正式文件的,可将文件翻印下达,结合实际情况制定贯彻措施下发执行,尽可能不层层开会转达。

11. 部门自行召开的全省性业务会议,其会务组织工作和经费概由部门负责承担。

12. 部门以省政府名义召开的全省性业务会议,应报经省长或常务副省长批准。

13. 要讲究实效,保证会议质量,会前认真做好调查研究,明确会议要解决的主要问题,有争议的问题尽量在会前协商一致,以节约会议时间,提高议事的效率和质量。

第一类 大力精简会议(   )
第二类 明确责任分工(   )
第三类 严格审批制度(   )
第四类 切实改进会风(   )

【综合练习3】

根据应用文主旨表达及材料的选择要求,分析下面文稿中存在的不当之处,并予以改正。

××市妇联幼师学校关于扩建教学楼购买消防设备所需经费的请示

市计委:

××市妇联幼师学校隶属市妇联,是一所承担我市初、高中落榜学生职前教育,下岗转岗女职工、农村妇女进城务工者职前培训任务的中等职业学校。为发展我市职业教育事业培养了近万名幼儿园园长、骨干教师,为我市幼教事业做出了积极的贡献。

学校现有两处教学区,因社会需求和学校规模不断扩大,近两年招生规模每年以20%的速度增长,现有在校生1300余人,校舍严重不足。学校发展面临如下困难:校舍紧张,常年外租教室和宿舍,总共外租面积2000m²,存在管理难度大,费用支出高,资金紧张等问题;教学楼狭小,人员密度大,上下楼经常堵塞,拥挤不堪,无法满足师生学习、生活、健康使用要求;目前学校正在筹措增设具有前瞻性的育婴师专家、家政与社区服务专业,老年人服务与管理专业,学校的发展也迫使学校急需扩大校舍,扩大招生。

基于上述原因,经过讨论,学校拟将对教学楼及楼旁小平房进行改造增层。在教学楼增一层半,增加1210m²;小平房处接3层增加180m²;将室外楼梯改为室内楼梯,增加

90m², 合计 1480m²。接楼后可增加 12 个教室、2 个舞蹈房、2 个练琴房，基本能改善校舍严重不足的窘境。

经过测算，接楼工程每平方米造价为 850 元，扩建 1480m²，需资金 125 万元，办理接楼手续需 3 万元，设计费需 4 万元。此外，学校原有灭火器等安全防火物资已经过期，必须批量更换，故也请你委拨 10 万元用于购置防火器具，以保证学校的安全。

以上事项供需资金 142 万元。资金来源：市委帮助解决接楼资金 100 万元，学校自筹解决 32 万元。

以上请示，恳请你委给予大力支持，批准为盼。

××市妇女联合会

200×年 6 月 10 日

【技能训练1】

请说明文本中选取了哪些有代表性的材料？

让我们在灾难中一起成长

谁也不会料到，2008 年 5 月 12 日就这样写入了历史。看着计时牌上的数字一点点接近震后营救的黄金 72 小时，每一个人的心都被揪到了嗓子眼。大家无不热切地期盼着多一个同胞能够获救，无不强烈渴望着早一分解救出所有危难中的生命。祈祷、祝福、默哀、援手、平安、雄起——我们反复念叨着这些词汇，总理哭了，国民哭了，一切有良知的人都哭了。

此时此刻，生命高于一切，我们所唯一祈求的就是人的生命。也只有在如此毁灭性的大灾大难面前，我们才能这般深刻地体味着生命的宝贵。在这一阶段，救灾的唯一核心就是救人，而无论何等深刻的"反思"，在此刻都显得那么奢侈。正是基于对生命的无比尊重，让我们看到并希望"国难兴邦"意义上的成长。

在政府层面，中共中央此次在震灾发生后的快速反应，不仅赢得了国内民众的高度支持，也赢得了国际社会的普遍赞誉。政府的快速决策和全面的信息公开，为营救生命赢得了宝贵的时间，相较于过去的突发灾难，这无疑是一个长足的进步；而这一长足的进步所取得的积极效果，更有望为以后政府应急行为提供一个可资借鉴的成功范式。

在媒体方面，各路媒体采访报道的广度、深度和力度，都堪称实现了某种历史性的飞跃。地震发生后，中央电视台的两个频道、四川电视台以及成都电视台全部中断了正常节目的播出，对灾情和援救工作进行了 24 小时连续不间断报道，其他平面媒体和网络媒体，也将自身优势发挥到最大，向社会公众及时提供了最新、最全面和最细致的信息。这种强大的报道力度充分体现了媒体的生命情怀和责任担当，让人动容。

更大的感动，来自于地震现场，灾民的自救互救，志愿者的主动援助，子弟兵的英勇奋斗。"幼儿园老师舍身为孩子挡住垮掉的水泥板""私人诊所医生拿出全部药品救人""成都出租车司机自发奔赴灾区参与营救""外地私家车主赶赴灾区参与运转抢救伤者""唐山某企业家包车组织员工和医务人员连夜南下""绵阳市民带上食品衣物慰问安置点灾民"……在抗震救灾过程中，民间组织力量的雏形进一步得到发育，其"天生的透明和高效"是政府救灾力量之外的重要补充。

从非典到洪灾,从罕见雪灾到超强台风,从西藏事件到圣火护卫,众志成城的力量一次次让人如此感动。这一次特大震灾,更是让人们前所未有地紧密团结在一起。全国范围内迅速掀起捐款狂潮,献血车前排起了长队,各类赈灾义演正在紧张准备,还有人想要领养震灾孤儿,很多地方政府和民众认识到照顾好身边的"汶川人"也是一种抗震救灾。救灾是对所有爱国者的动员令,灾难会放大生命的脆弱和生命的无奈,同时也会放大人心的善良和团结的力量。

以生命的名义,让我们在灾难中一起成长。愿生命的逝去能唤醒所有当权者和全体国民对生命的尊重,善待生命就是善待一切,因为所有的一切在人的生命面前原本一文不值。愿逝者安息,愿生者加油,愿所有的生命无论何时都能得到一样的尊重。

【技能训练2】

阅读以下材料,概括出文章主旨。

2003年5月13日,安徽省淮北矿业(集团)公司芦岭煤矿发生特大瓦斯爆炸事故,造成86名矿工遇难。8月11日至18日,山西省连续发生3起特大煤矿瓦斯爆炸事故;8月11日,大同市杏儿沟煤矿瓦斯爆炸事故造成43人死亡;8月14日,阳泉煤矿集团公司三矿瓦斯爆炸事故造成28人死亡;8月1日,左权县河南村煤矿瓦斯爆炸事故造成27人死亡。进入2003年12月下旬,又相继发生了广东连州市"12·21"特大道路交通事故、中石油川东北气"12·23"特大烟花爆竹爆炸事故,给人民群众的生命财产造成了巨大的损失,教训极其惨痛。

【技能训练3】

根据文章的语言环境,在所列词中选出最合适的词。

(我局、我们)(经、经过)请示(领导、上级),定(在、于)(9月10日、九月十日)(开始、动手、动工)改修公路桥。改修期间,(这里、此地)(禁止、不准)(走路、通行),(所有、一切、凡)来往行人车辆,请(弯路、绕道)而(行、走),特此(通知、通报、公告、布告)。

【技能训练4】

指出下列材料开头所使用的写作方法。

1. 20世纪90年代后,我国计算机市场随着信息化建设的启动和发展,进入前所未有的高速发展阶段。1991年至1997年间的平均增长速度高达56.9%。1998年由于受到亚洲金融危机和我国经济出现通货紧缩等国内外宏观经济环境的影响,增长速度下降。此后,经过调整和转型,我国计算机产业和市场在发展速度、结构升级、市场拓展、出口贸易、企业转制等多方面均出现了飞跃的进步。

2. 教育在社会发展中处于什么地位?它与科技、经济的关系如何?不久前,河南教委组织17个地区、34个县教育部门的同志对100多个村进行调查。

3. 根据《国务院关于建立职工医疗保险制度的决定》、《××省推进城镇职工基本医疗保险制度改革的意见》和《国务院办公厅转发劳动保障部财政部关于实行国家公务员医疗补助意见的通知》精神,结合我省公务员医疗保险的实际,制定实施意见。

项目一 党政公文写作

学习目标：

一、知识目标

（1）了解党政机关公文的概念、类别。
（2）理解党政公文的特点。
（3）了解党政机关公文处理的原则及行文规则。

二、能力目标

（1）会运用党政机关公文的行文规则。
（2）能规范地撰拟常见党政机关公文文种。

案例导入：

阅读下面的应用文，思考：
(1) 文章的主旨是什么？
(2) 发文单位和收文单位之间是什么关系？
(3) 这是一般应用文还是党政公文？为什么？

国务院关于公布第一批国家级抗战纪念设施、遗址名录的通知

各省、自治区、直辖市人民政府，国务院各部委、各直属机构：

　　为隆重纪念中国人民抗日战争暨世界反法西斯战争胜利，经党中央、国务院批准，现将第一批80处国家级抗战纪念设施、遗址名录予以公布。

　　各地区、各有关部门要加强抗战纪念设施、遗址的保护管理，深入挖掘抗战纪念设施、遗址的历史内涵和现实意义，广泛组织开展群众性拜谒、参观和纪念活动，教育引导广大群众特别是青少年充分认清日本法西斯侵略者犯下的罪行，牢记中华民族抵御侵略、奋勇抗争的历史以及中国人民在世界反法西斯战争中作出的巨大牺牲和不可磨灭的历史贡献，学习宣传抗日英烈的英雄事迹，大力培育和弘扬伟大的爱国主义精神，进一步增强民族凝聚力、向心力，为实现中华民族伟大复兴的中国梦提供强大精神动力。

国务院
2014年8月24日

任务一　学习党政公文基本知识

　　中共中央办公厅、国务院办公厅于2012年4月16日联合颁发了《关于印发〈党政机关公文处理工作条例〉的通知》（中办发〔2012〕14号），发布了《党政机关公文处理工作条例》（下文简称《条例》），《条例》把中共机关公文与行政机关公文合称为党政机关公文，并于2012年7月1日起施行。同时废止了1996年中共中央办公厅印发的《中国共产党机关公文处理条例》和2000年国务院印发的《国家行政机关公文处理办法》。

一、党政公文的概念

　　《条例》指出："党政机关公文是党政机关实施领导、履行职能、处理公务的具有特定效力和规范体式的文书，是传达党和国家方针政策，公布法规和规章，指导、布置和商洽工作，请示和答复问题，报告、通报和交流情况等的重要工具。"

　　"特定效力"，是指公文具有权威性和约束性，它代表制发机关的决策与意图，能对受文者产生不同程度的强制性影响。

　　"规范体式"，一是指我国的公文在撰写时采用的是现代汉语书面语体；二是指公文在格式上具有一定的规范性和稳定性。

二、党政公文的特点

(一) 法定性

1. 作者的法定性

公文是由法定的作者制发的。所谓法定作者，是指依法建立和存在，并能以自己的名义行使职权和承担义务的党政机关、企事业单位、社会团体。

2. 公文内容的法定约束力

公文是代表机关发言，体现了制发机关的法定权威，是各机关组织开展工作的法定依据，对受文机关而言，在法定的时间和空间内，具有强制性。如必须强制贯彻执行、办理和复文等，依法制发的各种文件就具有法定的约束力。

(二) 政策性

党政公文的内容必须完全符合党和国家的各项方针、政策，才能实现有效党政管理的目的，发挥政策导向作用。

(三) 时效性

公文的效用具有一定的时间性，它是在现行工作中形成，在现行工作中使用，为推动现行工作服务，一旦它的现行使命完成，就转化为档案保存，对今后的工作起着参考、凭证作用。

(四) 规范性

一是指公文格式的规范性，必须符合《党政机关公文处理工作条例》规定的体式，即规范体式。另一方面是指公文处理的规范性，从公文拟制、办理、管理都应按规范程序来处理。公文的制发和办理必须经过规定的处理程序。如公文的制发，必须经过起草、核稿、签发的程序。经过机关领导人签发的文稿才能缮印、用印和传递。对收文的办理，一般应包括签收、登记、分办、批办、承办、催办等程序。不履行法定的程序，就无法制成公文，更不可能生效。

三、党政公文的类型

根据《党政机关公文处理工作条例》新规定，党政公文有十五种，即决议、决定、命令（令）、公报、公告、通告、意见、通知、通报、报告、请示、批复、议案、函、纪要，企事业单位、人民团体也常酌情比照使用这些党政公文。

从不同角度，按不同标准，可以对公文进行不同的分类，常见的分类方法有以下几种：

(一) 按照其性质和具体职能划分

公文可分为几个小类：

1. 指挥性公文

指挥性公文是直接体现上级机关的决策意图、处理意见、起指令或指导作用的公文，如决议、决定、命令（令）、意见、批复。

2. 报请性公文

报请性公文是下级机关向上级机关汇报工作、反映情况、请示工作所用的公文，如议案、报告、请示三种。

3. 知照性公文

知照性公文是机关单位发布需要周知或遵守的事项，以及各机关单位之间联系工作、通报情况所使用的公文。如公报、公告、通告、通知、通报。

4. 商洽性公文

是各机关单位用来商洽联系工作的公文，如函。

5. 记录性公文

是各机关单位用来记载公务活动以备查考的公文，如纪要。

（二）按照行文方向划分

按照行文方向划分，公文可分为下行文、上行文、平行文。

行文方向指发文机关与收文机关之间的关系。下行文指具有隶属关系的上级机关给下级机关的公文；上行文指具有隶属关系的下级机关呈报给上级机关的公文；平行文指平行机关或不相隶属机关之间来往的公文。

隶属关系是指上下级具有直接管理和被管理的关系。

（三）按照紧急程度来划分

按照紧急程度来划分，公文可分为特急件、加急件和一般文件。特急件应当在接到来文后一天内办理完毕，加急件应当在三天内办理完毕。

（四）按照保密等级来划分

按照保密等级来划分，公文可分为绝密件、机密件和秘密件。秘密等级简称密级，应当在公文版头标注。标志"绝密"的文件，是指涉及党和国家最核心机密的文书；机密文件，指涉及党和国家重要机密的文书；秘密文件，指涉及党和国家一般秘密的文书。带有密级的文书一旦泄露，会使党和国家的安全和利益遭受不同程度的损害，须加强管理，严肃对待。

四、党政公文的格式

（一）公文格式各要素编排规则

2012版国家标准将版心内的公文格式要素划分为版头、主体、版记三部分，并标注页码，以使公文结构形式醒目。

置于公文首页红色分隔线（宽度同版心，即156mm）以上的各要素统称版头；公文首页红色分隔线（不含）以下至公文末页首条分隔线（不含）以上的各要素统称主体；置于公文末页首条分隔线以下、末条分隔线以上的各要素统称版记。

1. 版头

版头部分包括以下七个方面的要素：

（1）公文份数序号。公文份数序号是将同一文稿印制若干份时每份公文的顺序编号。只有秘密文件才要求标识，但如果发文机关认为有必要，也可以对不带密级的公文编制份号。使用份号的目的是准确掌握公文的印制分数、分发范围和对象，发文机关根据份号可以掌握每一份公文的去向，以防止遗漏或丢失。

公文份数序号，2012版国家标准统一规定一般用6位3号阿拉伯数字，顶格编排在版心左上角第一行。例如印制20份公文，其第1份的份号为"000001"，第12份的份号写成"000012"。《标准应用指南》指出:"实际编号时推荐采用3~6位阿拉伯数字,"即"0008"等。

(2) 秘密等级和保密期限。涉及国家秘密的公文应当按照涉密程度分别标注"绝密""机密""秘密"和保密期限。如需标识秘密等级,用3号黑体字,顶格标识在版心左上角第2行,两字之间空1字格;如需同时标识秘密等级和保密期限,用3号黑体字,顶格标识在版心左上角第2行,秘密等级和保密期限之间用"★"隔开,秘密两字之间不空字格。

(3) 紧急程度。紧急程度是对公文送达和办理时限的要求。紧急公文应当根据紧急程度分别标明"特急""加急"。如需标识紧急程度,用3号黑体字,顶格标识在版心左上角第2行,两字之间空1字格;如需同时标识秘密等级与紧急程度,秘密等级顶格标识在版心左上角第2行,紧急程度顶格标识在版心左上角第3行。

(4) 发文机关标志。由发文机关全称或者规范化简称加"文件"二字组成,也可以使用发文机关全称或者规范化简称,发文机关标志居中排布,上边缘至版心上边缘为35mm,推荐使用小标宋体字,颜色为红色,以醒目、美观、庄重为原则。

联合行文时,如需同时标注联合发文机关名称,一般应当将主办机关名称排列在前;如有"文件"二字,应当置于发文机关名称右侧,以联合发文机关名称为准上下居中排布。

(5) 发文字号。发文字号由发文机关代字(含区域代字、单位代字、发文形式代字三部分)、年份和序号组成。年份、序号用阿拉伯数字标识;年份要标全称,用六角括号"〔〕"括上;序号不编虚位(即1不编为01),不加"第"字。发文字号采用3号仿宋体字,位于发文机关标识下空2行,其编排位置有两种形式,如果是平行文、下行文,发文字号居中排布;如果是上行文,则居左排布,并左空1字格,右侧对称位置标注签发人,发文字号与最后一个签发人姓名同处一行。

(6) 签发人。签发人指最后审定公文文稿签字印发的行文机关负责人。签发人姓名居右空1字格排列;"签发人"用3号仿宋体字,签发人后标全角冒号,冒号后用3号楷体字标识签发人姓名。文件中如有多个签发人(会签人),亦需标注,其顺序为:主办单位签发人姓名置于第1行,其他签发人姓名从第2行起在主办单位签发人姓名之下按发文单位顺序依次顺排,从左到右,自上而下,一般每行排两个姓名,回行时与上一行第一个签发人姓名对齐。下移红色间隔线,应使发文字号与最后一个签发人姓名处在同一行,并使红色间隔线与之距离为4mm。发文字号左空1字格和签发人姓名右空1字格的要求不变。

(7) 版头中的分隔线。发文字号之下4mm处印一条与版心等宽的红色间隔线(目的是使文件版头醒目、美观)。

2. 主体

公文主体包括:标题、主送机关、正文、附件说明、成文日期、印章、附注、附件。主体部分由以下六个要素组成:

(1) 标题。完整的公文标题通常由制发机关、事由(公文主题)和文种三部分构成。事由通常以"关于……"这个介词结构的形式表示,如《关于严厉打击非法出版活动的通知》。公文标题位于红色间隔线下空2行(如标题行数多,首页不能显示正文时,红色反线下可空1行或不空行),用2号小标宋体字,可分1行或多行居中排布;回行时,要做到词意完整,排列对称,间距恰当。公文标题应当准确简要地概括公文的主要内容并标明公文种类,应当标明发文单位。

公文标题中除法规、规章名称加书名号外,一般不用标点符号,如《国务院办公厅关于实施〈国家行政机关公文处理办法〉涉及的几个具体问题的处理意见》。

(2)主送机关。主送机关指公文的主要受理机关,位于标题下空一行,顶格用3号仿宋体字标识,回行时仍顶格;最后一个主送机关名称后标全角冒号。如主送机关名称过多而使公文首页不能显示正文时,应将主送机关名称移至版记中,将其置于抄送机关的上一行,标识方法同抄送。标识主送机关时应标明主送机关的全称、规范化简称或同类型单位的统称(同类型单位如"各省、自治区、直辖市人民政府"等)。

(3)正文。公文首页必须显示正文。一般用3号仿宋体字,编排于主送机关名称下一行,每个自然段左空二字,回行顶格。文中结构层次序数依次可以用"一、""(一)""1.""(1)"标注;一般第一层用黑体字、第二层用楷体字、第三层和第四层用仿宋体字标注。数字、年份不能回行(采取缩小或扩大字距等办法解决)。

(4)附件说明。附件说明,指公文附件的顺序号和名称。

公文正文中有些内容,如图表、名单等,如穿插在公文正文中,往往隔断公文前后的联系而造成阅读上的不便。这时需要将其从公文正文中抽出而作为公文的附件单独表述。附件说明位置放在公文生效标识印章之前。公文如有附件,在正文下空1行左空2字格用3号仿宋体字标识附件说明,即"附件",后标全角冒号和名称,附件如有序号应使用阿拉伯数码标注(如附件:1.××××),然后标附件名称,附件名称后不加标点符号。附件应与公文正文一起装订,并在附件左上角第1行顶格标识"附件",有序号时标识序号(如附件1、附件2)。附件的序号和名称前后标识一致。如附件与公文正文不能一起装订,应在附件左上角第1行顶格标识公文的发文字号并在其后标识附件(有序号的还需标序号)。附件名称较长需回行时,应当与上一行附件名称的首字对齐。

(5)发文机关署名。发文机关署名,是公文生效的重要标志之一,发文机关应当署发文机关全称或者规范化简称。

2012版国家标准统一规定单一行文、联合行文时,都要标注发文机关署名。

议案、命令(令)等特殊文种,需要由签发人署名的,应当写明签发人职务并加盖签发人签名章。签名章一般用红色。

(6)成文时间。成文时间即公文生效的时间,用阿拉伯数字将年、月、日标全,年份应标全称,月、日不编虚位(即1不编为01)。"1月"不能写为"元月",成文时间居右空4字格。成文时间以负责人签发的日期为准,联合行文以最后签发单位负责人的签发时间为准。

(7)印章。公文加盖印章是公文生效的标志,是鉴定公文真伪最重要的依据。2012版国家标准统一采用下套方式加盖印章,要求印章端正、居中下压发文机关署名和成文日期,使发文机关署名和成文日期居印章中心偏下位置,印章顶端应当上距正文(或附件说明)一行之内。

联合行文时,成文日期的标注格式与单一行文一致,仍然在正文(或附件说明)后下空若干行,用阿拉伯数字居右空四字标注。

发文机关署名按照发文机关顺序整齐排列,每排最多排列三个印章,印章两端不得超出版心，印章之间排列整齐、互不相交或相切，署名的左右排列顺序与发文机关标志中的排列顺序应一致；同时保证首排印章的顶端距离正文（或附件说明），不能超过一行。要求最后一个印章端正、居中下压发文机关署名和成文日期。

（8）附注。附注一般用以说明公文的发放范围、使用时需要注意的事项。公文如有附注，应标注在成文时间下一行，居左空2字格并加圆括号，用3号仿宋体字。如"此文发至县团级""此件可以向群众传达"等，上行文"请示"应当在附注处注明联系人的姓名和电话号码。

3．版记

2012版国家标准要求公文双面印刷，版记置于公文最后一页的最下面位置，如果公文内容很短，首页可以放下版记内容时，版记也必须移至第二页上。因此，版记一定在偶数页上。版记部分包括以下四个方面的要素：

（1）版记中的分隔线。版记中各要素之下都要加一条黑色分隔线，以显示个要素之间的区别，并形成完整的版记。版记中的分隔线与版心等宽，第一条分隔线和最后一条分隔线用粗线，中间的分隔线用细线。第一条分隔线位于版记中第一个要素之上，最后一条分隔线与公文版心下边缘重合。

（2）抄送机关。如有抄送机关，一般用4号仿宋体字，在印发机关和印发日期之上一行、左右各空一字格标注。"抄送"二字后加全角冒号和抄送机关名称，回行时与冒号后的首字对齐，最后一个抄送机关名称后标句号。如需把主送机关移至版记，除将"抄送"二字改为"主送"外，编排方法同抄送机关。既有主送机关又有抄送机关时，应当将主送机关置于抄送机关之上一行，之间不加分隔线。

（3）印发机关和印发日期。印发机关和印发日期一般用4号仿宋体字，标注在末条分隔线之上，印发机关左空一字，印发日期右空一字格，用阿拉伯数字将年、月、日标全，年份应标全称，月、日不编虚位（即1不编为01），后加"印发"二字。

版记中如有其他要素，应当将其与印发机关和印发日期用一条细分隔线隔开。

4．页码

一般用4号半角宋体阿拉伯数字，编排在公文版心下边缘之下，数字左右各放一条一字线；一字线上距版心下边缘7mm。单页码居右空一字格，双页码居左空一字格。公文的版记页前有空白页的，空白页和版记页均不编排页码，页码只标注到公文主体部分结束的那一页。公文的附件与正文一起装订时，页码应当连续编排。

（二）公文的特定格式

1．信函式格式

发文机关名称距离页的上边缘为30mm，字号由发文机关酌定。发文机关全称下为一条武文线（上粗下细），距发文机关标志4mm，距下页边20mm处为一条文武线（上细下粗）。发文机关名称及双线均印红色。

2．命令格式

命令格式由发文机关全称加"命令"或"令"组成，用红色小标宋体字，字号由发文机关酌定。联合发布的命令或令的签发人职务标识全称。在签发人签名章下空1行，右空4字标识成文日期。

3. 会议纪要格式

会议纪要格式由"××会议纪要"组成。会议纪要不加盖印章。

(三) 公文的排版规格与印制装订要求

根据国家技术质量监督局规定：

(1) 排版规格：正文用 3 号仿宋体字，每页排 22 行，每行排 28 个字。

(2) 制版要求：版面干净无底灰，字迹清楚无断划，尺寸标准，版心不斜，误差不超过 1mm。

(3) 印刷要求：双面印刷，页码套正，两面误差不得超过 2mm。黑色油墨应达到色谱所标 B1.100%。红色油墨应达到色谱所标 Y80%、M80%。印品着墨实、均匀。字面不花，不白，无断划。

(4) 用纸要求：公文用纸采用国际标准（A4 型），幅面尺寸为 210mm×297mm。

(5) 装订要求：公文应左侧装订，不掉页。

五、党政公文的行文规则

行文规则，是指行文时必须遵守的规则、制度，是保证机关工作正常开展的重要条件。

(一) 上行文行文规则

(1) 请示应当一文一事。一般只写一个主送机关，需要同时抄送其他机关的，应当用抄送形式，但不得抄送其下级机关。

(2) 报告不得夹带请示事项。

(3) 一般不得越级请示和报告。

(4) 除上级机关负责人直接交办的事项外，不得以机关名义向上级机关负责人报送请示、意见和报告。

(5) 受双重领导的机关向上级机关行文，应当写明主送机关和抄送机关。

(二) 下行文行文规则

(1) 政府各部门依据部门职权可以互相行文和向下一级政府的相关业务部门行文；除以函的形式商洽工作、询问和答复问题、审批事项外，一般不得向下一级政府正式行文。

(2) 部门之间对有关问题未经协商一致，不得各自向下行文。如擅自行文，上级机关应当责令纠正和撤销。

(3) 上级机关向受双重领导的下级机关行文，必要时应当抄送其另一上级机关。

(4) 向下级机关或者本系统的重要行文，应当同时抄送直接上级机关。

(三) 联合行文规则

(1) 同级政府、同级政府各部门、上级政府部门与下一级政府可以联合行文。

(2) 政府与同级党委和军队机关可以联合行文。

(3) 政府部门与相应的党组织和军队机关可以联合行文。

(4) 政府部门与同级人民团体和具有行政职能的事业单位也可以联合行文。联合行文应当明确主办部门。联合行文的机关、单位要经过协商对有关事项取得一致意见，而且必须平级。

项目一 党政公文写作

案例导入：

阅读下面的公文，思考：
1. 文章的格式有什么特点？
2. 文章的发文字号与一般公文有什么区别？

北京市地方税务局关于汇总纳税企业备案管理事项的公告

2014 年第 8 号

为加强我局汇总纳税企业备案管理工作，根据《国家税务总局关于印发〈跨地区经营汇总纳税企业所得税征收管理办法〉的公告》（国家税务总局 2012 年第 57 号）规定，现就有关管理措施公告如下：

一、由我市地税机关负责征管的汇总纳税企业总机构、二级及以下分支机构的备案工作适用本公告。

二、本公告所称的汇总纳税企业是指跨地区经营汇总纳税企业及总机构和分支机构均在北京市的汇总纳税企业。

三、新设立的汇总纳税企业总机构、二级及以下分支机构，应于办理税务登记之日起 10 个工作日内到其主管税务机关进行汇总纳税企业备案。备案时应按照汇总纳税。
企业备案表填表说明的要求，将备案信息分别填入《汇总纳税企业总机构备案表》和《汇总纳税企业分支机构备案表》，报主管税务机关。

四、在外省市设立不具有主体生产经营职能，且在当地不缴纳增值税、营业税的产品售后服务、内部研发、仓储等汇总纳税企业内部辅助性的二级分支机构的总机构备案时，应提供书面说明。

五、本公告自 2014 年 11 月 1 日起施行。本公告施行前成立的汇总纳税企业，应当在 2014 年 12 月 31 日前按本公告第二条规定补充修改备案。《北京市地方税务局关于优化税收业务流程有关问题的公告》（北京市地方税务局 2010 年第 3 号）第二条第五项规定及附件《跨地区经营汇总纳税总分机构备案表》（总机构）、《跨地区经营汇总纳税总分机构备案表》（分支机构）同时废止。

特此公告。

北京市地方税务局
2014 年 9 月 16 日

任务二　发布公告通告

一、公告

（一）公告的概念和特点

1. 公告的概念

公告是向国内外宣布重要事项或法定事项的文书。

公告除以正式文件形式发布外，更多通过广播、电视、报刊等传媒迅速发出。

2．公告的特点

（1）发布内容重要。公告发布的内容必须是重要事项或法定事项。所谓重要事项，是指事关全局或在国内外能产生重大影响的事项。例如，公布宪法、公布全国人大代表人数等。法定事项，指按法律程序批准确定的重大事项，如全国人民代表大会审议通过某项法规，需向社会发出公告。要注意不能滥用公告。

（2）发布范围广泛。一般公文只向国内一定范围发布，公告则向国内外发布。

（3）发布机关级别高。由于公告有向国内外发布的功能，所以，发布机关多为较高级别的国家行政机关或权力机关，如国务院，各省、市人民政府及各级税务机关、海关、公证机关等。

（二）公告的类型

1．知照性公告（如【例文1-1】）

指向国内外告知重要事项或法定事项的公告，如公布国家领导人出访、国家领导人的选举结果等。

2．祈使性公告（如【例文1-2】）

除告知世人事项外，还要求遵守有关规定的公告。

（三）公告的结构和写法

公告一般由标题（＋编号）、正文、署名和日期四部分组成。

1．标题

标题有两种写法：

（1）发文机关＋事由＋文种，如《国务院关于坚决制止冲击铁路确保铁路运输安全畅通的公告》。

（2）发文机关＋文种，如《四川省人民政府公告》。

2．编号

公告的编号又称发布文号，有以下形式：

（1）流水号。依次编排号码，如（第×号）或第×号。

（2）年份与流水号。以年为单位依次编排号码，如2014年1号或2014年第1号。

（3）党政公文发文字号。其前提是，该公告采用正式党政公文下发形式。

（4）无编号。这往往用于刊登或张贴的公告。

3．正文

一般由公告背景、缘由、公告事项和公告结语（"现予公告"或"特此公告"）部分组成。也有的公告省略了缘由，开门见山，直接写出公告事项。公告事项要根据内容多少来确定表达方式，如果内容较多，可采用条款式；如果内容比较简单，则可不分条款。

4．署名与日期

在正文的右下方署上发文机关的名称和日期。如果标题已写上了发文机关的名称，在报纸上登载时可省略落款。也有的公告，成文日期写在署名下方或标题和编号之下。

（四）公告的写作要求

1．辨别发文机关的权限

一般企事业单位、社会团体不能使用公告发布事项。

2. 辨别发布事项的性质

非国家或地区重要事项或者法定事项，不能使用公告。望文生义，以为"公告"就是公开告知有关事项，事无巨细都用"公告"，甚至街道告知居民领取物价补贴也用"公告"，属于滥用公告。

【例文 1-1】 知照性公告

中华人民共和国财政部公告

2014 年第 84 号

根据国家国债发行的有关规定，财政部决定第二次续发行 2014 年记账式附息（二十一期）国债，已完成招标工作。现将有关事项公告如下：

一、本次国债计划续发行 280 亿元，实际续发行面值金额 280 亿元。

二、本次续发行国债的起息时间、票面利率等要素均与 2014 年记账式附息（二十一期）国债相同，即起息日为 2014 年 9 月 18 日，票面年利率为 4.13%，按半年付息，每年 3 月 18 日、9 月 18 日（节假日顺延，下同）支付利息，2024 年 9 月 18 日偿还本金并支付最后一次利息。经招标确定的续发行价格为 105.3 元，折合年收益率为 3.58%。本次续发行的国债从招标结束后至 11 月 24 日进行分销，从 11 月 26 日起与之前发行的同期国债 577.9 亿元合并上市交易。

其他事宜按《中华人民共和国财政部公告》（2014 年第 1 号）规定执行。

特此公告。

中华人民共和国财政部
2014 年 11 月 19 日

评析：

这是一份知照性公告。先写了发布本公告的依据，然后用承启语引出公告事项，从发行面值、起息时间、票面利率、发行期限、利息支付几个方面条理清楚地告知公众。从格式上看，本公告由标题、发文序号、正文、签署和成文日期等部分构成，每部分都符合《党政机关公文处理工作条例》的规定，是一份规范的公文。

【例文 1-2】 祈使性公告

关于免征新能源汽车车辆购置税的公告

2014 年第 53 号

为促进我国交通能源战略转型、推进生态文明建设、支持新能源汽车产业发展，经国务院批准，现将免征新能源汽车车辆购置税有关事项公告如下：

一、自 2014 年 9 月 1 日至 2017 年 12 月 31 日，对购置的新能源汽车免征车辆购置税。

二、对免征车辆购置税的新能源汽车，由工业和信息化部、国家税务总局通过发布《免征车辆购置税的新能源汽车车型目录》（以下简称《目录》）实施管理。……

三、工业和信息化部根据《目录》确定免征车辆购置税的车辆，税务机关据此办理免税手续。

……

附件：1. 新能源汽车纯电动续驶里程要求
      2. 新能源汽车产品专项检验标准目录
      3.《免征车辆购置税的新能源汽车车型目录》申请报告

财政部
国家税务总局
工业和信息化部
2014 年 8 月 1 日

评析：

这是一篇祈使性公告。公告先写目的依据，接着发布公告事项，其所宣布的事项是国内外极为关注的重大事项，信息完整而准确，要求遵守的事项可行性强，条理清楚，文字简明扼要，朴实庄重。

二、通告

（一）通告的概念和特点

1. 通告的概念

通告是公布社会各有关方面应当遵守或者周知的事项的公文。

2. 通告的特点

（1）内容具体、务实。多是业务工作方面，直指某项事务，务实性较强。

（2）发文机关无限制，使用频率高。发文单位比较广泛，党政机关、企事业单位、人民团体都可发布通告。通告的内容是一般事项，大事小事都可用通告发布，所公布的事项要求在一定范围内遵守，使用频率高。

（二）通告的主要类型

1. 告知性通告

指在一定范围内公布某一事项，供人们周知的通告。如《××市税务局通告》《关于济南、青岛地区电话号码启用八位制的通告》。

2. 制约性通告

指在一定范围内公布一些令行禁止事项的通告，其内容为查禁淫秽书刊、收缴非法枪支、加强交通管理、查处违禁物品等。如《××市公安局关于查禁赌博的通告》。

（三）通告的结构和写法

通告和公告一样，也由标题、正文、署名和日期三部分组成。

1. 标题

标题的写法有三种：

（1）发文机关＋事由＋文种，如"××公司关于调整交易平台时间的通告"。

（2）发文机关＋文种，如"××自来水公司通告"。

（3）事由＋文种，如"关于税收财务大检查实行持证检查的通告"。

2. 正文

通告的正文包括缘由、事项、结尾三部分。

缘由，是发布通告的理由、根据，说明为什么发此通告。

事项，即通告的具体事项或规定。内容比较单一、简单的，可以不分条写；如果内容比较多，则应分条列项地写。

结尾，一般为"特此通告"之类，也可不写。

3. 署名和日期

标题已有发文机关，并在标题下署上了日期的，可不用落款。如果标题没有发文机关，也没有日期，则落款处必须署上发文机关名称和日期。

（四）通告与公告的区别

1. 发文内容不同

公告旨在宣布重要事项和法定事项；通告的内容则是公布应当遵守或周知的事项，而且业务性强。通告的使用频率也比公告高。

2. 行文范围不同

公告的告知对象广泛，即国内外；通告的告知范围限制在一定范围内，即社会的有关方面。

3. 制发单位级别不同

公告的发文机关级别高，一般由国家一级机关发布；通告的发文机关级别较低，多由业务主管部门发布。一般说来，行止性通告、办理性通告，多由政府机关发布；知照性通告则任何行政机关、团体、单位均可发布。

4. 发布方式不同

公告多用登报、广播的方式发布；通告可用文件形式印发，也可登报、广播或张贴。

【例文1-3】

关于对长堽路实施临时限制交通措施的通告

为确保长堽路扩建工程顺利实施，保障道路交通安全畅通，根据《中华人民共和国道路交通安全法》及其实施条例的有关规定，现决定对长堽路（长堽菜市场至德化路）实施临时限制交通措施。具体通告如下：

一、从2013年11月3日0时起至12月31日24时止，对长堽路（长堽菜市场至德化路）实行全封闭施工，禁止车辆通行。

二、请途经的车辆通过长堽路、长堽路三里以及厢竹大道等道路绕行。施工沿线居民的车辆可向施工单位申请《施工区域出入证》，进出施工区域。

三、限制交通措施如有变动，以现场交通警察指挥或者设置交通标志明示为准。

四、涉及公共汽车行驶线路及站点的调整，由公共交通行政主管部门另行通告。

因实施限制交通措施给交通出行带来的不便，敬请市民给予谅解、支持与配合，提前安排好绕行路线。

特此通告。

南宁市公安局交通警察支队
2013年10月28日

评析：

本例为一则制约性通告，共两层意思，一是缘由，即为什么"通告"；二是事项，共4条，将"时间""限行区域""限行措施"分别陈述，语言简洁有力。

【例文1-4】

<h3 style="text-align:center">海南省人民政府关于推行国Ⅳ标准车用汽柴油的通告</h3>

为降低机动车污染物排放数量，改善大气环境，保障人民群众身体健康，促进海南生态省和国际旅游岛建设，省政府决定在全省推行国Ⅳ标准车用汽柴油。现将有关事项通告如下：

一、本通告所称国Ⅳ标准车用汽柴油是指符合国家标准《车用汽油》（GB 17930—2011）和《车用柴油》（GB 19147—2013）中满足第Ⅳ阶段排放要求的车用汽柴油。

二、自2013年10月20日0时起开始实施，2013年10月20日至2013年11月19日为过渡运行阶段，2013年11月20日0时起在全省供应、销售国Ⅳ标准车用汽柴油。

三、各成品油经营单位要及时完成油品置换和标识更换工作，将立式招牌、加油机、发油台、价格牌、灯箱、油罐区、购物发票和提货单等有关油品标号内容中加注"Ⅳ"字样。

四、我省国Ⅳ标准车用汽柴油价格依照国家发展改革委批准价格执行。

五、自正式推行之日起，在全省范围内销售的汽柴油质量必须符合国Ⅳ标准的规定要求。

六、各成品油经营单位必须按照规定建立油品质量管理台账，妥善保管提货单、进货单和增值税发票，以及相关的质量记录和凭证。

七、各有关部门要按照各自职责，依法加强对成品油市场的监管，严肃查处违法违规行为。

特此通告。

海南省人民政府
2013年10月17日

评析：

本例为一则告知性通告，共两层意思，一是发文缘由，即为什么"通告"；二是事项，共七条，将需通告事项分别陈述，最后用"特此通告"结尾，格式完整、规范，语言精炼通畅。

案例导入：

阅读下面的公文，思考下列问题：
1. 文章的格式有什么特点？
2. 文章的行文方向怎样？主送机关的写法有什么值得注意的地方？

关于印发《南宁市关于做好2014年普通高等学校毕业生
就业创业工作实施方案》的通知

各县、区人民政府，市政府各部门，各管委会，市级各双管单位，市直各事业、企业单位：

经市人民政府同意，现将《南宁市关于做好2014年普通高等学校毕业生就业创业工作实施方案》印发给你们，请结合实际，认真组织实施。

南宁市人民政府办公室
2014年10月23日

任务三　拟发通知通报

一、通知

（一）通知的概念及特点

1. 通知的概念

通知适用于发布、传达要求下级机关执行和有关单位周知或者执行的事项，批转下级机关的公文，转发上级机关和不相隶属机关的公文。

2. 通知的特点

（1）使用范围广。

（2）使用频率高。

（3）时效性强。

（二）通知的主要类型

1. 发布性通知

用于有关行政法规和规章、办法、规章制度的发布。发布性通知往往带有强制性、指挥性和决策性的特点。如【例文1-8】。

2. 转发性通知

用于转发上级、同级或不相隶属机关的公文，需在标题中注明"转发"字样。如【例文1-7】。

3. 批转性通知

用于对下级机关的文件加批语下发，需在标题中加"批转"两字。如【例文1-6】。

4. 事项性通知

用于要求下级机关办理和需要有关单位周知或者执行的事项。如布置工作、执行任务、安排活动、召开会议、告知机构设立或变动等。如【例文1-5】、【例文1-9】。

（三）通知的结构和写法

通知的结构包括标题、主送机关、正文、落款4部分，落款与其他公文要求相同，这里只介绍各类通知标题、主送机关和正文的一般写法。

1. 标题

常用的通知标题形式有两种：

（1）发文机关＋事由＋文种，如《广西壮族自治区人民政府办公厅关于调整自治区安全生产委员会组成人员的通知》，就是发文机关、事由、文种齐全的完全式标题形式。

需要注意的是，批转、转发通知的标题也是由三要素组成，不过其中的事由是所批转、所转发公文的名称，如《国务院批转国家旅游局〈关于加强旅游业管理若干问题请示〉的通知》，这个标题的事由部分是"国家旅游局关于加强旅游业管理若干问题请示"，这即是所批转公文的名称，这个名称（即公文标题）也是三要素齐全的。转发通知也是如此，所以，发布、转发、批转性通知的标题内又含有一个被批转或被转发公文的标题，是大标题里包含着一个小标题，这个小标题是作为大标题的事由出现的。如果被批转、被转发的公文是法规性文件，则须在法规性文件名称上加上书名号。

（2）事由＋文种，如《关于印发〈关于进一步规范农田水利建设管理的意见〉的通知》在具有版头的文件中，可以运用这种两元素标题。

2. 主送机关

通知的发文对象是相对的下级机关，如果主送机关单一或不超过3个时，直接书写或按照惯例排序。如果主送机关超过3个时，采用概称，并用顿号与逗号区别主送机关的类别。

3. 正文

通知的正文主要包括缘由、事项、结尾三部分。下面介绍几种通知正文的写法。

（1）发布性通知的写法。发布性通知的正文，一般先写发文的缘由、背景、依据；在事项部分，或写发布的行政法规、规章制度、办法、措施等，或写带有强制性、指挥性、决策性的原则（或指示性意见）、具体工作要求等。

发布性通知的事项，一般具有影响面较大、比较紧急和有一定政策性的特点。

（2）转发、批转性通知的写法。转发、批转性通知正文写法大体相同。可以把这两种通知称为"批语"，把被批转、转发的文件看作是通知的主体内容。批语的内容主要有以下三个方面：说明批转的目的或陈述转发的理由；对受文单位提出贯彻执行的具体要求；根据具体情况做出补充性规定。

（3）事项性通知的写法。事项性通知正文的写法，要使受文单位明确通知的内容（即事项），以及做什么，怎样做，有什么要求。正文一般分三部分。

开头，一般说明为什么要发此通知，目的是什么。

主体，即事项部分，将通知的具体内容一项项列出，把布置的工作或需周知的事项，阐述清楚，并讲清要求、措施、办法等。

结尾，多提出贯彻执行要求，可用类似"请遵照执行""请认真贯彻执行""请研究贯

项目一 党政公文写作

彻"等习惯用语,也有的通知结尾不写习惯用语。其中,会议通知的写法,一般应写明召开会议的原因、目的、会议名称、主要议题、到会人员、报到时间、地点、需要的材料等,通常采用条文式写法,要求内容周密、评议清楚、表述准确,不致产生歧义。

【例文1-5】

广西壮族自治区人民政府办公厅关于2014年
"壮族三月三"放假的通知

各市、县人民政府,自治区农垦局,自治区人民政府各组成部门、各直属机构:

根据自治区第十二届人民政府第98号政府令精神,经自治区人民政府同意,现将2014年"壮族三月三"放假有关事项通知如下:

一、本自治区内全体公民放假2天,4月2日至3日(即农历三月初三、初四)放假。

二、各级政府及有关部门要提高认识,充分利用地方资源,加强对民族节庆重大意义的宣传报道,并组织引导开展相关民间的活动。特别是自治区民委要主动商自治区新闻办、文化厅、体育局、旅游局等部门,把节庆活动的内涵进行梳理和提炼,在自治区主流媒体上宣传,形成良好的舆论导向。自治区文化厅等部门要及时制定活动方案,以民间群众、乡村社区为主,充分利用博物馆、文化馆(站、室)以及传统节庆场所等文化资源,创新和打造民族文化品牌,组织好在节日期间的群众活动。自治区体育局要充分利用区内丰富的少数民族传统体育资源,挖掘少数民族传统体育文化,指导各地开展具有民族特色的传统竞技活动。自治区旅游局要主动商自治区民委、文化厅、体育局等部门,制定民族文化旅游的相关方案,在节日期间,在全区不同的区域,重点打造多个具有民族特色的文化旅游品牌,推动民族文化旅游业发展。

三、放假期间,各地各部门要妥善安排好值班和安全保卫等工作,确保人民群众度过一个祥和平安的节日假期。

广西壮族自治区人民政府办公厅
2014年1月13日

评析:

这是一则事项性通知,正文第一段写明通知的依据和原由,然后分条列项写通知的具体事项,内容具体、明确,条理清楚,语气肯定,是一篇规范的通知。

【例文1-6】

北京市人民政府批转市发展改革委关于加快推进石景山区国家服务业
综合改革试点区发展意见的通知

各区、县人民政府,市政府各委、办、局,各市属机构:

市政府同意市发展改革委《关于加快推进石景山区国家服务业综合改革试点区发展的意见》,现转发给你们,请认真贯彻执行。

北京市人民政府
2013年7月9日

评析：

这是一则批转性通知。全文仅有一句话，但有两层意思：一是表明态度，对这份意见表示"同意"；二是要求受文单位"贯彻"执行。"认真"二字，切中某些执行单位的弊病，语气肯定，具有权威性。

【例文1-7】

广西壮族自治区人民政府办公厅转发水利厅等部门关于深化
小型水利工程管理体制改革实施方案的通知

各市、县人民政府，自治区农垦局，自治区人民政府各组成部门、各直属机构：

水利厅、财政厅《关于深化小型水利工程管理体制改革实施方案》已经自治区人民政府同意，现转发给你们，请认真贯彻执行。

广西壮族自治区人民政府办公厅
2014年10月24日

评析：

这是属于转发同级或不相隶属机关公文的转发类通知，正文部分只用一句话就把转发的依据、事项和要求交代清楚了，语言简练准确。

【例文1-8】

关于印发会计从业资格考试大纲（修订）的通知

各省、自治区、直辖市、计划单列市财政厅（局），新疆生产建设兵团财务局，中共中央直属机关事务管理局，国家机关事务管理局财务司，解放军总后勤部财务部，武警部队后勤部财务部：

为了进一步完善会计从业资格考试大纲，促进会计从业资格考试的知识结构科学合理，充分发挥会计从业资格考试在会计市场准入中的作用，根据《会计从业资格管理办法》（财政部令第73号）等有关规定，我部对2009年修订的会计从业资格考试大纲进行了修订，现予印发，自2014年10月1日起施行。会计从业资格考试大纲可以从财政部官方网站政策发布栏目、会计行业管理网站等下载。

各地和各有关部门会计管理机构应当严格按照修订后的会计从业资格考试大纲，认真组织好本地区、本系统的会计从业资格考试工作，确保考试工作平稳顺利。

财政部办公厅
2014年4月4日

评析：

这是一则发布性通知。这类通知的受文单位是本机关内部的各部门，但为了引起受文单位的重视，本文特别强调了发文的目的和依据，并在要求部分用了"严格按照""认真组织""确保顺利"等词语，既写明了执行要求，也突显出此文的重要性。

【例文1-9】
关于召开中国教育学会××教学专业委员会2007年年会的通知

各省（市、自治区）教研室、××教学专业委员会：

中国教育学会××教学专业委员会定于11月25日—11月29日在珠海市召开2007年年会。现将有关事项通知如下。

一、年会主题：积极推进新课程背景下的××教学研究

二、主办单位：中国教育学会××教学专业委员会

承办单位：××教育学会××教学专业委员会

协办单位：××教育学会××教学专业委员会

三、年会内容

四、与会人员

五、报到注意

时间：11月25日全天（上午8时至下午5时）

地点：××市××区××北路3号××市××酒店

交通：到××××车站或××汽车总站后乘××路/×路车到××巴士站下车即到。

（详细路线附后）

六、会议经费

每位代表交会务费450元，差旅及住宿费等自理［食住全在三星级酒店，住宿费100元/（人·天）］。

七、其他会务事项

（一）返程机、车票及会后的旅游委托旅行社办理。

（二）联系人：×××

中国教育学会××教学专业委员会
2007年9月30日

评析：

这篇会议通知正文部分先写年会召开的时间、地点，文中承启语后的事项部分具体、周到地写出了会议的议题、主办单位、承办单位、协办单位、年会内容、与会人员及其他有关问题，考虑周全，内容详细具体。

二、通报

（一）通报的概念和特点

通报是表彰先进，批评错误，传达重要精神或者情况的公文。

（二）通报的特点

1. 内容要真实

真实是通报的生命。通报的任何情况、事实都必须是真实的，不能有差错，更不能编造。因此，写通报时，对正反两方面的事实都要认真核实，做到准确无误。

2. 目的需明确

表彰先进的通报，目的是告知有关单位和人员有谁或何事受到了表彰。对被表彰单位

是一种鼓舞、激励，对其他单位是一种教育，对后进单位是一种鞭策。批评性通报的目的是让人们知道错误，认识错误，吸取教训，改正错误，引以为戒。交流情况的通报，是让人们了解通报的事项。

3. 时间有限制

通报针对工作中出现的现象与情况而发，对发生的时间、地点等要素都要进行交代，内容跟特定时期背景有着紧密的联系，一旦发生变化，当时具有指导意义的通报就不再产生指导效力。因此，通报的制发应该迅速及时，以免时过境迁，失去其积极的作用。

（三）通报的类型

根据通报的作用和应用范围，可将通报分为三类。

1. 表彰通报

用于表彰先进人物或先进集体，介绍先进事迹、推广典型经验，宣传先进思想，树立榜样，号召人们学习。如【例文1-10】。

2. 批评通报

用于批评错误，纠正不良倾向。如【例文1-11】。

3. 情况通报

多用于传达重要精神、沟通重要情况。如【例文1-12】。

（四）通报的结构和写法

1. 标题

通报的标题通常由发文机关、事由和文种三个要素构成，如果版头已显示了发文机关，也可省略发文机关，但比较重要的通报则不能省略。

通报的签署和时间也可以在标题下方，这样则不再落款；通报也可以有抬头、落款，时间则写在发文机关的下面。

2. 正文

（1）表彰通报正文的一般写法，注意三个层次。①概括介绍先进事迹：包括时间、地点、人物、事迹；②对先进人物的表彰决定：表彰的具体内容；③提出希望与号召。

（2）批评通报正文的一般写法，注意四个层次。①写出错误事实：即将事故或错误事实的经过情况、时间、地点、事故、后果交代清楚；②分析错误思想根源与社会教训：对事故进行分析评议，重点分析事故发生的原因，指出事故的性质及其危害；③对错误的处分决定：处分的具体内容；④提出希望。

（3）情况通报正文的一般写法。注意两个层次。①通报相关情况；②提出指导性意见。

（五）通报与通知的区别

从通报与通知的特点和作用看，它们的主要区别如下：

1. 内容范围不同

通知可以发布行政法规和规章，批转和转发公文，传达需要办理和周知的事项等；通报则是表扬先进，批评错误，传达、交流重要情况、信息。两者虽然都有告知的作用，但通知告知的主要是工作情况，以及共同遵守执行的事项；通报则是告知正反面典型，或有

2. 目的要求不同

通知的目的是告知事项，布置工作，部署行动，内容具体，要求受文机关了解要办什么事，该怎样办理，不能怎样办理，有严格的约束力，要求遵照执行；通报的目的主要是交流、了解情况，或通过正反面的典型去教育人们，宣传先进的思想和事迹，提高人们的认识。

3. 表现方法不同

通知的主要表现方法是叙述，告知人们做什么，怎样做，叙述具体，语言平实；通报的表现方法则常兼用叙述、说明、分析和议论，有较强的感情色彩。

（六）通报的写作要求

1. 及时、快速

通报具有较强的时间性。因为通报的内容都是新近发生的事件和情况，与推动当前中心工作密切相关，因此，必须不误时机，否则，时过境迁，就失去通报的价值。

2. 材料必须新颖、典型

必须选择有代表性的人和事，特别是与中心任务有关的重大情况和事项，使人周知，引起重视和警惕，从而对各机关的工作有所启示和推动。

3. 通报的材料必须调查核实

无论哪种通报，材料都应当真实可靠。特别是批评性通报，应力求事实准确，用词分寸恰当，以理服人，不乱扣帽子，只有这样才有说服力，才能起到教育作用。

【例文 1-10】

海南省人民政府关于表彰 2013 年度安全生产工作
责任目标考核先进单位和先进个人的通报

各市、县、自治县人民政府，省政府直属各单位：

2013 年，各市县、各部门和各单位认真学习和贯彻落实习近平总书记等中央领导同志关于安全生产工作的重要批示指示精神，牢固树立科学发展、安全发展理念，全面落实政府属地管理、部门行业监管和企业主体责任，着力抓好重点行业领域安全监管，深入开展安全生产大检查、隐患排查治理和"打非治违"专项行动，实现全省安全生产形势总体稳定好转，为我省经济社会发展营造了良好的安全生产环境。为了鼓励先进，进一步推进安全生产工作，根据《海南省人民政府关于进一步加强安全生产工作的意见》（琼府〔2012〕77 号），省政府决定，评定屯昌县人民政府等 11 个单位为"连续四年安全生产工作责任目标考核先进单位"，澄迈县人民政府等 8 个单位为"连续三年安全生产工作责任目标考核先进单位"，文昌市人民政府等 14 个单位为"连续两年安全生产工作责任目标考核先进单位"，澄迈县人民政府等 47 个单位为"2013 年度安全生产工作责任目标考核先进单位"；评定周领军等 122 名同志为"2013 年度安全生产工作责任目标考核先进个人"。对先进单位和先进个人予以通报表彰。

希望先进单位和先进个人珍惜荣誉，再接再厉，为实现我省安全生产形势持续稳定好转作出新的贡献。各市县、各部门和各单位要向先进学习，进一步贯彻落实中央领导同志重要批示指示和全国安全生产电视电话会议精神，继续贯彻落实《海南省人民政府关于进一步加强安全生产工作的意见》（琼府〔2012〕77号），积极推进"党政同责、一岗双责、齐抓共管"安全生产责任体系建立，深化安全生产大检查和"打非治违"专项行动，强化重点行业、重点领域和重点时段的安全监管，夯实安全基础，减少事故总量，有效防范和坚决遏制重特大事故，促进全省安全生产形势持续稳定好转。

附件：1. 连续四年安全生产工作责任目标考核先进单位名单
2. 连续三年安全生产工作责任目标考核先进单位名单
3. 连续两年安全生产工作责任目标考核先进单位名单
4. 2013年度安全生产工作责任目标考核先进单位名单
5. 2013年度安全生产工作责任目标考核先进个人名单

海南省人民政府
2014年2月25日

评析：

这篇表彰性通报共写了三方面的内容：第一层次概括介绍了发文的背景、缘由、依据，第二层次引出表彰事项，第三层次提出希望和号召：希望受表彰的先进单位和先进个人珍惜荣誉，再接再厉，号召其他单位向先进学习。结构完整严谨，语言质朴精炼。

【例文1-11】

关于对巨业造价咨询公司予以批评的通报

各造价咨询机构：

珠海巨业工程造价咨询有限公司在承担科技创新海岸D1、G1、J1道路以及三村工业区2号市政道路工程预算编制任务的过程中，由于编制人员疏忽大意，导致工程标底出现重大偏差，致使工程在完成招标之后无法正常实施，造成了极为不良的影响。为维护建筑市场正常秩序，规范造价咨询机构市场行为，经研究决定：

一、对珠海巨业工程造价咨询有限公司予以通报批评。

二、由市建设工程造价管理站责令珠海巨业工程造价咨询有限公司对有关责任人予以严肃处理，并监督落实制定整改措施。

希望各造价咨询机构吸取教训，避免类似事件再次发生。

珠海市建设局
2004年11月29日

评析：

这篇批评性通报先说明被通报批评的对象所犯错误的情况及造成的不良影响，为后文作出通报批评提供依据；然后写明给予公司和有关责任人怎样的处理；最后提出劝诫。

【例文 1-12】

国家安全监管总局关于河北克尔化工有限责任公司"2·28"重大爆炸事故情况的通报

各省、自治区、直辖市及新疆生产建设兵团安全生产监督管理局，有关中央企业：

2012年2月28日上午9时4分左右，位于河北省石家庄市赵县工业园区生物产业园内的河北克尔化工有限责任公司（以下简称河北克尔公司）生产硝酸胍的一车间发生重大爆炸事故，造成25人死亡、4人失踪、46人受伤。这起事故是近一个时期以来危险化学品领域发生的伤亡最严重的事故。

依据有关规定，国务院安委会已对该起事故的查处实行挂牌督办，查处结果将及时向社会公布。为深刻吸取事故教训，进一步加强危险化学品安全生产工作，有效防范和坚决遏制类似事故发生，现将有关情况通报如下：

一、事故企业基本情况（略）

二、事故简要经过

……事故发生前，一车间有5个反应釜投入生产。2月28日上午8时，该车间当班人员接班时，2个反应釜空釜等待投料，3个反应釜投料生产。8时40分左右，1号反应釜底部放料阀（用导热油伴热）处导热油泄漏着火；9时4分，一车间发生爆炸事故并被夷为平地，造成重大人员伤亡，周边设备、管道严重损坏，厂区遭到严重破坏，周边2公里范围内部分居民房屋玻璃被震碎。

三、事故原因初步分析（略）

四、认真吸取事故教训，切实加强危险化学品安全生产工作……

请各省级安全监管局于2012年5月1日前将对涉及爆炸性危险化学品生产、储存企业开展专项安全检查的情况上报国家安全监管总局。

国家安全生产监督管理总局

2012年3月12日

评析：

这是一篇情况通报。导语部分概括地介绍了事故的发生与处理情况，然后分析了事故的简要经过、事故暴露出的问题和工作要求三个方面进行了具体通报；最后提出执行要求。在具体通报部分，三方面内容有着严密的逻辑性。

案例导入：

阅读下面的应用文，思考以下问题。

1. 什么情况下写报告？
2. 报告在内容上由几部分构成？
3. 报告在格式上有什么要求？

关于开展纪念"三八"国际劳动妇女节活动情况的报告

市妇联：

根据《海口市妇女联合会关于开展2014"三八"国际妇女节纪念活动的通知》（海妇发〔2014〕3号）的精神，在开展纪念"三八"国际劳动妇女节活动中，我局结合实际，深入学习宣传党的十八大、十八届三中全会和中国妇女十一大、省妇女六大精神，认真组织开展好今年"三八"国际劳动妇女节纪念活动，努力营造良好的节日氛围，现将情况报告如下：

一、领导重视，认真抓布置落实

我局于2月18日召开全粮食系统的妇女干部工作会议，在会议上负责分管妇女工作的朱树清副局长传达《海口市妇女联合会关于开展2014"三八"国际劳动妇女节纪念活动的通知》，同时结合本系统的实际，对开展纪念"三八"国际妇女节活动有关事宜做布置，并指示将海妇发〔2014〕3号《通知》转发到局属各单位，强调一定要认真做好贯彻落实及总结工作。

二、因地制宜，结合实际开展各项活动

1. 组织妇女以深入学习贯彻党的十八、十八届三中全会精神为主题，全面贯彻党的妇女政策，积极推动落实男女平等基本国策，推进实施两规划，进一步弘扬"善良、纯朴、勤劳、坚韧、奉献"的椰城女性精神，宣传新时期妇女事业成就和各行业优秀妇女典型，引导和激励广大妇女积极参与，树立海口妇女良好形象，展示我市粮食系统女性自强不息、奋发进取、乐于奉献、主动作为的精神风貌，努力营造尊重妇女，促进妇女发展良好氛围。

2. 结合工作实际开展"三八"维权周活动，组织广大干部职工妇女参加市妇联联合省妇联、普法办、省法律援助中心举办的妇女维权周活动，给女职工发放《劳动法》《就业政策宣传手册》和《海口市妇女发展规划宣传手册》等法律书籍，召开女职工代表座谈会，会上大家围绕女职工自身建设，维护合法权益，推进素质提升，履行社会责任等方面畅所欲言，建言献策，提高妇女运用法律途径维护自身权益的能力。

3. 在粮食系统广大妇女中，积极倡导科学健身、文明健身、快乐健身的理念，营造崇尚科学、参与健身、享受健康的良好氛围，"三八"节期间，举行了丰富多彩的羽毛球和乒乓球比赛活动，通过活动进一步提高女职工团队意识，增强凝聚力和荣誉感。

海口市粮食局
2014年3月13日

项目一 党政公文写作

任务四 撰写报告请示批复

一、报告

(一) 报告的概念和特点

1. 报告的概念

报告是向上级机关汇报工作,反映情况,答复上级机关的询问的公文。

2. 报告的特点

(1) 单向性。报告是下级机关向上级机关汇报工作、反映情况、提出建议时使用的单方向上行文,除需要批转的报告外,一般不需要上级机关给予答复。它不像请示那样具有双向性特点,必须有批复与之相对应,报告大多是单向性行文,一般不需要任何相对应的文件。因此类似"以上报告当否,请批示"的说法是不妥当的。

(2) 陈述性。报告在汇报工作、反映情况时,所表达的内容和使用的语言都是陈述性的。本单位遵照上级的指示,做了什么工作、怎样做的这些工作、取得了哪些成绩、还存在哪些不足,必然要一一向上级陈述。反映情况时,也要把时间、地点、人物、事件、原因、结果叙述清楚,向上级机关提供准确的现实性信息。即便是提出建议的报告,也要在汇报情况的基础上,才能深入一步提出建议来。

(二) 报告的主要类型

1. 工作报告(如【例文1-13】)

工作报告主要用于反映本机关、本单位的工作情况,以便上级机关全面指导工作。包括汇报例行工作、成绩经验、问题教训、今后打算,汇报上级交办事项的办理结果,汇报对某一指示传达贯彻情况等。

2. 情况报告(如【例文1-14】)

情况报告主要用于反映本机关、本地区情况的报告。如及时汇报本地区、本单位发生的重大事件,在一定范围内带有倾向性的情况,包括会议的情况等。

3. 答复报告(如【例文1-15】)

答复上级询问事项的报告。如上级领导对群众来信来访中反映的问题或文件材料中反映的问题,批示下级机关查办,或询问有关情况,下级机关办理完毕,需用书面形式答复上级机关,此时使用的公文就是答复报告。

(三) 报告的结构与写法

报告的结构包括标题、主送机关、正文、落款四部分。报告的正文一般包括原由、事项和结尾三部分。

1. 标题

标题采用发文机关+事由+文种形式。作为上行文,是下级机关向上级机关行文,应当采用三元素标题形式,以示尊重。在实际运用中,有些机关因为在版头中显示了发文机关,于是在标题中省去了发文机关。

2. 主送机关

主送机关，应为具有隶属关系的上一级领导机关或上一级业务主管机关。一般主送一个上级机关；根据需要同时抄送相关上级机关和同级机关，不抄送下级机关。

受双重领导的机关向一个上级机关行文，必要时抄送另一个上级机关。

3. 各类报告正文的写作要点

（1）工作报告。正文内容一般包括基本情况、主要成绩、经验体会、存在问题、基本教训、今后意见等几部分。在叙述基本情况的同时，要有分析、归纳，找出规律性认识，类似于工作总结。基本情况简要交代时间、背景和工作条件；主要成绩要把工作的过程、措施、结果和成绩叙述清楚；经验体会主要写出对工作实践的理性认识，从实际工作中概括出规律性的东西来，以便指导今后的工作；存在问题要写出工作中的缺点与不足；基本教训是指工作失误的原因和值得吸取的教训；今后意见指改进工作的意见，或提出今后开展工作的建议。

（2）情况报告。情况报告常用于向上级汇报下列情况：

严重的灾害、事故、案情、敌情；重要的社情、民情，如社会生活中的新动态和上级某项有关国计民生的新政策、新规定的贯彻执行情况及群众的反映等；督促办理或检查某项工作的情况，如财物、税收、物价、质量、安全、卫生等项工作的检查结果；举办重大活动、召开重要会议的基本情况，各级各类代表会议的选举结果等；对某项工作造成失误或问题的检讨与反思；其他重要的、特殊的、突出的新情况。

情况报告通常采用"情况——原因——教训——措施"四步写法，具体写作时要注意下面几个方面：内容集中、单一，突出重点，抓住事物本质，实事求是地反映情况；把情况和问题讲清楚，把事情的经过、原委、结果、性质写明白；提出处理意见和建议，但不能夹带请示事项；理顺文章的思路和结构，脉络清楚，层次分明；写作要及时，以便上级机关和有关领导尽快了解重大、特殊、突发的种种新情况。

（3）答复报告。答复报告的内容要体现针对性，有问必答；表述要明确、具体，语言要准确、得体。其正文包括答复依据和答复事项两部分内容。答复依据指上级要求回答的问题，要写得十分简要。答复事项指针对所提问题答复的意见或处理结果，既要写得周全，又要注意不节外生枝，答非所问。

4. 报告的结尾

一般报告的结尾都有使用不同的习惯用语。常以"特此报告""专此报告""请审阅"等用语作结。

5. 落款

在正文右下角签署发文机关和日期。

（四）报告的写作要求

1. 报告事项真实

报告事项必须真实，所列成绩或问题都必须属实，不夸大，也不缩小，才能成为上级部门决策的依据。

2. 报告拟写要及时

报告的基本任务就是及时向上级机关反映工作情况，延误了时间，报告也就失去了

项目一 党政公文写作

意义。

3. 报告不得夹带请示事项

夹带请示事项,就违背了公文的行文规则。

【例文 1-13】

关于教育实践活动学习教育、听取意见环节查漏补短工作情况的报告

市教育实践活动领导小组办公室:

为进一步推动落实党的教育实践活动深入开展,完善第一环节规定动作,根据市党的群众路线教育实践活动领导小组办公室下发的《关于抽查教育实践活动学习教育、听取意见情况的通知》和《关于做好第一环节活动查漏补短工作和第二环节准备工作的通知》的有关要求,我局高度重视,认真对照落实第一环节活动查漏补缺工作要点,制定了有效的查漏补缺检查方式和行动措施,较为全面地实现了学习"四落实",保证了学习无遗漏、无死角。现将我局开展群众路线教育实践活动第一环节活动查漏补缺的情况报告如下:

一、严格工作要点,细化督查措施(略)

二、落实学习效果,强化理念意识(略)

三、采取多种形式、广泛征求意见(略)

四、增强责任意识,做到边查边改(略)

五、狠抓查漏补缺,扎实教育活动(略)

通过精心地组织本次"查漏补缺"的督导检查,更加全面的了解了我市粮食系统各基层党组织开展路线教育活动的真实情况,及时地发现了部分存在的问题,有效的保证群众路线教育实践活动第一环节活动开展扎实有效,达到了市委提出查漏补缺工作要点要求,全面地实现了学习"四落实",讨论有深度,学员有进步的总要求。

海口市粮食局
2014 年 5 月 15 日

评析:

这是一篇工作报告。正文开头概括介绍教育实践活动学习教育、听取意见环节查漏补短工作的基本做法和效果,文种承启语之后,分五个方面,全面报告了的群众路线教育实践活动第一环节活动查漏补缺的工作情况。

【例文 1-14】

××市贸易局关于百货大楼重大火灾事故的报告

××省贸易厅:

××××年 6 月 4 日凌晨 2 时 40 分,我市江南区百货大楼发生重大火灾,经过两个多小时的扑救,于 5 时明火全部扑灭。该大楼二层楼经营的商品以及柜台、货架、门窗等全部烧毁,直接经济损失达 50 万元。造成此次重大火灾的直接原因,是二楼一个体裁剪户经二楼经理同意从总闸自接线路,夜间没断电导致电线起火。

这次火灾的发生暴露了该大楼领导对安全管理工作极不重视,内部管理混乱,安全制度不健全,违章作业严重等问题,因而造成了惨重的经济损失,教训十分深刻。

火灾发生后,市政府、市贸易局十分重视,三次派人员到事故现场进行调查,并对事故进行认真处理,责令该百货大楼二楼经理刘××停职检查,个体裁剪户李××罚款×××元,并听候进一步处理。

今后,我们要吸取教训,切实加强对安全工作的领导,尤其加强对零售企业的安全管理,及时消除各种不安全的因素和隐患,为企业创造良好的经营环境。

××市贸易局
××××年6月12日

评析:

这是一篇事故情况报告。正文第一段简要地介绍了火灾情况、损失和失火直接原因。第二段写火灾事故的深层原因、教训。第三段写对火灾的处理情况和结果。最后一段为作者单位的态度和措施。文章行文简洁、层次分明、构思周密。

【例文1-15】

海口市教育局关于海南侨中食堂噪声扰民何时休情况的报告

市政府:

转来《海南侨中食堂噪声扰民何时休》一文,我局工作人员到校调查核实,现将核实情况报告如下:

泰达国际第三期业主所反映的靠近操场(和谐路一侧)的大型机房是该校的水泵房。该水泵房已经建成使用8年,水泵房一侧没有安装大型抽油烟机,水泵房的门平时处于关闭状态。该水泵房与泰达国际第三期小区间隔有105米,与该校两栋女生宿舍楼由一条马路隔开。8年来住在此处的该校女生从来没有反映类似噪声干扰的问题。经我局和学校工作人员到现场检查,认为不存在噪声扰民的问题。

特此报告。

附件:现场调查核实图片

海口市教育局
2014年11月6日

评析:

这是一篇回复询问报告。发文机关收到市政府转来的问询后,以报告形式给以回复。本文写法规范,发文缘由、报告事项、结尾三部分清楚明确,语言简洁准确。

二、请示

(一)请示的概念和特点

1. 请示的概念

请示是向上级机关请求指示、批准的公文。这里的上级机关,指具有直接隶属关系的党政领导机关与业务主管机关。

请示的适用范围具体包括下面六个方面:

(1)对上级有关方针、政策、指示或法规、规章不够明确或有不同理解,需要上级机关作出明确解释和答复。

(2) 从本地区本单位的实际情况出发，需要对上级的某项政策、规定作出变通处理，有待上级重新审定，明确作答。

(3) 在工作中出现新情况、新问题需要处理而无章可循、无法可依，需要上级机关作出明确指示。

(4) 需要请求上级解决本地区、本单位的某一具体问题和实际困难。

(5) 按上级机关和主管部门有关政策规定，不经请示有关部门批准，无权自行处理的问题。

(6) 工作中出现了一些涉及面广而本部门无法独立解决的困难和问题，必须请示上级领导或综合部门，以求得他们的协调和帮助。

需要注意的是，凡是自己职权范围内的工作，经过努力能处理和解决的问题、困难，都应尽力自行解决，不要动辄请示，把矛盾上交。

2. 请示的特点

(1) 行文内容的请求性。请示是向上级机关请求指示和批准的公文，具有请求的性质；而报告是向上级机关汇报工作、反映情况、提出建议、答复上级机关的询问或要求的公文，具有陈述性。

(2) 行文目的的求复性。请示的目的是请求上级指示、批准，解决具体问题，要求作出明确批复；而报告的目的则在于让上级知道、掌握某方面或某阶段的情况，不要求批复。

(3) 行文时机的超前性。请示必须在事前行文，等上级机关做出批复之后才能付诸实施；报告则可在事后行文，也可以在工作进行中行文，一般不事前行文汇报方案。

(4) 请求事项的单一性。请示要求一文一事；报告可以一文一事，也可以一文数事。

(二) 请示的主要类型

按照《条例》的规定，请示有两种在内容、性质、行文目的方面不尽相同的类型，一种是请求指示的请示，一种是请求批准的请示。

1. 请求指示的请示（如【例文1-16】）

求示性请示是请求上级机关对请示问题给予政策、认识上的指示的请示。

2. 请求批准的请示（如【例文1-17】、【例文1-18】）

求批性请示，是请求上级机关对请示事项给予批准认可的请示。

(三) 请示的结构及写法

请示包括标题、主送机关、正文和落款、附注五部分。

1. 标题

请示的标题内容包括发文机关、事由和文种，发文机关有时可省略，如《关于丹霞山风景名胜区列为国家重点风景名胜区的请示》。写标题要注意：

(1) 不能将"请示"写成"请示报告"或"报告"。

(2) 标题中一般不采用"申请""请求"之类的词语，避免造成意义上的重复。

2. 主送机关

请示的主送机关一般只有一个，即其直接的上级机关。请示不可直接呈送领导个人，也不可抄送同级或下级机关。

3. 正文

请示的正文包括请示的缘由、请示事项、结尾三部分。

（1）缘由。请示的缘由指提出请示事项和要求的理由、背景和依据，要写在正文的开头。请示的缘由必须写得充分、清楚，有理有据，扎实可信，这是请示事项能否获批的关键。

（2）事项。指请求上级机关批准、帮助、解答的具体事项。请示的事项要符合国家法律、法规，符合实际，具有可行性和可操作性。因此，事项要写得具体、明白，并作出具体的分析，提出切实可行的办法、措施与建议，以利于上级机关审批。

（3）结尾。为了使请示的事项得到答复，发文机关一定要提出要求。常用的要求语是"以上请示，请批复""以上请示，请审批"。

4. 落款

在正文的右下方签署发文机关和日期。

5. 附注

请示应当标有附注，标注联系人的姓名和电话，便于上级机关就请示内容与下级机关进行沟通。附注位于成文日期下一行居左空二字格，并加圆括号。

（四）请示与报告的异同

1. 请示与报告的相同之处

（1）行文方向一致，都属于上行文，是公文中用得很广泛的文种。

（2）格式大体相同，都由标题、主送机关、正文、署名和日期组成，都需注明签发人、会签人姓名。

2. 请示与报告的不同点

（1）行文目的、作用不同。请示旨在请求上级批准、指示，需要上级批复，重在呈请；报告旨在向上级汇报工作、反映情况、提出意见或建议、答复上级询问，不需要上级答复，重在呈报。

（2）行文时间不同。请示需要事前行文，报告一般在事后或工作过程中行文。

（3）主送机关的数量不同。请示只写一个主送机关；报告则可以有多个主送机关。

（4）受文机关处理方式不同。请示属办件，收文机关必须及时批复；报告属阅件，除需批转的建议报告外，收文机关对其他报告都可不作答复。

（5）涉及内容不同。请示属于向上级机关请求批准、指示，凡是下级机关、单位无权解决、无力解决以及按规定应经上级机关批准认定的问题，均可以请示行文；而报告用于向上级机关汇报工作、反映情况、提出意见或建议、答复询问。

（6）写作的侧重点不同。虽然都要陈述、汇报情况，但报告的重点只在汇报工作情况，报告中不能夹带请示事项；而请示中所陈述的情况只是作为请示的原因，即使反映情况以及阐述原由所占的篇幅再大，其重点依然是请示事项。

（五）请示的写作要求

1. 一文一事

一份请示只能写一件事，这是《国家机关行政公文处理办法》的规定，也是实际工作的需要。如果一文多事，很可能导致上级机关无法作出批复。

项目一 党政公文写作

2. 主送一个机关

一份请示,只送一个上级领导机关,不能同时主送两个或两个以上机关。受双重领导的机关向上级机关请示工作时,要根据请示内容的性质,主送一个上级领导机关,抄送另一个领导机关。

3. 不越级请示

如果因情况特殊或事项紧急必须越级请示时,要同时抄送越过的机关。请示一般不直接送领导个人,除非是领导直接交办的事项。

4. 不得抄送下级机关

请示是上行公文,不得同时抄送其下级机关,更不能要求下级机关执行上级机关未批准的事项。

【例文 1-16】

关于交通肇事是否给予被害者家属抚恤问题的请示

最高人民法院:

据我省××县人民法院报告,他们对交通肇事致被害人死亡,是否给予被害者家属抚恤的问题,有不同意见。一种意见认为,被害者是有劳动能力的人,并遗有家属要抚养的,就给予抚恤;被害者若是没有劳动能力的老人或儿童,就不给予抚恤。另一种意见认为,只要不是由被害者自己的过失所引起的死亡事故,不管被害者有无劳动能力,都应酌情给予抚恤,我们同意后一种意见。几年来实践经验证明,这样做有利于安抚死者家属。

是否妥当?请批复。

××省高级人民法院
××××年×月×日

评析:

这是一则请求指示的请示,这类请示多涉及政策、认识上的问题,请求上级明示。正文开门见山,提出对交通肇事是否给予被害者家属抚恤有不同意见,继而申明同意的意见及同意的理由,最后提出要求,请求上级明确批复。全文观点鲜明,语言简洁。

【例文 1-17】

海口市粮食局关于"威马逊"超强台风灾后损失补助经费的请示

市政府:

今年 7 月 18 日,我市遭受历史罕见的"威马逊"超强台风灾害,市粮食局局属各单位仓房、粮食、仪器、机械设备、设施等损毁严重,据调查统计,灾害造成的直接经济损失高达 378.56 万元,灾后恢复生产和重建工作任务十分艰巨。为做好灾后恢复生产和重建工作,保障我市各级储备粮安全,确保粮食市场价格稳定,供应安全,维护社会稳定,促进粮食经济社会持续稳定健康发展,针对我局局属各单位灾情受损情况,我们自筹资金全力以赴开展灾后恢复生产和重建工作的同时,现恳请市政府帮助解决救灾资金约 189 万元用于灾后恢复重建工作。

以上请示妥否,请批示。

附件:海口市粮食系统"威马逊"超强台风灾情情况和补助申请表

海口市粮食局
2014 年 8 月 4 日

(联系人:××,电话:×××××××)

评析:

这是一则求批性请示,需要上级解决本单位的具体问题和实际困难,请求上级批准的。正文开门见山,先写发文缘由,态度恳切,理由充分,继而提出请示事项,最后请求上级明确批复。格式规范,语言精练。

【例文 1-18】

关于调整海口市长流片区城镇化建设项目责任单位的请示

市政府:

市政府常务会议审议通过的《海口市 2014 年政府投资项目计划》,其中第 44 项将海口市长流片区城镇化建设项目列为 2014 年的预备项目,市西海岸开发建设管理委员会作为项目实施的责任单位。为了加快推进该项目的前期工作,市政府后来专门成立了项目工作推进领导小组,领导小组下设指挥部,并印发了《海口市长流片区城镇化建设项目前期工作机制方案的通知》(海府办〔2014〕15 号)。为了便于统一协调推进,比照我市重大项目推进模式,同时考虑到西海岸管委会更名为市重点项目管委会后职能上有较大调整的实际,建议将长流片区城镇化项目前期工作推进责任单位调整为该项目指挥部。

妥否,请批示。

附件:1. 海口市人民政府办公厅关于印发《海口市长流片区城镇化建设项目前期工作机制方案》的通知(海府办〔2014〕15 号)
　　　2. 关于做好 2014 年政府投资项目计划实施工作的通知

海口市西海岸开发建设管理委员会
2014 年 2 月 20 日

评析:

这是一份求批性请示。发文缘由部分阐述了请示的依据、背景、原因及条件,理由充分,态度明朗,要求明确。文中的"建议""妥否,请批示"等用语,准确、得体,值得借鉴。

三、批复

(一) 批复的概念及特点

1. 批复的概念

批复是上级机关答复下级机关请示事项的公文,是具有指示性和针对性的下行公文。批复主要适用于针对下级机关的请示事项作出答复。

2. 批复的特点

(1) 被动性。批复是下级单位主动提出工作中的问题,上级机关被动地作出答复,发出指示，是先有请示后有批复。

(2) 针对性。批复内容有很强的针对性，批复是针对下级机关的请示而专门形成的。批复与请示是对应的，先有请示，后有批复，请示什么事项，就批复什么事项。在内容上，批复必须针对请示事项作出答复，无论是同意、不同意或部分同意都应围绕这一事项而发，不得改换主题。

(3) 权威性。批复代表着上级机关的权利和意志，是对下级机关的工作做出的具体指示，对请示单位具有极强的约束力。上级机关通过批复表态准许怎样做，不准许怎样做。下级机关必须执行上级机关的批复意见。

(二) 批复的类型

根据批复的内容，可将批复分为指示性批复和审批性批复。

1. 指示性批复（如【例文 1-19】）

对下级机关请示所涉及政策上、认识上的问题，作出指示性答复。

2. 审批性批复（如【例文 1-20】）

作出批准或不批准，或不完全批准等审批性答复。

(三) 批复的结构与写法

批复虽然篇幅比较简短，但有自身独特的结构要求，同时，对语言的准确性、明晰性要求甚高。批复的结构由标题、主送机关、正文、署名和日期四部分构成。

1. 标题的写法

(1) 发文机关＋批复事项＋行文对象＋文种（完全式）。如《国务院办公厅关于深圳特区私人建房问题给广东省人民政府办公厅并福建省人民政府办公厅的批复》。

(2) 发文机关＋事由＋文种。如《广东省商业厅关于同意成立广东商业汽车维修配件公司的批复》。

(3) 事由＋文种。如《关于同意××××学院人文社科系举办秘书事务所的批复》。

(4) 发文机关＋原件标题＋文种。如《××市人民政府〈关于请求市领导裁决河滨路2号住宅楼产权争议的请示〉的批复》。

批复的标题应符合语法规则，不应使用《关于对……的请示的批复》《关于答复……的批复》。

2. 主送机关

是报送请示的下级机关，也是批复的受理机关，应当规范标注发送请示的机关名称。

3. 正文的写法

正文一般包括批复引语、批复事项和结束语三个部分。

(1) 批复引语（引叙来文）。引用公文，应当先引标题，后引发文字号。如"你局《关于……的请示》（×发〔××××〕×号）收悉。"同时，应简要交代形成答复意见的程序或过程，如"经××办公会议研究决定，……"等，以体现批复意见的合法性和权威性。要注意尽量避免批复引语和批复标题的重复。

(2) 批复事项。即针对请示中提出的问题，给予明确具体的答复。

如果完全同意的，就写上肯定性意见。一般要求复述原请示主要内容后才表态，不能只笼统写上"同意你们的意见"。

如果有的同意,有的不同意,就要写明同意的内容及写明不同意的理由(同意的不用写理由)。

如果不予批准,一定要在否定性意见后面写明理由。

(3) 结束语的写法。常以"此复""特此批复""专此批复"等结尾词结束全文,也可根据需要省略结束语。

4. 签署和日期

在正文的右下角规范地标出批复机关的名称和发文日期即可。

(四) 批复的写作要求

1. 一文一批复

批复依赖请示而存在,从理论上说,有一则请示,就应有一则批复。

2. 批复的撰写和制发都要及时

3. 态度鲜明,批复清楚

批复的内容要简单、明确。不能含糊不清,也不能避而不答。批复机关态度鲜明,才便于下级机关理解或执行。

【例文 1-19】

武邑县人民政府关于对衡水吉美超市有限责任公司
申请享受政策优惠的批复

衡水吉美超市有限责任公司:

你公司《关于武邑吉美购物广场政策优惠的请示》收悉。现批复如下:

经核实,武邑吉美购物广场 2012 年 10 月 4 日开始营业,总投资 5810.14 万元,其中:流动资产 555.46 万元,固定资产投资 4940.82 万元,无形资产(土地使用权) 313.85 万元,建筑面积 17091.64 ㎡。

根据武邑县委、县政府 2010 年 3 月 25 日出台的《关于加快第三产业发展的意见》,武邑吉美购物广场符合"自开业之日起,固定资产实际投资额在 5000 万元以上,且营业面积在 7000 ㎡ 以上的,第一年至第二年奖励所得税地方留成部分的 100%"之条款,可享受该奖励政策。

此复。

武邑县人民政府
2013 年 1 月 8 日

评析:

这是一份指示性批复。正文部分包括三方面内容:一是批复引语,即上级单位首先引据下级单位的请示,惯用格式为"你局《关于……的请示》(××发〔××××〕××号)收悉,批复如下:";二是批复依据,通常用"根据……"领起;三是批复意见,用"同意""不同意"或其他方式表明自己的态度。本文用"符合……可享受该奖励"来表明态度。该批复针对下级单位的请示事项及有关问题作出了具体的答复,态度明确、规定具体、依据充分、切实可行,具有很强的指导性。全文针对性强,内容具体,文字精练,用语得当。

【例文 1-20】

国务院关于同意建立不动产登记工作
部际联席会议制度的批复

国土资源部：

你部《关于建立不动产登记工作部际联席会议制度有关问题的请示》（国土资发〔2014〕15号）收悉。现批复如下：

同意建立由国土资源部牵头的不动产登记工作部际联席会议制度。联席会议不刻制印章，不正式行文，请按照国务院有关文件精神认真组织开展工作。

附件：不动产登记工作部际联席会议制度

国务院
2014年2月24日

评析：

这是一则审批性的批复，是国务院针对建立不动产登记工作部际联席会议制度而做出的具体、明确的答复。批复正文先引述来文，然后用"现批复如下"为过渡，引入第二项内容，即批复事项。全文针对性强，态度明确，要求具体。

应用文写作教程

案例导入：

阅读下面的应用文，思考以下问题。

1. 发文机关与主送机关是什么关系？
2. 在写法上与请示、批复有什么异同？
3. 在格式上有什么要求？

**国务院办公厅关于云南大理经济开发区升级为
国家级经济技术开发区的复函**

云南省人民政府、商务部：

你们《关于云南大理经济开发区升级为国家级经济技术开发区的请示》收悉。经国务院批准，现函复如下：

一、国务院同意云南大理经济开发区升级为国家级经济技术开发区，定名为大理经济技术开发区，实行现行国家级经济技术开发区的政策。

二、大理经济技术开发区规划面积仍为5.93平方公里，区域范围为国务院有关部门公布的开发区审核公告确定的四至范围。

三、要深入贯彻落实科学发展观，加快转变经济发展方式，深化改革、扩大开放，按照先进制造业与现代服务业并重、利用外资与境内投资并重、经济发展与社会和谐并重的要求，致力于提高发展质量和水平，致力于增强体制机制活力，促进国家级经济技术开发区向以产业为主导的多功能综合性区域转变，充分发挥窗口、示范、辐射和带动作用。

四、必须严格实施土地利用总体规划和城市总体规划，按规定程序履行具体用地报批手续；必须依法供地，以产业用地为主，严禁房地产开发，合理、集约、高效利用土地资源。

五、商务部要会同有关部门加强指导和服务，促进大理经济技术开发区健康发展。

国务院办公厅
2014年2月18日

任务五 拟制函纪要

一、函

（一）函的概念和特点

1. 函的概念

函是不相隶属机关之间商洽工作，询问和答复问题，请求批准和答复审批事项的公文。

2. 函的适用范围

函的适用范围可分成以下四个方面：

（1）平级机关或不相隶属机关单位之间的商洽性、询问性和答复性公务联系。

(2) 向无隶属关系的业务主管部门请求批准有关事项。

(3) 业务主管部门答复或审批无隶属关系的机关请求批准的事项。

(4) 机关单位对个人的公务联系，如答复群众来信等。

3. 函的特点

(1) 使用的广泛性。既可用于相互商洽工作，询问答复问题，又可用于向主管部门请求批准事项及主管部门审批或答复事项。

(2) 性质的多属性。有的函具有请示性质，可以"请求批准事项"；有的函具有批复性质，可以"答复审批事项"；有的函具有通知、通报性质，可以告知事项、传达情况等，都说明函是具有多属性的公文。

(3) 写法的灵活性。短小精悍。内容单一，口气多变，用于多样。

（二）函的主要类型

根据《条例》对函的适用规定，函可分成三种类型。

1. 商洽函

如【例文1-21】，是平行机关或不相隶属机关之间商洽工作、联系有关事宜的函。如商调干部函、联系租赁函、洽谈业务函等。

2. 问答函

如【例文1-22】，是不相隶属机关之间互相询问、答复处理有关问题的函。

3. 请批、批准函

如【例文1-23】，是不相隶属的机关间请求批准和答复审批事项的函。

（三）函的结构和写法

1. 标题

函的标题有多种写法：

(1) 发文机关＋事由＋回复函对象＋文种，如《××县人民政府办公室关于棉籽价格问题给××县人民政府办公室的复函》。

(2) 事由＋文种，省略发文机关，如《关于请求拨款举办"民间艺术节"的函》——去函标题，《关于拨款举办"民间艺术节"的复函》——复函标题。

2. 正文

(1) 去函：开头——一般先写商洽、请求、询问或告知事项的依据、背景、原由；事项部分——叙述和说明，是什么就写什么，要简明扼要，又要交代清楚；"要求"部分——可多可少，如果事项很简单，相同事项可写在一起，一气呵成。

(2) 复函的正文写法同批复正文写法基本一样，由"引语"和"答复意见"两部分组成。引语——引述来函标题及来函文号；答复意见——针对来函所提出的商洽、询问或请求等问题予以答复。常用结语有"特此函复""此复"等。

（四）函与请示的区别

使用函还是请示，主要依据发文机关与受文机关的关系。

函主要用于平级单位之间、不相隶属单位之间以及有业务上的主管和被主管关系的单位之间的工作往来。

向主管单位请求批准有关事项，主管单位用复函批准请求事项。

请示则是用于有隶属关系的上下级机关,下级机关用请示向上级机关行文请求指示、批准重要事项。

在使用请示和函时,我们首先要弄清发文机关和受文机关的关系,然后才能确定用什么文种。

(五)函与批复的区别

函有发函与复函之分,复函是用于回复不相隶属机关来函提出的事项,批复则是用来批准答复下级机关的请示。

从使用范围来看,函比批复更广泛,使用更灵活。

(六)函的写作要求

1. 开门见山,直叙其事

函一般写得很简短,简明扼要,切忌空话、套话,或者含糊其辞,不知所云。

2. 措辞得体,平等待人

函的语言表达非常讲究,必须礼貌、谦和、态度诚恳。对上要尊重、谦敬,但不恭维逢迎;对下,要严肃,但不自傲训人;对平行单位,不相隶属单位,要以礼待人,用商量口吻,不盛气凌人。

总之,语言表达要得体、礼貌、尊重对方,一般不用"必须""应该""注意"等指示性语言。

【例文 1-21】

海口市林业局关于拨付 2014 年完善退耕还林政策补助资金的函

市财政局:

根据《海南省财政厅关于下达 2014 年完善退耕还林政策补助资金的通知》(琼财农〔2014〕1270 号),我市 2014 年完善退耕还林政策补助资金 230.2 万元,补助面积 18416 亩,为将补助资金及时兑现到退耕还林农户手中,发挥资金效益,现请贵局将 2014 年完善退耕还林政策补助资金 230.2 万拨付给各区,其中秀英区 35.16625 万元,龙华区 29.55 万元,琼山区 119.18 万元,美兰区 46.30375 万元,以便各区及时兑现退耕农户为盼。

附件:海口市 2013 年完善退耕还林政策补助资金安排表

海口市林业局
2014 年 10 月 13 日

评析:

这是一则商洽函。正文的缘由部分,开门见山,先列出政策依据,再陈述发文目的,继而提出要求。文末一句,语言得体,又暗含催促对方办理的压力。

【例文 1-22】

关于界定生物质成型燃料类型有关意见的复函

山东省环境保护厅:

你厅《关于界定成型生物质燃料类型有关问题的请示》(鲁环发〔2014〕110 号)收悉。经研究,现函复如下:

一、根据《关于划分高污染燃料的规定》(环发〔2001〕37号),未将"生物质成型燃料"划分为高污染燃料。近年来,生物质成型燃料技术发展迅速,在使用专用锅炉并配套袋式除尘器的条件下,烟尘、二氧化硫和氮氧化物等污染物排放浓度较低,可以达到相关标准的限值要求。

二、生物质成型燃料在燃烧不完全或污染治理设施运行不正常的情况下,都有可能造成一定程度的空气污染。考虑到部分城市目前在燃煤锅炉清洁能源改造工作中存在的清洁能源保障不足问题,我部原则同意在使用专用锅炉并配套袋式除尘器的条件下,由城市政府结合本行政区实际情况决定是否允许生物质成型燃料在高污染燃料禁燃区内使用。

三、生物质成型燃料属于可再生能源,是一种较好的煤炭替代燃料。我部将与相关部门密切配合,进一步完善技术标准和政策法规,促进生物质燃料的推广使用。

特此函复。

环境保护部办公厅
2014年9月21日

评析:

这是一则答复函。正文部分先引用来文,然后用"经研究,现函复如下:"作为过渡,引出答复事项。语态得体,文字简洁,文字语气合乎批准机关身份。

【例文1-23】

关于珠海市金鼎至横琴高速公路收费问题的复函

珠海市人民政府,省交通运输厅:

珠海市人民政府《关于将珠海金鼎至横琴高速公路纳入收费公路建设项目的请示》(珠政发〔2011〕170号)收悉。省人民政府同意珠海市金鼎至横琴高速公路作为经营性收费项目建设,并按规定通过公开招标方式确定项目业主,具体收费期限按招投标结果确定,最长不超过25年;项目交工验收通车后纳入全省高速公路联网收费。

广东省人民政府办公厅
2011年12月13日

评析:

这是一则主管部门向不相隶属的机关单位制发的批准函。从引语可以知道,珠海市人民政府向广东省人民政府上报了《关于将珠海金鼎至横琴高速公路纳入收费公路建设项目的请示》(珠政发〔2011〕170号),但广东省人民政府未直接以"批复"对应"请示",而是由广东省人民政府办公厅给予答复,鉴于广东省人民政府办公厅与珠海市人民政府是不相隶属机关,因此,本例文以批准函形式发出。

二、纪要

(一) 纪要的概念和特点

1. 纪要的概念

纪要是记载、传达会议主要情况和议定事项的公文。通常在会议记录、会议材料等会议文件基础上提炼综合而成,是各机关间沟通情况、交流经验、统一认识、指导工作的重要文种。纪要可以多向行文，既可上呈又可下达，被批转或被转发至有关单位遵照执行，广泛使用。

2. 纪要的特点

纪要主要有三个特点：

（1）纪实性。纪要是对会议内容及与会单位所达成共识的"纪实性"的记载，须如实反映会议的内容和情况，不能把没有经过会议讨论的问题写进纪要。

（2）提要性。纪要是会议的要点，不是会议记录，必须对会议繁杂的情况和内容进行综合、概括性整理，概括出会议的主要精神，归纳出主要事项，体现出中心思想。

（3）指导性。纪要一经下发，便要求与会单位和有关人员遵守，并要求与会机关和相关单位必须遵守执行。

（二）纪要的主要类型

根据《条例》对纪要的适用规定，纪要可以分为情况纪要与议定事项纪要。

1. 情况纪要

情况纪要是记载会议主要情况的纪要。情况纪要往往供与会机关和相关单位了解会议的议程、议题、讨论精神、进程时使用。情况纪要的意义在于传递信息、通报情况，以利于上下各方的联系与沟通。如【例文1-25】。

2. 议定事项纪要

议定事项纪要，是记载会议议定事项的纪要。议定事项纪要具有"决定"的性质，它的核心在于记载会议重要精神与结论性意见，议定事项纪要的政策性与指导性都很强，一些议定事项纪要须提交大会讨论通过才能发布。如《全国农业技术推广服务中心2003年工作会议纪要》。如【例文1-24】。

（三）纪要的结构和写法

纪要的结构包括标题、正文和结尾三部分。成文日期多写在标题下方。在结构上与其他公文不同的地方是，纪要不盖公章。

1. 标题

纪要的标题有单标题和双标题两种形式。

（1）单标题。两种写法：一是发文机关＋事由＋文种三部分组成。如《北京市水务局关于成立支援房山水务工作组有关事宜的会议纪要》，还有的标题省略了发文机关，如《四川省文化厅4.20芦山地震应急指挥部会议纪要》。二是会议名称和文种组成，如《龙乡科技有限公司市场拓展工作座谈会议纪要》。

（2）双标题。双标题由正副标题组成，正标题常概括会议内容或精神，副标题标明会议名称和文种，如《打破大锅饭，推行责任制——××厂职工座谈会纪要》。

2. 正文

纪要的正文由会议概况、会议事项、结尾三部分构成。

（1）会议概况部分。一般要简要地交代会议的时间、地点、主持人、参加人员、会议议题、会议情况、结果以及对会议的评价。但也并非所有纪要都必须将上述项目一一写出，可根据具体情况，省略某些内容。如有些内容广泛、复杂的大型会议纪要，要交代背景；而有些内容简单的例行性会议纪要，往往不写情况介绍和会议评价。

会议概况常采用纪要的一些特定用语,如"参加了""出席了""介绍了""传达了"等。

(2) 会议事项部分。这是会议纪要的重点、主体。主要写会议研究、讨论的问题及事项;会议主要报告的内容要点;会议各项议程的进行情况及结果;会议的决定及贯彻会议精神所应采取的办法、措施、计划等。一些简单的、小型的会议纪要,可不写讨论情况,直接写出决议事项。大型的会议纪要,一般均不应省去会议讨论情况。具体写法有:

概述式。即将会议事项部分用概括叙述的方式依次列出,或按逻辑顺序或按会议进行程序排列。

条款式。即将会议事项部分用分条列款的方式,依次叙述,以数字或小标题标明。较大型的会议多采用这种形式。

发言式。就是按在会议上的发言顺序,将每个发言人的主要意见归纳整理出来。这种写法能如实反映出会议的讨论情况和每个人的不同看法。讨论会、座谈会纪要常采用这一方法。但应精选能代表发言人的观点的话语,不可有闻必录。

此外,写作会议纪要人们常常采用不同的特定用语和叙述方式来切分组织材料,并且在写作不同的内容时会选择不同的特定用语:

在说明会议总体情况时常用:"会议听取了""会议介绍了""会议讨论了"等;在介绍领导同志讲话时常用:"××同志指出""××同志强调""××同志强调指出"等;在阐述会议精神时常用:"会议认为""会议指出""会议提出"等,在记载会议决定事项时常用:"会议通过了""会议决定""会议商定"等。值得注意的是,这些特定用语是不可随意调换使用的。

(3) 结尾。结尾应根据实际情况确定有无。若正文部分文意已尽,可不再另写结尾。有的结尾常列出尚未解决的问题,或指出今后工作的努力方向,或向有关单位和人员表示谢意等。

(四) 纪要的写作要求

1. 纪要必须忠实于会议的内容

纪要的撰写者只能取舍、概括、提炼与会者的发言,不能以主观愿望或某个领导人的意图随意增加会上根本没有涉及的内容,更不能以变换角度或断章取义的手段篡改与会者的观点,变更会议的中心议题。那样做实际上是弄虚作假,是不正派的作风。

2. 纪要必须抓住要点

撰写纪要应抓住会议的中心议题,认真分析研究与会者的发言,提纲挈领地反映会议的重要成果。切忌眉毛胡子一把抓,或者硬在不同观点中求平衡。主次不分,甚至主次颠倒,都会降低纪要的质量,甚至可能会造成思想混乱,带来相反的效果。

3. 纪要必须善于归纳

撰写纪要需要对会议内容做类型整理和理论概括。归纳概括会议情况的主要依据会议的原始记录、会议印发的文件和领导人的讲话稿。

(五) 会议纪要与会议记录的区别

会议纪要是一种法定的公务文书,其撰写与制作属于公文写作和处理的范畴,必须遵循《条例》的规定，严格按照公文制发处理程序办事。而会议记录则只是办公部门的一项业务工作，属于管理服务的范畴，它只需忠实地记载会议实况，保证记录的原始性、完整性和准确性，属事务文书写作，二者在文种、写法上都有明显区别。

纪要大致结构，列表如下，见表1－1。

表1－1

	标题		
	成文日期		
正文	概述式	条款式	发言式
会议概况			
会议事项	会议听取了	一、××××	会议听取了
	会议讨论了	会议讨论了	会议讨论了
	会议认为	二、××××	××同志指出
	会议指出	会议认为	××同志强调
	会议通过了	三、××××	××同志强调指出
	会议决定	会议决定	会议同意
结尾	会议呼吁	会议希望	会议恳切呼吁
	会议号召	会议号召	会议希望
出席：			
请假			
列席			

【例文1－24】

北京市水务局关于加快推进中心城第二批雨水泵站
升级改造工程会议纪要

2014年1月7日，市水务局潘安君副局长主持召开会议，研究加快推进中心城第二批雨水泵站升级改造工程。会议听取了排水集团关于项目进展情况及存在问题的汇报，对下一步工作进行了部署。会议议定事项如下：

一、为落实市政府签报要求，加快征地拆迁工作进展，请东城、西城、朝阳、海淀、丰台区政府（或牵头部门）在2014年1月10日前与市排水集团签署征地拆迁委托协议，落实征地拆迁主体责任。

二、为确保拆迁工作顺利进行，东城、西城、朝阳、海淀、丰台区政府要按照市政府〔2013〕90404号签报第三条第（三）项和第（四）项要求，确保2014年1月25日前区政府承担的拆迁费用的30%资金到位，并利用此本部分资金或垫付资金尽快组织开展泵站改造涉及的房屋拆迁。如区政府认为此部分资金或垫付资金有困难的，由区政府向市水务局发函提出协调要求。

三、为保障工程进度，会议要求相关区政府2014年1月15日前完成海淀区西二旗，朝阳区百子湾、高热、大望路，东城区东直门、北滨河、马家堡、景泰，西城区广安门，丰台区佑外、杜家坎、潘家庙、京开13座泵站交地手续，其余13座雨水泵站务必于2014年1月25日前完成交地手续。

四、市排水集团要切实加强建设单位主体责任，加强与市政府有关部门和相关区政府（牵头部门）的沟通，做好工作对接，1月8日18：00前将26座雨水泵站升级改造工程各项审批文件分别送达各区牵头部门。

相关区政府（牵头部门）要进一步加大工作力度，及时协调解决征地拆迁工作中遇到的问题，及时向区政府主管领导汇报，并提请协调解决有关问题。

五、请市政府督查室按上述时间节点对相关各方进行督察。

参会人员名单：

市水务局潘安君、段伟、付朝臣、侯达，市政府督查室曹朝晖、张鹏，东城区城管委王培智，西城区市政管委胡博，朝阳区水务局彭庆彬、陈绍军，海淀区重大办曹蔚，丰台区水务局蒋捷、韩凯，市排水集团邝诺、张军、张炎。

北京市水务局
2014年1月13日

评析：

这是议定事项纪要。例文安排紧凑，在会议概况后，以"会议议定事项如下……"为承启语，转入五条议定事项，最后是标注名单。层次清楚，结构完备。

【例文1-25】

崇明县人民政府第60次常务会议纪要

9月22日，县长马乐声在县政府6号楼二楼2号会议室主持召开县政府第60次常务会议，副县长唐海龙、冯志勇、杨海华、杨宝良、王菁、薛红和县府办主任范洪耀出席会议。县人大常委会副主任陈锡昌、县政协副主席施俭应邀参加会议。县府办各副主任，县监察局、县政研室、县政府新闻办、县政府法制办，市长兴岛开发办，县委组织部，长兴镇政府，县农委、县人力资源社会保障局、县财政局、县规划土地局、县政府机管局等部门、单位的负责同志列席会议。

一

会议听取并原则上同意县农委关于横沙渔港港章（暂行）编制情况的汇报。会议指出，横沙渔港是我国东部沿海的重要渔港，是长兴岛产城融合发展的重要组成部分。目前，渔港码头及其附属设施的工程验收已经完成，正在等待农业部的项目验收。根据《中华人民共和国港口法》等法律、法规制定横沙渔港港章，既是项目验收的需要，也是开港后加强渔港运营管理的需要。

会议要求，请县农委会同县政府法制办等部门，按照会议意见，修改完善该港章，以依法行政为前提，进一步明确渔港法律主体和市、县两级管理的具体职责等内容，并做好相关报备工作。同时，要抓紧成立由市长兴岛开发办、县农委、长兴镇政府等有关部门、单位组成的联席会议，负责协调渔港运营管理有关事宜。

会议明确，该港章向县委报告。

二

会议听取并原则上同意县农委关于本县加快培育发展家庭农场实施意见的汇报。会议指出,发展家庭农场是贯彻落实国家和市有关会议文件精神、创新农业经营体制机制的重要内容,是破解"未来崇明谁来种地、怎样种地"问题的有效途径,是强化社会治理,包括加强来沪人员管理、"两违"整治的重要举措。制定该实施意见有利于激发本县农民经营家庭农场的积极性,提高家庭农场的生产管理水平和经营效益,推动本县现代农业建设和城乡一体化发展。

会议要求,请县农委按照会议意见,修改完善该实施意见。各有关部门、各乡镇要高度重视,加强政策宣传,形成工作合力,切实落实好各项扶持政策。要坚持实事求是、务求实效的原则,严格按照家庭农场相关标准,成熟一批、发展一批。

会议明确,该实施意见向县委报告。

三

会议听取并原则上同意县规划土地局关于本县成立土地整治工作领导小组的汇报。

会议明确,该方案报县委审定。

评析:

这是情况会议纪要。本例文记载了2014年9月22日崇明县人民政府第60次常务会议的情况,纪要开头先简要介绍会议概况,包括会议召开的时间、地点、主持人、与会人员。会议重点是听取并原则同意(同意)三个汇报的基本情况。纪要用"会议听取""会议指出"等特定用语区分层次,格式规范。情况纪要往往要向有关单位通报会议的议程、议题、讨论精神、进程等,以利于各方的联系与沟通。

本项目小结

公文是传达政令的重要工具,是实施决策和指导工作的重要载体。如果没有公文,机关工作很难正常开展。如请求上级解决问题,要写请示;向上级汇报工作,要写报告;安排部署工作,要发通知;与平行单位商洽工作,要写公函。机关工作内容繁杂、千头万绪,对机关干部的素质要求也是多方面、全方位的,但公文写作能力应该是重要的基本功。公文写作既是一种知识,又是一种技能,是一个人能力的体现。

本项目选取了15种公文中最常用的9种公文,从概念、特点、类别、格式与写法、写作要求等方面进行了学习。望学习者结合实际,模拟例文,掌握常见公文的写法,为将来工作打下基础。

本项目练习

【情景模拟1】

2014年10月30日,环境保护部为了告知2014年污染场地修复技术目录(第一批)的情况,需拟写公文向国内外发布,请根据下面材料,选择恰当文种,拟写该公文。

为了贯彻落实《国务院关于加强环境保护重点工作的意见》(国发〔2011〕35号),推进土壤和地下水污染防治技术普及,引导污染场地修复产业健康发展,组织编写了

《2014年污染场地修复技术目录（第一批）》，鉴于污染场地的复杂性和治理技术的多样化，本目录中所涉技术同时附有技术报告，供相关单位参考。

【情景模拟2】

从2014年10月15日0时起至2015年8月30日止，对南宁市青山英华路口、五象平乐路口进行全封闭施工，南宁市公安局交通警察支队需向全体市民告知，请你代为拟写公文。

【情景模拟3】

为贯彻落实南宁市产品安全监管会议精神，进一步加强公司产品监管，公司将定于2015年4月20日下午3时在梅园宾馆第一会议室召开产品监管工作会议。请以总经理名义替大业有限公司拟写一则会议通知，要求各分公司经理参加会议。

【情景模拟4】

假设你是金华市人民政府办公厅的秘书，请你转发一份文件。

2015年6月13日，金华市人民政府办公厅向各区、县人民政府，市政府各委、办、局，各市属机构，转发市商委关于解决社区居民早餐问题实施意见的通知，市政府同意市商委的意见，要求各单位认真贯彻执行。

要求出具版头，字号是金政办发〔2015〕31号。

【情景模拟5】

这是表彰见义勇为青年张扬的大会。金融学院院长主持了大会，宣传部部长介绍了二年级学生张扬路见歹徒行抢挺身而出，身负重伤却抓住歹徒的英勇事迹。最后，学院办公室主任宣读了院办字〔2015〕35号表彰通报。

【情景模拟6】

根据下面的材料写一份纪要。

2014年3月15日上午，××职业技术学院院长李××组织召开了院学术委员会扩大会议，与会人员有学院领导和学术委员会全体成员。会议中心议题是关于制定该校2014—2017年中长期发展规划的问题。会上李院长说：我们学院发展到今天是历任院长、专家与教师共同努力的结果……他们的努力为学院的进一步发展奠定了良好的基础……李院长在分析了学院当前形势之后指出：我们未来的发展目标是加快内涵发展，提高自身的竞争力。

【技能实训1】

阅读以下材料，按要求撰写公文。

2014年11月20日上午，××市工商局工商分局接到群众电话举报，在该分局辖区某居民小区5号楼有一伙人正在从事传销活动。该工商分局迅速组织10名工商执法人员，联合公安部门前往检查，在现场，发现有近200人正聚集在一间会议室里听课。执法人员在依法出示执法证件后，将正在讲课的李某控制住。正当执法人员欲将听课人员带离现场时，李××煽动听课人员闹事，场面顿时大乱，近200名听课人员对10余名工商、公安执法人员围攻谩骂，大打出手。在长达20余分钟的殴斗中，执法人员被打伤，其中2人重伤。工商执法人员张××在送往医院途中，因伤过重，不幸牺牲。

事件发生后，当地党委、政府和工商局领导高度重视，分别前往医院探望受伤的执法人员，慰问遇难人员家属，并指示要尽快破案，严惩凶犯，同时做好遇难人员家属的安抚工作，积极救治受伤人员。目前，犯罪嫌疑人李××畏罪潜逃，参与闹事的余某等16人已被公安机关逮捕，此案正在进一步处理中。

（1）根据以上材料，以工商分局的名义向市工商局写一份情况报告。

（2）请以市工商局的名义，就该事件向所属县工商局、分局及市属各执法单位拟发一份关于严格执法程序，确保执法人员人身安全的通知。

（3）以市工商局的名义，就是否授予在此事件中遇难的执法人员张××烈士称号问题，向市人民政府写一份请示。

（4）以市政府的名义写一份同意授予执法人员张××烈士称号的批复给市工商局。

（5）以市政府的名义，写一份通报，对严格执法，忠于职守的工商、公安执法人员给予通报表彰。

【技能实训2】

（1）新华街办事处以新办字〔2014〕57号文向汉阳区人民政府请求建盖新华娱乐厅。在此材料基础上，代汉阳区人民政府写一份"同意"的批复，要求新华街道办事处自行解决资金问题。请书写版头和版记。

（2）2015年4月20日，乐万家超级市场教育培训部主任对吴秘书说："小吴，咱们超市因扩大经营，急需培训30名收银员。东南秘书学院的财经系培训收银员素有经验，咱们请他办个培训班，你来写份商洽函，好吧？"小吴说："好。是正式公函吗？"主任说："当然，是有版头的公函，要正式的嘛。"小吴翻开文件夹说道："发文字号是家超教函〔2015〕58号，对吗？"主任点点头，又叮嘱了一句："记住，别忘了写进一句话：'代培费用由我超市按规定拨付。'"小吴说："忘不了，市场经济吗，当然得按劳付酬啦。"

假设你是小吴，请你书写这份商洽函。

（3）2015年4月22日，东南秘书学院财经系收到了乐万家超市教育培训部的函。系主任对教学秘书夏青说："咱们虽然忙，可也得帮乐万家的忙，老合作关系了嘛。一切由你来安排，先写一份同意开办收银员培训班的复函，别让人家等着。"夏青说："没问题，我就写。"

（4）2015年4月28日，乐万家超级市场与东南秘书学院就校企合作相关事宜举行了座谈会，请你模拟会议情况，写出会议纪要。

【综合练习1】

说说下列机关、部门或单位之间的关系：

（1）国务院与发改委

（2）山东省人民政府与河北省人民政府

（3）广东省佛山市人民政府与山西省运城市人民政府

指出下列情况下的公文行文方向：

（1）××市人民政府就某方面的问题请求××省人民政府作指示

（2）××省人民政府就某方面的问题给××市人民政府作批复

（3）××省人民政府批转××市人民政府的来文

【综合练习 2】

结合下面一则公文谈谈公文写作的特点，以及公文写作应该注意的问题。

<h3 style="text-align:center">山东省人民政府办公厅关于将大学生纳入城镇居民
基本医疗保险试点范围的实施意见</h3>

鲁政办发〔20××〕72 号

各市人民政府，各县（市、区）人民政府，省政府各部门、各直属机构，各大企业，各高等院校：

　　根据……有关精神，为进一步做好大学生医疗保障工作，省政府决定将大学生纳入城镇居民基本医疗保险试点范围，经省政府同意，现就有关问题提出以下实施意见。

　　一、基本原则（略）
　　二、主要政策（略）
　　（一）参保范围（略）
　　（二）保障方式（略）
　　（三）资金筹措（略）
　　三、认真做好组织实施工作（略）

省办公厅
20××年 12 月 22 日

　　抄送：省委各部门，省人大常委会办公厅，省政协办公厅，省法院，省检察院，济南军区，省军区。各民主党派省委。

【综合练习 3】

指出下面公文的错误之处，并根据公文写作的要求，写出修改文。

<h3 style="text-align:center">关于 200×年招生计划的申报</h3>

省教育委员会：

　　教委（×发〔200×〕×号）文件《关于申报 200×招生专业计划的通知》已收到，我们对文件的精神进行了认真学习，大家一致表示要落实教委的意见，积极发展高等职业教育，办好社会所需要的各种新型专业。经我校各院系研究，决定 200×年申报 25 个专业，招收本专科学生共 3000 名。特申报给你们。

　　附：招生计划表。

×××大学
200×年×月×日

【学习交流】

（1）与同学交流学习公文的经验体会。

（2）三到五人组成一个小组，小组进行讨论、学习，以 PPT 的形式在班上汇报小组的学习成果与学习心得。

项目二 事务文书写作

学习目标：

一、知识目标

(1) 了解事务类文书的概念、类别。
(2) 理解事务类文书的特点。
(3) 了解事务类文书处理的原则及行文规则。

二、能力目标

(1) 会运用事务类文书的行文规则。
(2) 能规范地撰写常见事务文书。

项目二 事务文书写作

案例导入：

阅读下面的应用文，思考以下问题：

1. 应如何制定计划？
2. 制定计划的原则和规范写法？

市人民政府 2014 年第一季度工作要点

2014 年，全市首季工作必须主攻"四大工程"，实现"四大指标"，确保首季开门红，夺取全年工作的主动权。

一、咬住目标进度，实现首季开门红

为了确保今年第一季度各项经济指标达到全年奋斗目标的 25％以上，实现首季开门红，全市工业产值要达到 4.76 亿元，其中××厅××××万元，其他工业××××万元；产品销售率要达到 96％以上；预算内全民工业销售收入要增长 40％以上……

二、明确目标，分解落实

一是要落实好全年计划目标。今年的各项经济指标和工作目标要在 1 月中旬以前逐项分解，逐级落实到乡镇、部门和单位，各级机构要逐月按目标要求从紧从严抓好落实工作。二是要兑现上年考核结果，对各地的经济指标和工作目标的检查考核及奖罚兑现工作要在 1 月底以前全部结束。三是要落实好重点项目。对已经初步确定的 18 个技改续改项目和 9 个重点新上项目要专人负责，分头落实。

三、围绕重点，务实基础

1. 适应市场经济需要，进一步强化改革开放措施。
2. 调整农业结构，进一步强化农村工作。要及早动手搞好备耕，调运良种、化肥、农药、农膜等农业生产资料，及时发放农业贷款。
3. 提高经济效益。
4. 搞活商品流通，进一步强化市场建设。
5. 突出综合治理，强化中心意识。各行各业都要围绕经济建设这个中心开展工作；要深入开展"扫黄"、除"六害"活动，保证全市人民过一个安全、文明、祥和的春节。

2014 年 1 月 3 日

任务一　制　定　计　划

一、计划的概念

计划是一种常见的事务文书，是单位或个人对未来一定时间内要做的工作从目标、任务、要求到措施预先作出设计安排的事务性文书。计划使用的频率高，适用范围广。机关、团体、企事业单位或个人为了工作、学习或生产中达到既定目的、取得预期效果，都要事先制定计划。所以我们有必要掌握它的写法。

二、计划的类型

计划是个统称，像规划、纲要、设想、打算、要点、方案、意见、安排等都是根据计划目标远近、时间长短、内容详略等差异而确定的名称。

规划——是一种时间跨度长（三年以上），范围广，内容较为概括的计划。如《××市城市建设总体规划》。

方案——从目的、要求、方式、方法、进度等部署具体周密有很强可操作性的计划。方案一般适合专项性工作，其实施往往须经上级批准。如《××市住房分配制度改革实施方案》。

安排——是短期内要做的，且范围不大、内容单一、布置具体的一类计划。如《××系第×周工作安排》。

设想——是一种粗线条的、初步的、预备性的非正式计划。相对来讲，其适用时限较长。如《××市拓展就业安置门路的设想》。

打算——是短期内工作的要点式计划。

要点——是将计划的主要内容摘要摘编，使之简明突出，它适用于时间相对较短的计划。如《××局20××年工作要点》。

从计划的具体类型来讲，比较长远、宏大的为"规划"，比较切近、具体的为"安排"，比较繁杂、全面的为"方案"，比较简明、概括的为"要点"，比较深入、细致的为"计划"，比较粗略地为"设想"，无论如何都是计划文种的范畴。

三、计划的特点

（1）预见性。因为计划是对将来要完成的工作所作的部署和安排，所以，远在工作没有开始之前就应该制订出来。这就要求制定者具备很强的预见性，尽可能对未来的工作情况作出科学的预测，对将来可能出现的各种情况作出正确的分析和估计，使其尽可能地符合实际情况，从而对今后的工作具有指导意义。

（2）可行性。为了实现预期的目标，必须有切实可行的措施和方法，计划必须切合实际情况，保证目标的实现。

（3）指导性。计划一经制定，就要对完成任务的实际活动起到指导作用和约束作用。工作的开展、时间的安排等，都必须按计划严格执行。

四、计划的格式和写法

（一）标题

计划标题一般由四个部分组成：计划的制订单位名称、适用时间、内容性质及计划名称。视计划文本的成熟程度，有可能出现第五个部分，即在标题尾部加括号注明：草案、初稿、征求意见稿、送审稿等。如《××市20××年再就业工程实施方案（讨论稿）》。

（二）引言

计划通常有一个"前言"段落，主要点明制订计划的指导思想和对基本情况的说明分析。可概括地说明制定计划的原由、依据、目的、意义和指导思想等；也可简介前期工作的基本情况，评估成绩，分析当前总的形势，在此基础上确定今后的工作计划。前言应简明扼要，常用"为此，本年度要抓好以下几项工作"或"特此制定计划如下"等过渡句转入主题部分。

（三）主体

目标与任务：首先要明确指出总目标和基本任务，随后应根据实际内容进一步详细、具体地写出任务的数量、质量指标。必要时再将各项指标定质、定量分解，以求让总目标、总任务具体化、明确化。办法与措施：以什么方法，用什么措施确保完成任务实现目标，这是有关计划可操作性的关键一环。所谓有办法、有措施就是对完成计划须动员哪些力量，创造哪些条件，排除哪些困难，采取哪些手段，通过哪些途径等心中有数。这既需要熟悉实际工作，又需要有预见性，而关键在于有实事求是的精神。唯有这样，制订的措施、办法才是具体的，切实可行的。时限与步骤：工作有先后、主次、缓急之分，进程又有一定的阶段性，为此在计划中针对具体情况应事先规划好操作的步骤、各项工作的完成时限及责任人。这样才能职责明确，操作有序，执行无误。

（四）落款

在正文右下方署名署时即可。

【例文 2-1】 工作计划

××县 3 月份植树造林工作安排

根据县人民政府今年 2 月 5 日下达的《今年 3 月份植树造林要求》（××府办〔2010〕25 号）的精神，经县常务会议研究讨论，并征求群众意见，特制订我县今年 3 月份植树造林工作安排

一、任务

在马鞍山荒坡上造林 60 亩，在南石山地造林 40 亩，并在池塘、水渠和房前屋后普遍植树，要求抢在春耕前 10 天内完成。

二、措施

1. 人力分配和时间安排

①在马鞍山 60 亩荒坡上挖坑，由县绿化委员会组织 60 个强劳力负责，3 天完成。植马尾松 22000 棵，由东村和西村负责，7 天完成。

②在南石山地造林 40 亩……

③在池塘、水渠和房前屋后植树……

2. 具体做法和质量要求

①马鞍山荒坡每亩植马尾松 380 棵，株距行距都在 4 尺左右要做到苗正、根舒、土实。

②南石山地（略）

③池塘（略）

3. 树苗来源（略）

三、检查评比

由县长和各村代表组成检查评比小组，于 3 月 28—29 日检查评比。出色完成任务的，

全县通报表扬；完成任务不好的，返工补种。

2010 年 2 月 25 日

评析：

这是一份短期专项工作计划。前言提供了"根据"（上级指示精神），说明了计划形成过程。正文为两大部分，"计划事项"分条列项，任务明确，措施具体，质与量的要求以及时限都比较具体，还提供了奖惩措施。应该说本例是一份比较规范的计划。

项目二 事务文书写作

案例导入：

阅读下面的文章，思考下列的问题：
1. 谈谈自己的学习体会。
2. 看例文，分析总结的写作结构形式。

面对挑战，完善自我
——2010年下半年学习总结

升上大学二年级，在学习难度加深和学习任务加重的情况下，我坚持"兴趣＋信心＋合理的时间安排＋科学的学习方法＋努力＝成功"的观点，面对挑战，不断完善自我，故成绩保持稳定。现将学习经验总结如下：

一、有浓厚的学习兴趣

兴趣是学习的动力，这学期开设了计算机课程，平时我喜欢上网聊天、找资料，所以对计算机很感兴趣。现在的课程很适合我，怀着极大的喜爱之情，不知不觉已融入到学习之中，学习起来也得心应手。而对《西方经济学原理》，我原来一点也不喜欢，觉得很难学，结果上课也不认真听讲，课后也没看书。期中考试后，我意识到再不认真的话，这科必定要重修。但该怎样学呢？我想想，计算机学的轻松，是因为有浓厚的兴趣。《西方经济学》也需要兴趣。所以我强迫自己看书，努力培养学习兴趣。当弄懂书上的一小点知识时，心中的喜悦难以形容，结果越学越有趣，学习态度改变了，主动性也增强了，成绩自然就提高了。

二、有信心

这学期开设的多为实用性课程，包括演讲与口才、专业写作、人际沟通、社会调查研究等。刚开始时，我很担心自己学不好，也缺乏尝试的勇气。但这些课程如果不去尝试的话，成绩就不会提高。上了几次课后，看到同学们都自信地上台演讲，我逐渐有了自信心。我不断地向自己打气，我一定行，我可以的。怀着这样的信心，我认真听讲，抓住机会上台演讲，在实际生活中也不知不觉地运用到学到的有关知识。

三、合理的时间安排

以前我是那种"临时抱佛脚"的人，学习时间没安排好，现在我吸取了大一的教训，尝试每天晚上写好明天要做的六件事，根据实际情况计划什么时候学习哪科，早上读英语，保证每天的睡眠时间，当形成一定的学习习惯时，学习效果自然就显露出来。

四、科学的学习方法

每门学科都有其规律，不掌握良好的学习方法，就会事半功倍，收不到良好的学习效果。就拿英语来说，以前我只知道死记硬背，但很快就忘光。现在老师上课时，经常提问我们，用单词造句或让我们猜单词在句中的意思。在这种方法下，我发现句子记忆法更好用，课后也尝试用单词造句，慢慢地，我发现自己的词汇量真多了，记忆力也强了，并还懂得如何运用。对于计算机操作，我相信熟能生巧，每天中午到机房练习操作一个小时，开始时是离不开书的，但经过一些时间后，就可以离开书操作了。在上机考试时，别人还在埋头苦干，我已经提交了作业。

81

除此之外，我学习上也有不足之处。学习不分主次，对应掌握和只需了解的知识都花同等的时间对待，面对英语四级考试，也只把精力放在听力和阅读上，忽略了词汇，所以没能顺利通过四级考试。其他没被发现的问题，有待于进一步总结，同时克服和加以改正，力求把自己下阶段的学习搞好。

林××
2011 年 2 月 20 日

任务二 拟 写 总 结

一、总结的概念

总结是单位或个人对过去一个时期内的实践活动作出系统的回顾归纳、分析评价，从中得出规律性认识并用以指导今后工作的事务性文书。

二、总结的特点

总结的目的就是要通过实践，提高认识，掌握事物的发展规律，去指导今后的实践活动。因此，总结的主要特点如下：

（一）理论性

总结的过程，就是从感性认识上升为理性认识的过程，在分析事实材料的基础上，比较、归纳、提炼出正确的观点，从而提高认识、发扬成绩、吸取教训，更好地指导今后的实践活动。

（二）客观性

总结是对本组织或自我的针对计划的总结，应该以客观事实为依据，真实、客观地分析情况、解决问题、总结经验，不允许虚构和编造。

三、总结的类型

从性质、时间、形式等角度可划分出不同类型的总结，从内容分主要有综合总结和专题总结两种。

（1）综合总结又称全面总结，它是对某一时期各项工作的全面回顾和检查，进而总结经验与教训。

（2）专题总结是对某项工作或某方面问题进行专项的总结，尤以总结推广成功经验为多见。

（3）个人总结。它是对个人工作、学习、思想的总结或体会。内容单一，范围较小。有具体的实例，有理论，既叙事又见思想；表达方式常用叙议结合。

四、总结的格式和写法

总结的结构由标题、正文和落款组成。具体写法和要求如下：

(一) 标题

1. 文件式标题

一般由单位名称、时限、内容、文种名称构成。如《××局20××年度拥军优属工作总结》。

2. 文章式标题

以单行标题概括主要内容或基本观点，不出现总结字样，但对总结内容有提示作用。例如某企业的专题总结《技术改造是振兴企业之路》和某高校的专题总结《我们是如何实行教学与科研相结合的》。

3. 双行式标题

即分别以文章式标题和文件式标题为正副标题，正题揭示观点或概括内容，副标题点明单位、时限、性质和总结种类。如《知名教授上讲台教书育人放异彩——××大学德育工作总结》。

(二) 正文

1. 前言

一般介绍工作背景、基本概况等，也可交代总结主旨并作出基本评价。开头力求简洁，开宗明义。

2. 主体

应包括主要工作内容、成绩及评价、经验和体会、问题或教训等。这些内容是总结的核心部分，可按纵式或横式结构形式撰写。所谓纵式结构，即按主体内容从所做的工作、方法、成绩、经验、教训等逐层展开。所谓横式结构即按材料的逻辑关系将其分成若干部分，标序加题，逐一写来。不同的总结中，主体部分的写作侧重点有所不同。以介绍经验为主的总结，重点写取得的成绩，具体的做法，积累的经验等；以剖析问题为主的总结，重点写出现的问题，分析发生问题的原因，有什么教训，拟采取的具体措施等。

3. 结尾

作为总结的结束语可以归纳呼应主题、指出努力方向、提出改进意见或表示决心信心等语作结，要求简短利索。

(三) 落款

一般在正文右下方署名署时。如是报刊杂志或简报刊用的交流经验的专题总结，应在标题下方居中署名。

【例文2-2】

××县林业局2010年度政务信息公开工作总结

2010年在县委、县政府的正确领导下，我局政务信息公开工作坚持以科学发展观为指导，认真实施《中华人民共和国政府信息公开条例》，按照《××县人民政府信息公开规定》有关要求，深入推进行政权力公开透明运行，规范行政审批和行政许可行为，提高办事效率，以公正便民、廉洁廉政为基本要求，切实推进了政务信息公开工作，加强了对行政权力的民主监督，方便了群众办事，有力地促进了林业行政各项业务工作的有序开展。

一、加强领导，健全组织，确保政务信息公开工作落到实处

实行政务信息公开，让群众了解政府工作，参与政府决策，监督政府依法行政符合广大人民群众的愿望，是加强基层民主政治建设的重要内容。为确保政务信息公开各项工作落到实处，我局先后多次召开领导办公会议，精心部署，落实责任，成立了局政务信息公开工作领导小组。在开展政务信息公开工作时，按照"规范、及时、便民"的原则，通过县政府门户网站公布有关政务信息，采取常年公开、定期公开与随时公开相结合，事前公开与事后公开相结合的方法，及时更新已公开的内容。我局还把信息公开工作的具体任务落实到各科室，作为年终检查评比的重要依据。

二、规范程序，突出重点，不断深化政务信息公开

在政务信息公开工作中，讲求实效，突出重点，创新形式，不断提高政务公开工作水平。在公开内容上，按照县委、县政府的要求，重点公开与群众切身利益密切相关、群众最关心、社会最敏感、反映最强烈的林业行政事务。

三、加强学习、培训工作，提高政府信息公开质量

今年以来，我局组织安排全局干部学《条例》，确保《条例》全面、正确、有效施行。多次派有关人员参加市林业局举办的文秘信息人员培训学习和县政府信息办、县直机关工委举办的各类信息知识学习班，不断提高信息人员业务水平和工作能力，确保信息质量。

四、创新思路，真抓实干，推动林业政务公开工作全面发展

在政务公开工作中，我局注重创新工作思路，努力做到"四个结合"：一是把政务公开与全年综合目标考核工作相结合；二是把政务公开工作与社会服务承诺工作相结合；三是把政务公开工作与开展行风评议工作相结合；四是把政务公开工作和加强党风廉政建设工作相结合。通过这"四个结合"，有力地推进了政务公开工作的开展，取得了一定成效。

（一）促进了领导决策的民主化和科学化。通过政务公开，充分发扬了民主，让群众及时了解当前全局各项政务活动，提高了干部群众参与林业建设的积极性，同时，也提高了领导决策的科学性和准确性。

（二）推进了行政行为的规范化和高效化。通过政务信息公开，使政府内部形成了行为规范、运转协调、公开透明、廉洁高效的政务氛围，进一步增强了局机关工作人员的工作责任感，促进了依法行政，提高了依法办事的水平。同时，有助于改进机关工作作风，进一步提升了机关工作人员的形象，受到群众的普遍好评。

（三）增加了行政工作的透明化和公开化。政务信息公开使得政府的各项行政行为均处在广大群众的监督之下，增强了机关工作人员的工作责任心和使命感，提高了工作透明度和办事效率。

五、2011年政务公开工作计划

2011年，我局政务信息公开工作要以十七届五中全会精神为指导，结合全县正在开展的创先争优活动，深入推进政务信息公开，促进林业事业健康稳步发展。一是完善公开载体，继续加强政务公开网站建设，做好信息上报，争取实现政务公文全部上网。二是完善工作制度，认真落实局政务公开工作制度，强化岗位职责制度，确保全局政务公开工作制度化。三是完善考核体系，把政务信息公开工作纳入重要管理日程，加强考核；完善政府信息公开监督机制，保证公开信息的完整性和准确性。同时，进一步推进公开信息的电

项目二 事务文书写作

子化，为公众信息查询提供便利。对于在工作中存在的问题和不足，在相关部门的指导下，虚心接受，认真分析，切实加以改进，促进信息公开工作再上新台阶。

评析：

例文为专项工作总结。第五部分小标题中有"工作计划"，即为下一步工作安排、打算。

案例导入：

阅读下面的文章，思考下列问题：
1. 调查报告的重要性体现在哪些方面？
2. 调查报告的正确写法？

<h3 style="text-align:center">我因一份调查报告被录用</h3>

大学毕业，我在报上看到一家著名的企业招聘销售主管，便前去应聘。经过一番面谈，最后有5人通过面试，我竟幸运地成为了5人之中的一个。主考官看着我们，笑着说："你们回家好好准备一下，一个星期后，公司总经理将会亲自复试。"

回到家后，我很兴奋，同时又感到忐忑不安，不知道复试的结果最终会怎样。那天，我一个人在商场里闲逛，突然看到我应聘的那家公司的产品，于是我走过去和业务员闲聊起来，从公司产品的销售情况，到消费者对产品是否认同，还需要哪些改进，我们聊了很长时间，业务员把这些情况都跟我详细说了。接下来的几天，我又去其他几家商场，把公司产品和其他公司的同类产品作了比较、了解。回到家后，我把自己调查的情况写了一份详细的市场调查报告。

复试那天，我如约来到公司。在总经理和我面谈时，我将调查报告递交给他。总经理接过调查报告并仔细看一遍，面带笑容地对我说："很高兴地通知你，你被我们公司录取了。"

任务三　撰　写　调　查　报　告

一、调查报告的概念

调查报告，就是根据调查研究成果写出来的书面报告。具体说，就是作者对某一事件、某一情况、某一问题或某一经验进行深入周密的调查，得到丰富的材料，然后运用马列主义的一般原理，通过对材料进行科学的分析研究，揭示出事物的本质，从中找出规律性的东西和正确的结论，最后把情况、分析和结论写成有叙有议的文章，就叫调查报告。

二、调查报告的特点

调查报告兼有记叙文与议论文的某些特点，是介于通讯报道与评论文章之间的一种体裁。归纳起来，它有以下几个特点。

（一）讲求真实

调查报告要求尊重事实，写的是真人真事，所用材料均持之有据，常凭借调查得来的数据说明问题。

（二）选材典型

调查报告的调查对象要具有典型意义，能体现出时代的精神，作为典型经验，要能以点带面，对工作具有广泛的指导和推动作用，作为典型问题，要给人以清醒的认识，引起警戒。

（三）针对性强

调查报告写作有明确的目的，针对当前形势下的工作需要，或介绍经验提供学习典范，或揭露问题，引以为鉴，或倡导新事物，推动社会发展，总之就是要针对现实工作的需要而写。

（四）注重规律性

调查报告要求全面反映事务发展的过程，通过系统的研究分析，说明道理，揭示规律。

三、调查报告的类型

调查报告按内容的不同，可以分为如下几种。

（一）典型经验的调查报告

这一类调查报告往往是针对某一单位、部门或行业充分列举其所取得的成绩，并从中分析概括出一些成功的经验和行之有效的办法，给人以启发或可仿效参考。文中所介绍的经验具有政策性、说服力，有较为普遍的指导意义。

（二）揭露问题的调查报告

这类调查报告针对性很强，主要用以揭露各种矛盾和问题，揭露社会生活中违背人民利益、有碍于社会主义建设的种种现象和弊端，以期引起有关部门和社会的注意，从而达到解决问题、教育群众的目的。这类调查报告要披露确凿的事实真相，尖锐指出其严重性和危害性，提出解决问题的具体建议和办法，具有很强的战斗性和紧迫感，常常引起社会上的强烈关注和反响。

（三）新生事物的调查报告

在社会主义建设中，经常涌现出大量的新人新事，这些新生事物代表了社会前进的方向，体现了时代的精神。新生事物的调查报告，就要完整地全面地介绍这些新生事物产生的时代背景和特点，描述它们产生、成长、发展的过程，展现它们的作用和时代意义，表现它们巨大的生命力。

（四）历史事实的调查报告

这种调查报告，是在广泛深入调查的基础上，用确凿的事实和有力的证据，重现某一段历史或某一历史事件。这种调查报告，必须把事件或事实产生的背景、经过和发展的全过程，以及它的社会影响和意义等内容交代清楚。

（五）突出事件的调查报告

这种调查报告主要是叙述现实生活中所发生的突出事件，从中引出发人深思的某些经验教训，以便引起广泛的重视，并采取积极的措施加以解决。这类调查报告所反映的事件是典型的，具有一定的代表性和较大的社会意义。

（六）说明情况的调查报告

这类调查报告主要是采用调查和统计的方法，以事实和数据说明某种情况或某些倾向性问题，以引起有关部门的重视，或作为决策的参考依据。写作时以叙述情况和事实为主，在叙事中有少量精当的分析和议论，内容一般单一、集中，篇幅简短、紧凑。

（七）研究性和预测性调查报告

这类调查报告的作用主要是为有关单位和部门制订决策服务的，是实施决策民主化、科学化的重要方法之一。它的特点是不仅包括对某个有关事项现状的调查分析以及对该事项相关要素的研究，还包括对这种研究的种种结果进行综合的推理，提出调整改革的建议，预测未来的趋势。这种调查报告在政治和社会管理、财政金融、商业和市场管理以及在国民经济建设方面，具有越来越重要的作用。

四、调查报告的结构和写法

调查报告一般由标题、内容和结尾三个部分组成。

（一）标题

调查报告的标题，要把文章内容的精华告诉读者，要鲜明地揭示文章的主题或明确地表达作者的观点倾向。因而，一般用简明扼要、高度概括的语言点出调查报告的主题。调查报告的标题有三种类型：

（1）由调查内容、对象加文种（即调查报告、调查或考察报告）组成，如《湖南农民运动考察报告》。

（2）概括全文基本观点或中心内容。

（3）复题式，即由主标题和副标题构成。主标题概括基本观点或中心内容，副标题补充说明调查的对象、地点、范围和内容等，并注明"调查"或"调查报告"，如《凤凰与笨鸟齐飞——关于两个国有企业合作改革的调查报告》就是这种类型。

（二）正文

1. 开头

开头或称导语、前言，作用是吸引读者了解文章的主要内容和主旨，写法灵活。

调查报告开头往往要对调查内容作一个简明扼要的说明，这类似于新闻的导语。当然，开头的写法多种多样，有的开门见山提出问题，有的介绍主要事实，有的是介绍主要经验，这要看需要而定。有的特别重要的调查报告还要写明调查的地点、时间、参加的人员、调查的原因和目的，这样可以增加可信性。总之，开头要一下子抓住实质性问题，不要兜圈子。

2. 主体

主体是调查报告的核心部分，一是前言的引申，结论的根据，其内容仪式叙述调查得来的事实情况，即用典型生动的事例和具体确凿的数据介绍事件产生的前因后果、发展经过、具体做法；二是在研究这些材料的基础上得出认识，包括成绩、经验和教训、存在的问题和建议等。通过分析原因，找寻规律，得出调查结论。

主体常用的结构方式，可以采取纵式结构法，即按照事物发展的先后顺序或问题步步深入的逻辑写下来，对事件的调查往往采取这种写法；也可以采取横式结构，即分成几个问题来写，每个问题有标题，一般经验型的调查报告用这种写法；也可以用纵横结合的结构方法，即既有事物的先后顺序，又分出几个问题几个方面来写。

（三）结尾

结尾要简洁有力。结尾可以有多种形式，可以对全文内容作归纳性的说明，使中心内容更加突出;可以总结全文主要观点,以加深读者印象;可以对调查的情况或问题提出解决的办法、措施、意见和建议,以请示或建议的形式结尾;也可以把报告中没写而又需要读者了解的情况加以补充说明等。也有的调查报告不加结尾,主体内容写完,全文也就结束了,结尾内容融会贯通在主体之中。

【例文 2-3】

关注大学生的健康消费
——当代大学生消费状况的调查报告
广州××××学院社科部

随着经济社会的纵深发展,大学生作为社会特殊的消费群体,他们的消费观念的塑造和培养更为突出而直接地影响其世界观的形成与发展,进而对其一生的品德行为产生重要的影响。因此,关注大学生消费状况,把握大学生生活消费心理特征和行为导向,培养和提高他们的"财商",在当前就成为高校"两课"教学的重要课题。

为了对大学生消费状况有比较全面准确的了解,我们从三方面开展研究。

其一,对广州南华工商学院 2001 级 442 名学生进行了消费状况的问卷调查。回收有效问卷:589 份(男生 192 份,女生 197 份),施测率为 88%。调查问题包括客观选择题和主观表达题,涉及消费的经济来源、家庭经济状况、月消费状况、消费支出分布情况及其对消费方面的最深刻感受等。

其二,通过访谈等方式对 20 世纪 70 年代至今的大学生进行每 10 年 10 人左右的个案调查,从而提供了纵向比较的资料。

其三,让学生通过课堂讨论形式对调查后发现的消费问题进行分析讨论,从而达到验证调查情况的准确性及对学生进行自我教育的目的。

基于以上三方面情况的把握,结合其他院校的学生消费状况,我们对当代大学生的消费状况有了新的认识与把握。

一、当代大学生消费新概念

1. 消费方式已经进入网络电子时代

随着社会经济的飞跃发展,社会消费方式已经从原来单一的现金交易向现金、信用卡、支票等多样化的交易方式转变,使人们的生活方式更趋方便快捷。

当代大学生是青年人中的佼佼者,他们有着开放的思想意识,从不落后于时代的发展。那么他们在消费方式上是怎样的状况呢?在调查中我们发现,作为特殊的消费群体,当代大学生的消费方式已经进入了网络电子时代。在他们的钱包里,许多大学生都有校园 IC 卡、交通 IC 卡、银行取款卡、上网卡甚至运动健身卡等,"刷卡"时代使他们的消费行为潇潇洒洒,用他们当中某些同学的话来说,就是"卡一刷,钱就花"。

2. 消费多元化倾向

从 20 世纪 70 年代至今,我们以个案分析的研究方式,主要通过电话访问和面谈方式,分别选取了 70 年代中期至今的大学生作了基本调查,并进行纵向比较,见下表。(略)

21 世纪是物质生活与精神生活丰富多彩的时代,步入这一时代的大学生们不再满足于宿舍、教室两点一线的单调生活，尽管书籍仍是他们主要的消费对象，但已不是首选的，更不是唯一的消费项目。大学生的消费已呈现明显的多元化趋势，手机、旅游、电脑、运动、影音器材是大学生的消费热点。调查中，当问及"在经济条件许可情况下，最想做的事情是什么"时，大部分学生选择了"旅游"，其次是"买电脑"，反映出大学生具有走出校园、融入社会与自然、拥有高质量生活的渴望。

　　3. 理性消费是主流

　　价格、质量、潮流是吸引大学生消费的主要因素。从调查结果来看，讲求实际、理性消费仍是当前大学生主要的消费观念。据了解，在购买商品时，大学生们首先考虑的因素是价格和质量。这是因为中国的大学生与国外的不同，其经济来源主要是父母的资助，自己兼职挣钱的不多，这使他们每月可支配的钱是固定的，大约在400～800元之间，家境较好的一般也不超过1000元，而这笔钱主要是用来支付饮食和日常生活用品开销的。由于消费能力有限，大学生们在花钱时往往十分谨慎，力求"花得值"，他们会尽量搜索那些价廉物美的商品。无论是在校内还是在校外，当今大学生的各种社会活动都较以前增多，加上城市生活氛围、开始谈恋爱等诸多因素的影响，他们不会考虑那些尽管价廉但不美的商品，相反，他们比较注重自己的形象，追求品位和档次，虽然不一定买名牌，但质量显然是他们非常关注的内容。

　　4. 追求时尚和名牌是不老的话题

　　即使在取消高考年龄限制之后，20岁左右的青年仍是大学校园的绝对多数，他们站在时代前沿，追新求异，敏锐地把握时尚，唯恐落后于潮流，这是他们的共同特点。最突出的消费就是使用手机。当代大学生们的消费中普遍增加了手机的消费项目。本次调查中发现学生手机拥有率已达到每班不低于60%。此外，电脑及相关消费也是他们的追求，小至一张几十元的上网卡，大至电脑都是当代大学生的宠物，用计算机系同学的话来形容，他们简直就把电脑当成自己的"情人知己"。再次是发型、服装、饰物、生活用品，大学校园中都不乏追"新"族。调查资料也印证了这一点，就所占比例来看，"是否流行"紧随价格、质量之后，成为大学生考虑是否购买的第三大因素。至于名牌产品，当问到"如果经济许可，会否购买名牌产品"时，80%的学生表示肯定。以上充分体现了大学生对追求高品质、高品牌、高品位生活的需要。

　　二、当代大学生消费状况存在的问题

　　1. 储蓄观念淡薄，"财商"需培养和加强

　　"财商"一词的提出者罗伯特·清崎曾经说过："财商与你挣了多少钱没关系，它是测算你能留住多少钱以及能让这些钱为你工作多久的能力。"在讨论会上，当问及对"财商"概念的认识时，很多同学表示陌生。当问及一学期结束后经济情况如何时，大部分同学都坦然承认自己的消费已经超出计划范围，甚至有些同学还需要向别人借回家的路费，略有剩余的同学也想着如何把剩余的钱花完，只有极个别同学有储蓄的意识。可见，当前大学生的"财商"需要培养和加强。

　　2. 消费差距拉大，出现两极分化

　　在关于月平均消费一栏的调查中，有15.2%的同学在400元以下"有点痛苦"的生活线上坚持学业，有28.3%的同学在400～500元之间"勉强过得去"，有25.7%的同学

在500～600元之间"稍为有点爽",有16.7%的同学在600～700元之间"可以潇洒走一回",有6.9%的同学在700～800元之间"比较自由",有7.5%的同学月消费800元以上可以说是"跟着感觉走"——无忧无虑。可见,大学生的消费差距增大,两极分化也比较分明,这在我国当前剧烈转型的社会大背景下有一定的必然性,但我们相信,随着社会的发展和人民生活水平的进一步提高,这些问题必将在一定程度上得到改善。

3. 消费结构存在不合理因素,女生更为突出

大学生的生活消费从20世纪70年代至今,至少有一个方面是共同的,即消费的主要组成部分以生活费用和购买学习资料、用品为主。在生活费用中,饮食费用又是重中之重,按照广州地区的物价水平,以学生在校每天消费十元左右用于基本饮食需要来估计,学生每月净饮食费需300元左右。

我们惊奇地发现,在被调查的197名女生中,83.7%饮食费用在500元以下,有的为了保持苗条身材控制自己的食欲,有的为了节约支出不顾营养需要净选择廉价的饭菜;而192名男生中也只有66.4%达到标准。当问及他们是否研究过自己的营养结构问题时,比如对"一杯奶养起一个民族"说法的认同时,90%的同学表示认可,但不怎么在意。当我们把饮食结构不合理的问题在讨论会上指出的时候,他们当中,尤其是女同学很多都承认自己对健康饮食知识了解不够。

4. 过分追求时尚和名牌,存在攀比心理

在讨论会中,一些同学才指出,为了拥有一款手机或者换上一款最流行的手机,有的同学情愿节衣缩食,甚至牺牲自己的其他必要开支;有些男同学为了一双名牌运动鞋,有些女同学为了一套名牌化妆品或者一件名牌衣服,不惜向别人借钱甚至偷钱以满足自己的欲望等,都可以反映出一些学生不懂得量入而出,而虚荣心的驱使又极易形成无休止的攀比心理。

5. 恋爱支出过度

在调查和讨论会上我们发现,一部分谈恋爱的大学生每月大约多支出100～200元,最少的也有50元左右,最高的达到500元(比如送名贵礼物给对方)。他们大多承认为了追求情感需要物质投入,经常难以理性把握适度消费的原则。

这是让人感到忧虑的方面。有趣的是,传统意义上谈恋爱的费用支出一般由男方承担的局面已经完全被打破,而出现三种情况,即男方全部承担、男女方共同承担和女方主动全部承担,女生的恋爱支出甚至有超过男方的情况。传统与现代生活方式在当代大学生中被充分演绎。

三、当前大学生消费心理和行为偏颇的原因分析

当前大学生在消费上出现无计划消费、消费结构不合理、攀比、奢侈浪费、恋爱支出过度等问题,既与社会大环境的负面影响有关,也与家庭、学校教育缺乏正确引导不无关系。

今天的大学生生活在"没有围墙"的校园里,全方位地与社会接触,当某些大学生受到享乐主义、拜金主义、奢侈浪费等不良社会风气的侵袭时,如果没有及时得到学校老师和父母的正确引导,容易形成心理趋同的倾向,当学生所在家庭可以在经济上满足较高的消费条件时,这些思想就会在他们的消费行为上充分体现。更糟糕的情况是,有些家庭经

济状况不允许高消费的学生，为了满足自己的消费欲望，不惜作出一些损人利己甚至丧失人格、法理不容的犯罪行为。

其次，父母在日常生活消费的原则立场是子女最初始的效仿对象。有些父母本身消费观念存在误区，又何以正确指导自己的孩子呢？因此，作为教育工作者，我们更应该关注学校教育环境对学生消费观念培养的重要影响作用。可事实是，高校思想政治教育对学生消费观教育还没有形成足够的重视。具体体现为：

其一，对大学生消费心理和行为研究不足。高校思想政治教育要真正达到有效性目的，就一刻不能缺少对学生实际行为的了解与把握。应该承认，近年来高校思想政治教育工作已经取得较大的进展，但是由于学校领导的重视程度、科研条件、人员配置等原因，对学生的教育首先从实践调查开始的教学科研风气仍然未能形成。据笔者了解，近年来有关大学生消费心理和行为方面题材的论文被收入中国学术期刊上的少之又少，可见，在高校思想政治教育研究上还没有对这个问题形成足够的认识。

其二，"两课"教学中对大学生消费观的教育指导不够。由于对大学生的消费心理和行为了解不够全面和客观以及课程设置等因素，与人生观、劳动观、金钱观、国情观等重要思想观念紧密相关的消费观的专题教育在思想品德修养课中没有充分开展，从而也难以达到真正的指导目的。

其三，校风建设范畴中普遍缺少倡导大学生勤俭节约生活消费观的内容。大学生的消费心理和行为除了在个人喜好、穿着打扮等较少方面比较注重突出个性以外，他们对于时尚品牌、基本生活用品、生活费用的额度等主要消费内容都具有群体从众心理。高校校风主要体现的正是学生的群体心理和行为特征。在校风建设上注重塑造和强化学生良好的消费意识和消费行为，培养学生良好的消费习惯，这是高校思想政治教育一个非常重要的内容。

四、引导大学生养成健康消费心理和行为的建议

当前，我国社会正处于激烈的社会转型过程中，虽然社会经济与以往比较已经取得卓越的成就，但是放眼世界，我们离工业化发达国家的距离还很遥远。当代大学生是未来社会建设的栋梁，引导他们继续保持艰苦朴素、勤俭节约的消费观念，反对奢侈浪费、盲目攀比、过高消费等不良消费风气，加强大学生健康的消费观念的培养与塑造，在当前国情下具有非常重要的意义。要正确引导大学生养成健康消费心理和行为，可以从以下三个方面着手：

1. 加强对大学生消费心理和行为的调查研究

在思想理论教学中，我们应该大力提倡调查研究与理论教学相结合的科学方法，使理论教学真正摆脱空洞无物的说教。今后我们应当重视和加强对大学生消费状况的关注，注重在研究他们的消费心理与行为中发现问题和解决问题。诚然，调查研究是一个艰辛的过程，但是作为教育工作者应该首先培养自己刻苦钻研的科学精神、实事求是的科学态度、理论联系实际的科学思维。比如，我们就在本学期初尝试了在"邓小平理论概论"关于社会主义本质论专题中，进行"我的消费状况"问卷调查和随后的课堂讨论。在积极主动的参与中，同学们充分了解了自己和周围同学的消费状况，对不良消费心理和行为进行了自我解剖与反思，对健康的消费观念开始形成全面、正确的认识。最后，通过我们的总结以

及有关"财商"知识的传授,同学们从认识问题、解剖问题到解决问题,思想认识有了长足的进步。学期末的教学反馈调查中,当问到参与"我的消费观"活动后有无收获时,广大同学都表示肯定,他们认为在教学中设计这样的活动具有深刻的意义,使理论教学真正联系实际。

2. 培养和加强大学生的"财商"

所谓"财商",指的是一个人在财务方面的智力,即对钱财的理性认识与运用。专家指出,"财商"的概念是与"智商""情商"并列的现代社会三大不可缺少的素质,也是现代教育不可忽略不宜回避的话题。可以这样理解,"智商"反映人作为一般生物的生存能力,"情商"反映人作为社会生物的生存能力,"财商"反映人作为经济人在经济社会里的生存能力。"财商"主要包括两方面的内容:一是正确认识金钱及金钱规律的能力;二是正确运用金钱及金钱规律的能力。我们应该围绕这两方面的内容,在"两课"教学活动中设计生动活泼的教学形式以达到教育目的。

3. 大学生良好消费风气应该成为良好校风的重要组成部分

良好校风是师德师风和学生学习、生活作风的有机组合。其中学生的消费心理和行为是体现学生生活作风的重要部分。高校校风建设应该把握育人第一位的原则,重视大学生为人处世每个环节的教育,重视培养和塑造大学生健康的消费心理和行为,以促进大学生学业的成功追求。一旦良好的消费习惯得到培养和加强,就会对良好校风的塑造起促进作用,并形成校风助学风的良性循环。因此,我们应该把大学生良好消费心理和行为的培养作为校园文化建设的重要组成部分。在校园文化建设中设计有关大学生健康消费理念的活动专题,并且持之以恒,以大学生良好的消费心理和行为促进良好生活作风的形成,进而促进良好学风、校风的巩固与发展。

200×年×月×日

评析:

这是一份针对当代大学生的健康消费状况的有实际意义的调查报告。从总体上看,符合调查报告的写作要求,而且条理清晰,逻辑性强,采用了逐步递进的表现手法。

本文所采用的纵向比较与分析的方法有助于对问题的提出和分析,讨论的方式有利于问题的集中与归纳,有观点,有分析,有实践,有理论,值得借鉴。

案例导入：

分析下面的简报，说说其格式与写法。

（报头略）

学院召开 2014 年度教学工作会议暨骨干院校建设推进会

12 月 18 日上午，学院在里建校区教学楼三楼会议室召开了 2014 年教学工作会议暨骨干院校建设推进会。张副××院长、各教学部门正副主任、学院骨干办及各专项组相关人员，以及教务处、科技处、学工处、现代教育中心等部门领导参加了会议。会议由张××副院长主持。本次会议对 2014 年度教学及骨干建设工作进行了总结，对 2015 年教学及骨干建设工作进行布置并提出工作要求。

首先，张××副院长总结了 2014 年度的教学建设工作。他强调在过去的一年中我们取得了显著的成果，按时完成了各项建设任务，尤其是圆满举办了两个全国性技能大赛。随后，张副院长就近期工作提出了要求，要求全力做好人才培养状态数据、骨干建设项目建设及经费使用安排、技能大赛后的总结等年尾工作，为 2014 年工作画上圆满的句号。同时，张副院长对 2015 年的教学工作进行了详细部署，进一步深化教学改革、探索分层次教学、分段考试以及"以实代理"的课程考核试点工作，开展专业内部评估等作为 2015 年教学管理工作的重点。

随后，教务处吴××副处长对 2014 年终教学工作提出要求，并明确 2015 年要强化技能大赛的筹备工作管理、强化技能大赛的赛后的总结汇报和经费使用等工作管理、强化到台湾交流学习的学生工作管理、强化对教学任务及人才培养方案制定的管理等工作。其后，由骨干建设办副主任凌××教授汇报骨干院校建设工作。凌教授根据骨干院校建设项目提交的 2014 年度建设工作自查材料，分析了各项建设任务的完成度和存在的问题。各专项负责人对未完成工作进行了逐条说明。此项工作的目的是为了提高项目建设责任人的责任意识，有序推进骨干院校项目建设，确保更好地完成骨干院校建设目标。

张副院长作总结性讲话，他要求各系、各项目组必须统一思想、高度重视，充分认识 2015 年工作的紧迫性和艰巨性，在今后的一年中，要把骨干建设当作本部门的头等大事来抓。六个重点建设专业必须坚持项目负责制，充分调动本部门的工作积极性，牢牢把握住这一提升专业内涵的机遇，并带动全院的专业建设工作；职能部门要增强服务意识，和教学部门之间多沟通多交流，互相理解，为项目建设做好指导、协调和支撑工作。

（报尾略）

任务四　制　作　简　报

一、简报的概念

简报是指党政机关、社会团体、企事业单位用来反映情况、交流经验、解决问题、传播信息的一种简短灵活的书面材料。从文体上看，它是简要报道单位内部各方面信息的一种常用文体；从形式上看，它是一种具有固定格式的内部刊物。常见的"××反映""××动态""××简讯""××信息""内部参考"等虽然名称不同，其实质都是简报。

二、简报的特点

简报的特点可以用4个字概括：快、新、实、短。

（1）快，指反应迅速及时。简报具有新闻性，追求时效性，要求发现、汇集情况快，撰写成文快，编印制发快。

（2）新，指内容新鲜，有新意。简报要提出新情况、新问题和新经验。善于捕捉工作、社会生活中的"新"，可以使简报具有更强的指导性和交流性。

（3）实，反映情况要客观，即简报所反映的情况和问题要真实、准确，不能随意夸大或缩小。

（4）短，指简短。文字短，内容精，开门见山，直接叙事，一语中的，尽可能一事一议，少做综合报道。简报字数一般为几百字，最多不过千字。

三、简报的类型

从内容和性质上划分，简报可分为综合简报、专题简报和会议简报3种。

（一）综合简报

综合简报的内容涉及本系统、本单位、本部门各个方面的工作和情况。在综合简报中，可以上情下达，同时反映贯彻落实党和国家的方针政策以及上级指示的情况；也可以反映工作的进度、进展情况以及好的做法和经验，表扬先进事迹；还可以把工作中存在的不足弊端摆出来，促进问题的解决。对提高认识、拓宽视野、丰富知识、鼓舞干劲的一些重要的信息和动态都可以在综合简报中予以反映。

（二）专题简报

专题简报主要放映某一项专项工作的动态和情况，其内容一般围绕着此单项工作的进展来写，如上级对这项工作的关心和支持，员工的工作态度和干劲，难关的攻克、问题的解决，以及经验教训等。

（三）会议简报

会议简报用于大中型会议或重要会议，一般由会议秘书组编写，其内容仅仅围绕会议的主旨、领导讲话精神、讨论发言情况、与会代表的观点和意见等方面来写，如实地反映会议的进展情况，引导会议的方向，使会议能够顺利进行。

四、简报的结构与写法

简报的格式是固定的，由报头、报核和报尾三部分构成。

（一）报头

报头也称版头，在简报的第一页上部，约占首页的1/3版面，下用红线与报核部分隔开。报头一般包括以下内容：

（1）简报名称。位于第一页上方正中，用红色大号字体表示。常见的名称有"简报""工作简报""工作动态""内部参考"等。名称确定后，一般不要经常更换。

(2) 期数。位于简报名称下方居中，按期序标出，有的还加括号表明总期数。

(3) 编发单位。位于名称的左下方。

(4) 印发日期。位于名称右下方，年月日要齐全。

有些内部简报还会标明"内部资料，注意保存"的字样，标在名称左上方，有的还要注明密级和编号。简报的报头通常都套红并统一印制好，届时只需将期数、日期等填入即可。

简报的报头样式如下：

内部刊物·注意保存

思想动态

第×期

××团委编发　　　　　　　　　　　　　　　××××年××月××日

需要注意的是，简报报头一定要和公文的文头区别开来，书写其他文件时，也不能随便套用简报格式。

（二）报核

报核即刊登简报文稿的部分，是简报的核心，一般由标题、正文和供稿者署名三部分组成，有时根据需要还要加上编者按语。

1. 标题

简报的标题有单行标题、双行标题和多行标题三种。

(1) 单行标题。用一句话概括正文的主要内容，如《××区整顿音像市场，初见成效》。

(2) 双行标题。正题揭示正文的内容或意义，副题起补充说明作用，强化主标题的含义。如：

大胆探索体制创新
——钟华生谈"共享经济"模式的理论与实践

(3) 多行标题。引题交代背景或揭示意义，正题概括正文的内容，副题补充或说明正题。多行标题在实际运用中并不多见。

2. 正文

简报正文最关键的是要抓准主要问题，一份简报的效果如何，主要在于反映的问题抓得准不准。简报的正文一般分为前言、主体和结尾三个部分。

(1) 前言。即简报的开头部分，近似新闻的导语。前言的内容主要是概括全文内容或主要事实，或点出主题及意旨，先让读者有一个总体印象，并引起下文。前言中通常要交代时间、地点、人物、事件、原因、经过和结果等。

(2) 主体。主体是简报的主干部分，是对前言部分的进一步具体化。写主体时要紧扣标题，紧接前言，用有说服力的材料对主要事实进行叙述或围绕中心思想按照一定的逻辑顺序来阐述和说明观点；还要注意用事实和数据说话，恰当运用典型事例、人物的典型语言等使之具体化。如篇幅较长，还可以加上小标题，以便读者理解和把握。

(3) 结尾。简报的结尾常用一句话或一段话来概括正文的主要内容，或指明事件发展的趋势，还可以提出建议或希望。主体部分如果已将内容讲完，就明事件发展的趋势，还可以提出建议或希望。主体部分如果已将内容讲完，就不必再加结尾。

3. 署名

一般情况下，由编发单位撰写的简报文稿不署作者姓名。如果是约稿或征集的稿件，或是有关部门送过来的稿件，则应署名。署名的位置在文末最后一行后（有时加上括号）或在最后一行右下侧。

4. 按语

按语是用来表明办报机关的主张和意图的文字资料，是编者针对简报内容，或肯定某一经验，或批评某种错误，或提出一些值得讨论和注意的问题。按语不是所有简报都需要的内容，它只适用于内容比较重要、意义比较重大，或问题比较严重的简报。按语一般位于标题的上方，并标明"按语""按"或"编者按"等字样。

（三）报尾

报尾部分主要包括发送单位和印发份数两项内容，位于简报最后一页的末端。发送单位一般要分别写明"报×××（对上级单位）、送×××（对同级单位或不相隶属的单位）或发×××（对下级单位）"，也可以不加区别，一律写为"发送"。

简报的印发份数通常是固定的，如果临时增加印发份数，则要注明"本期增发××份"，排印在发送单位的右下端。

会议简报如果只发给与会者，则可省去报尾部分，不写发送单位和印发份数。正文和报尾之间也要用横线隔开。

综上所述，一份完整的简报，其样式如下：

内部刊物·注意保存

××简报
第×期

××秘书处　　　　　　　　　　　　　　　　　　　　年　月　日

编者按：_____

标题

正文

（署名）

送：

发：

共印×份

五、简报写作的注意事项

（一）抓准问题，有的放矢

简报应该围绕本单位的实际，反映那些最重要、最典型、最新鲜、最为群众关心、最需要引起注意的问题。

（二）材料准确，内容真实

简报作为加强领导和推动工作的重要工具，内容必须保证绝对真实、准确，否则，就会造成不良后果。简报所选用的任何材料，包括人名、地点、时间、情节、数字、引语、因果关系等，都要完全准确无误。

（三）简明扼要，一目了然

简报的写作必须做到简短、明快，用尽可能少的文字说清楚必须说明的问题。一是注意主题集中，一稿一事，不贪大求全；二是注意精选材料，围绕主题精心挑选典型事例；三是既要求简，又要写清。

（四）内容实在，不空洞

简报是用现实生活中活生生的事实来宣传党的路线、方针、政策。用事实说话，是简报的主要特点之一，也是编写简报时应注意的一个重要问题。

【例文 2-4】

工 作 简 报

2014 年第 10 期（总第 30 期）

××矿务局房改办　　　　　　　　　　　　　　　　　2014 年 11 月 30 日

编者按：××矿务局房改办为确保住房制度改革中"提租补贴"政策的正常运转，10月份对全局所属单位进行了全面调查。这次调查得到了各级领导的支持，组织严密，投入自查的人员多，自查效果大，在全市是绝无仅有的。他们这种对工作认真负责的精神，为全市各房改单位做出了好榜样，也充分反映了领导和房改办的工作人员高度重视住房制度改革，坚持执行房改政策，敢于和善于自查自纠的工作作风。现将××矿务局《房改工作检查情况的汇报》转发给大家，供参考借鉴。

房改工作检查情况的汇报

为确保住房制度改革，实现"提租补贴"的正常运转，真正做到"一手发出去，一手收回来"，在二步到位运转一周年之际，局房改办于今年10月召开了各单位房改办主任会议，部署了房改大检查工作，要求各单位以自查的形式进行"两查四核实"。"两查"是：查补贴范围，查漏扣资金；"四核"是：核实住房面积、租金额、补贴基数、补贴金额。经过两个月的自查核实，截至11月底，大多数单位都已基本完成。

已查实的 16 个单位中，除有 5 个小单位参改人员较少，没有发现问题外，其余的大多数单位都不同程度地查出了问题。据九矿、三厂、局直、基建公司等 14 个单位的统计，在被调查的 62863 户承租户中，漏扣资金的有 484 户，占 0.7%，少扣资金 16855258 元。在已发补贴的 91578 人中，不该发补贴的有 218 人……通过追扣漏扣租金和多发的补贴，可追回资金 20578324 元。

这次检查核实工作，之所以能取得较大的收获，主要原因有以下 3 点：

1. 领导重视，业务部门配合……

2. 配备力量，分层包干……

××矿务局房改办

送：（略）

发：（略）

共印×份

评析：

这是一篇专题简报。前边所加的按语对正文内容作了评价，提出了要求。正文中除用大量数字介绍工作成绩之外，还介绍了3条工作经验。各条经验均有明显的个性特点，有一定的普遍意义。文章观点和材料紧密结合，选取的事例较具典型性。

案例导入：

××市干部培训中心第×次办公室会议记录

时间：2011年6月15日14：30—17：00

地点：培训大楼第×会议室

出席人：刘××、杨××、张××、吴××及各培训部主要负责人

缺席人：王××、张××

主持人：刘××

记录：吴××

一、报告

（一）杨××报告中心基本建设进展情况。（略）

（二）主持人传达区人民政府《关于压缩行政经费的通知》（以下简称《通知》）。（略）

二、讨论

我中心如何按照市人民政府《通知》的精神抓好行政经费的合理开支，切实做到既勤俭节约，又不影响正常的培训教学、科研等活动的开展。

三、决议

（一）利用两个半天时间组织有关人员集中传达学习《通知》精神，提高认识，统一思想。

（二）各培训部负责人在认真学习的基础上，利用下周一时间向群众传达、宣讲。

（三）各培训部责成有关人员根据《通知》的压缩指标，重新审查和修改本年度行政经费开支预算，并于两周内报主任办公室。

（四）各培训部必须严格控制派出参加外地会议及外出学习人员的人数，财务科更要严格把关。

（五）利用学习和贯彻《通知》精神的机会，对全中心员工普遍开展一次勤俭节约、艰苦朴素的传统教育。

散会。

主持人：
记录人：刘××吴××

任务五 写作会议记录

为了便于实行和日后查考，所有的重要会议不仅需要有会议记录，而且要发会议纪要；各级国家机关、党派组织、解放军和武警部队、群团乃至企事业单位都需要把各自的大事、要事用大事记的形式如实加以记载。

一、会议记录的概念

会议记录是由会务秘书或指定人员把会议的基本情况（会议名称、时间、地点、与会

人员、主持人、中心议题等）、报告和发言的内容、议定的事项等如实地记录下来作为书面材料的一种文书。

二、会议记录的特点

（一）贯彻执行的依据性

任何会议，都有明显的功利目的，会议的主要精神和议定事项，都要在一定的范围内进行传达。会议记录恰恰是会议全貌的真实反映，因此便成为贯彻执行的权威依据。

（二）起草文稿的资料性

凡属重要的会议，都要在会中、会后撰（采）写会议简报、会议报道、会议纪要等。会议记录是客观反映会议情况的第一手资料，既可信又鲜活，是撰写各类相关文稿中志在必得、不可或缺的材料。

（三）存档备查的凭证性

北齐颜之推《颜氏家训·风操》："汝曹生于戎马之间，视听之所不晓，故聊记录，以传示子孙。"这里的"传示子孙"指的是记录备查的凭证性。会议记录作为会议文件的重要组成部分，是文书归档立卷的历史资料，也是日后查考的原始凭证。如陈云同志在遵义会议上所作的会议记录现已成为研究遵义会议中不可多得的弥足珍贵的历史凭证。存档的年代愈久远，其凭证的意义就愈深远。

三、会议记录的类型

（一）按照会议的内容类型

可有例行会议、办公会议、业务会议、座谈会议等多种。

（二）按照会议的性质类型

可有党务会议、行政会议、人大会议、政协会议、军事会议、企事业会议等多种。

四、会议记录的格式和写法

（一）标题

会议记录的标题一般由主办单位＋会议事由＋会议记录三要素构成。如《中共××市委第三次常委会会议记录》《××市政府第×次常务会会议记录》《××市六和实业有限责任公司第一届董事会会议记录》。

（二）基本情况

1. 开会时间

可写起止时间，如 2002 年 8 月 5 日 9—11 时；也可以写相对模糊的时间，如 2002 年 8 月 5 日上（下）午。

2. 开会地点

如海洋宾馆第一会议室。

3. 主持人（或会议主席）

写清楚姓名、职务，如"市政府副市长××主持会议"（有固定格式的记录簿按栏目填写）。

4. 记录人

写清姓名，注明职务。

5. 出席人

如果出席人员为数不多，可逐一列出其姓名职务；如果人数众多可列出不同级别的不同人数。如"出席人员中有市领导8人，副局级以上领导120人，科级干部521人，计649人"。为便于统计查考，重要的会议应另设"签到簿"，由出席人员自行填写。

6. 列席人

记录内容同上。

7. 缺席人

写清姓名、单位、职务、事由。

（三）会议内容

这是会议记录的主体和重点所在，基本要求是记准、记清、记全。具体方法有详细记录和摘要记录之别。

1. 详细记录

凡属内容重要、讨论议决事项比较复杂、涉及方针、政策的会议，均须详细记录。即把每位与会人员的发言内容全部记录在案，力求不加取舍，有言必录，尤其要如实记录不同的观点和意见。主要内容是：

（1）会议研究讨论的问题。如果只有一个议题，就写这个议题，如"××市如何实现'三年大变样，十年大振兴'的宏伟目标?"如果有两个以上的议题，要逐题写清事务文书写作录明。如××市人民政府第三次常务会议共有五项议题，就写为："一、2010年政绩考核实施方案""二、抗旱备耕""三、××产业园区发展规划""四、县域经济发展中几个重要问题的处理""五、市政府系统办公秩序的整顿问题"。

（2）主体报告。所有会议的议题，都分别由职能部门或主管领导作相关情况的说明，这既是会议讨论的重点，也是会议记录的要点。如果有书面材料，那么就以书面材料为底稿，与发言人的发言内容相对应；如果没有书面材料，那么只好详录其口头发言。

（3）如实记言。"记"是记载，《汉书·艺文志·春秋》："古之王者世有史官，君举必书，所以慎言行，昭法式也。左史记言，右史记事，事为春秋，言为尚书。"这两个"记"均指记载人物的言论；"录"是抄写，《公羊传·隐公十年》："《春秋》录内而略外。"《宋史·选举志二》："誊录人选择书手充，不许代名。"记录既然是记载、抄写会议讨论、议定的大事、要事，就必须"慎言行，昭法式"，客观公正。即按会议议题、发言顺序如实记录，力求全而无漏。

（4）议决事项或工作安排。以会议主持人或召开会议机关第一负责人的结论性意见和会议做出的安排部署为依据，逐条逐项照录不误，如系表决事项，还要详细记载投票统计情况（赞成、反对、弃权票的具体数字）。

（5）遗留问题。即议而未决或因故应讨论议定而未讨论议定的议题，也应记录清楚。详细记录最好用速记法，也可用词汇省略法简化而记，事后查补；为保证记录的完整准确，应辅之以录音；若无录音设备或会议规定不得录音，则应两人以上同时记录，会后核对互补。

2. 摘要记录

一般事务性会议，不涉及方针政策及重大事项，则可摘其要点而记之。记录的内容虽然同上，但只要求记录每个人的发言要点和会议结论、议决事项。但当发生争议时，则必须翔实记录双方的观点、意见。摘要记录，允许记录者对发言内容予以适当地分析、判断、归纳，但不得歪曲发言者的原意，遗漏其主要观点。

（四）会议记录的结尾

会议终结时，应另起一行空两格写上"散会"两字，再由会议主持人（或主席）和记录人分别在此页右下方签署姓名，以示负责。没有签名的会议记录，严格地说，是不能作为凭证和依据的。所以，会议主持人在签字之前，应对会议记录的内容进行审查核对，不可轻率下笔。目前绝大多数单位的会议记录均未履行这一程序。

五、会议记录的基本要求

（一）记录必须真实准确

《汉书·艺文志·春秋》："左史记言，右史记事。"汉代王充《论衡·答佞》："太史公记功，故高来祀，记录成则著效明验，揽载高卓，以（张）仪（苏）秦功美，故列其状。"无论是"记"还是"记录"，均可释为"记载"，即照记、照录、照载，必须真实准确，重点突出，内容全面，甚至连发言人的语气、措辞、表情都应记载准确，记录类文书严禁加入记录者个人的意见。记录中如有听不清、听不懂的情形，必须及时弄清，予以修补。对发言人的弦外之音、言外之意更要认真体会分析，力求理解准确。记录人应该精神集中，注意听讲，快速记录，书写规范。思想开小差，就会不知所云；速度太慢，记录有漏缺；写字不规范，自己都难认，别人、后人如看天书，就难以作为依据和凭证存档。

（二）记录必须注意保密

许多会议有涉密内容，所以必须严格遵守保密法规和制度。一是妥善保管会议记录，不得随意外传或遗失。二是封紧嘴巴，不当说的机密绝对不说。三是严格把关。会议记录一般不得公开发表，如确需发表，则必须经会议主持人批准、发言人复核。

【例文2-5】

××学院第×次办公会议记录

时间：2014年10月15日

地点：第×会议室

出席人：刘××（院长）、杨××（总务长）、孙××（教务处长）、张××（院长办公室主任）、各部门主要负责人

缺席人：王××、张××（外出开会）

主持人：刘××（院长）

记录人：吴××（院长办公室秘书）

会议主要内容：

（一）报告

1. 杨××报告院基本建设情况。（略）

2. 主持人传达《××省人民政府关于××的通知》（以下简称《通知》）。

（二）讨论

我院如何按照《通知》精神研究行政经费的合理开支，切实做到既勤俭节约又不影响正常教学、科研等活动的开展？

（三）决议

1. 利用两个半天时间集中有关人员学习《通知》精神，提高认识，统一思想。

2. 各系各单位负责人在认真学习的基础上，利用下周政治学习时间向员工传达、宣讲。

3. 各系各单位责成有关人员根据《通知》的要求压缩指标，重新审查和修改本年度经费预算，并于两周内报院长办公室。

4. 各系各单位必须严格控制派出参加校外会议及外出学习的人数。财务部门更要严格把关。

5. 利用学习和贯彻《通知》精神的机会，对全院师生员工普遍开展一次勤俭节约、艰苦朴素的传统教育。

散会。

主持人：

记录人：吴××

评析：这份会议记录会议召开的时间、地点、主持人、出席人、列席人等应有尽有，组织情况齐全，且简明扼要。记录内容部分的主要议题、发言内容、议定事项则该简则简，当繁则繁，非常得体。记录末页右下方有会议主持人、记录人的签名和印章，合乎法定程序。

本项目小结

本项目主要介绍了计划、总结、简报、调研报告和会议记录。分别讲述了五种应用文书的概念、特点、种类等知识点。要特别注意计划与总结两种文体的联系与区别。一般而言，都是事前计划，事后总结。计划和总结有一个共同的特点，那就是都对工作具有指导作用。当然，计划和总结的区别还是非常明显的。计划指导的是今后工作的具体事项，属于微观的指导；总结探讨的是过去工作的得失和规律，对今后工作起到宏观的指导作用。计划和总结必须严格加以区别，切忌用总结来代替计划。总结出来的东西必须落实到具体的计划中去，对于今后的工作而言，没有明确的计划，则任何的总结都是毫无意义可言的。可以说，计划是总结的一个重要依据，而总结可以指导进一步的计划。

本项目练习

【情景模拟1】

请就本文所反映的内容，对本计划进行修改。

××区银行办事处中专班学习计划

近几年来，我们银行的青年职工人数越来越多，他们已经成了业务骨干力量，在经济战线上发挥着积极作用，展示了我国银行事业的希望和前景。但也不能忽视，一些青年由于力量水平低,文化素养差,科学文化知识贫乏等而感到所做工作,没有意思。根据中国人民银行总行要求,提高在职干部文化水平,我们办事处开办了中专班,脱产学习一年半,招生的对象是在银行工作两年以上,高中毕业或相当于高中毕业水平的同志。为了更好地完成学习任务,我们教育科计划如下:

一、学习内容

主要学习基础理论,学习政治经济学、哲学、货币概论、会计原理、高等数学、大学语文等二十门课程。

二、学习进度

第一学期,有数学、语文、政治经济学、货币概论、会计理论。第二学期,有语文、财政、转账结算、哲学、银行会计、商业会计、统计。第三学期,有应用文、党史、储蓄、企业管理、工业会计、工商信贷、政治思想教育、体育。学完一门课程,进行一次结业考试。不再进行全面考试。

三、学习方法

任课教师,请××大学、××学院、××第三师范学院、××电大和银行的老师。学生上课时做笔记,课后参考书籍做复习题、练习题,由任课教师批改作用。各门课程每学完两章进行一次阶段考试,看看学生是否真正掌握。

××教育科
20××年×月×日

【情景模拟 2】

修改下列总结。

20××年教师工作总结

时间飞逝,转眼20××年已接近尾声。一年来,在系领导及各位老师的指导帮助下,我严格按照学院要求,加强师德修养,增强学习意识,改进工作方法,探索新课程,提升教学理念,认真教书育人。现将本人一年来的思想和工作总结如下:

一、思想方面

一年来,我认真学习"三个代表"重要思想以及党的十七大重要精神,不断提高自己,充实自己,树立正确的世界观、人生观和价值观。在日常工作中时刻注意学习他人的长处,遵守纪律,团结同志;并且教育目的明确,态度端正,钻研业务,勤奋刻苦。我平时注意主动帮助其他同志干一些力所能及的事,自己也在做的过程中得到锻炼,增长了知识,提高了工作的能力。

二、教育教学方面

在教育教学方面,我努力加强教育理论学习,提高教学水平。具体表现在以下几个方面:

1. 加强师德修养,提高道德素质
2. 加强教学理论学习,练好扎实的教学基本功
3. 加强素质教育理论学习,提高教育教学水平

三、存在问题

工作中对高职教育理论理解学习得不够深入,教学过程中在教学方法和手段的运用上

不够熟练。在以后的工作中，我将吸取过去的经验教训，提高自己业务水平，并为学院的示范性建设和长远发展尽到自己的最大努力。

【情景模拟3】

根据以下材料编写简报。

2002年12月30日晚，我校在珠海市柠溪文化广场举行"闪耀明珠——暨南大学答谢珠海人民专场文艺晚会"。晚会开幕之前，我校副校长兼珠海学院院长胡军教授主持了一个简短的答谢仪式。

中国工程院院士、我校校长刘人怀教授在答谢辞中说，自1998年我校与珠海市政府合作开办珠海学院以来，开创了珠海市历史上开办全日制高等教育的先河。珠海学院的成长离不开珠海市委、市政府和珠海人民的支持和关怀。

珠海市委副书记、市长王顺生对我校取得的成绩表示祝贺。他说，珠海的发展、城市品位的提高离不开大学的引进和人才的培养，暨南大学珠海学院的办学，为珠海大学园区提供了成功的范例；市委、市政府会重视暨南大学的成功经验，为办好大学园区进行总结和提高，使引进珠海的各所学校都能办好；市委、市政府将一如既往地支持暨南大学珠海学院的建设。

晚会由我校艺术团演出，精彩的节目引来众多市民观看，文化广场上人头攒动。耳熟能详的校园歌曲、优美动人的古典舞蹈、充满异国风情的各类表演，使整台晚会掌声连连、气氛热烈。晚会的举行，大大增进了我校与珠海人们的沟通，充分表达了我校师生员工对珠海人民深深的感激之情。

珠海市委、市政府及有关部门领导，我校在校的全体校领导出席了本次文艺晚会。

【技能实训】

1. 为学校即将举办的某项文体活动（如运动会、校园歌手大赛、演讲比赛、文艺晚会等）写一份计划书。

2. 针对本学期应用写作的学习情况写一份学习小结。

3. 对高校大学生的思想、学习、生活状况进行调查，在下列题目中任选其一个写一份调查报告：

（1）当代大学生的消费状况。

（2）当代大学生的生存状态。

（3）当代大学生的价值观。

（4）当前大学生的择业方向与择业观念。

【学习交流】

（1）与同学交流学习事务类文书的经验体会。

（2）三到五人组成一个小组，小组进行讨论、学习，以PPT的形式在班上汇报小组的学习成果与学习心得。

项目三　经济文书写作

学习目标：

一、知识目标
1. 了解经济文书的概念、类别
2. 了解各类经济文书的特点
3. 理解意向书、合同书两者之间的区别；理解招标书、投标书两者适用的范围

二、能力目标
1. 会分析各种经济文书的结构和内容
2. 能结合实际规范拟写常见经济文书

应用文写作教程

案例导入：

阅读下面的案例，思考下列问题：
1. 意向书、合同书在社会生活中有何作用？
2. 现代社会人与人之间、人与单位之间有什么关系？
3. 意向书能取代合同吗？是否具有合同那样的法律效力？

今年22岁的赵小雪于20××年7月21日与鄌城区某幼儿园达成聘用意向书。意向书约定：幼儿园将与赵小雪签订为期两年的聘用合同，其基础工资、职务工资、工龄补助等每月合计约625元。同日双方签订培训协议书，约定由幼儿园出资2500元让赵小雪去北京接受专业培训，回来后赵小雪须在幼儿园工作两年，两年期内不得提出调离。若调离，要赔偿幼儿园培训费2500元。

20××年9月16日，培训结束后，赵小雪与幼儿园签订聘用合同……

20××年2月26日是新学期开学的第一天，赵小雪却没有上班。经多次催问，赵小雪表示要辞职。由于幼儿园一时招不到合适的教师，致使许多幼儿退学。幼儿园多次要求赵小雪继续履行聘用合同回去上班，但被赵小雪拒绝。幼儿园遂于4月6日向鄌城区人事争议仲裁委员会申请仲裁，要求依法裁决赵小雪赔偿幼儿园培训费2500元，赔偿因擅自离职造成的经济损失3000元。

双方争议焦点为：
（1）双方签订的聘用合同该不该继续履行？
（2）擅自离职造成的损失该不该赔偿？
（3）幼儿园该不该补发工资、缴纳社会保险费？

仲裁庭认为：

（1）双方签订的聘用合同应当履行。双方签订的聘用合同不违反国家和地方的法律法规。双方审阅了合同内容，均未提出异议并签了字，且该合同后来又得到了实际履行，无违双方意愿。所以，聘用合同合法有效。

（2）擅自离职造成的损失应当赔偿。根据原劳动部《违反〈劳动法〉有关劳动合同的赔偿办法》规定：劳动者违反劳动合同约定给用人单位造成损失的，应当赔偿。赔偿内容包括培训费、给用人单位造成的直接经济损失等。赵小雪因擅自离职给幼儿园造成的损失应依法赔偿。

（3）幼儿园不该补发工资但应补缴养老金等社会保险费。双方建立劳动关系前的意向书不同于聘用合同，对双方均没有法律约束力。双方按所签的劳动（聘用）合同约定的工资标准履行，并没有发生克扣工资现象，所以不存在补发工资问题。但依法参加社会保险、缴纳社会保险费是一种国家强制行为，双方均应遵从。幼儿园应当为赵小雪补缴欠缴的社会保险费。

项目三 经济文书写作

任务一 拟写意向书

一、意向书的概念和特点

(一) 意向书的概念

意向书是国家、单位、企业以及经济实体与个人之间,对某项事务在正式签订条约、达成协议之前,由一方向另一方表明基本态度或提出初步设想的一种具有协商性的应用文书。

意向书的主要作用是传达"意向",提请对方注意或供参考,可以约束双方的行动,保证双方的利益;意向书能反映业务工作上的关系,能保证业务朝着健康有利的方向发展;意向书可为正式签订协议或合同打下基础。

(二) 意向书的特点

意向书具有下面的特点:

1. 协商性

写意向书多用商量的语气,不带任何强制性;有时还用假设、询问的语气。

2. 灵活性

意向书可以随时改变自己的主张,意向书发出后,对方如有更好的意见,可以直接采纳,部分改变或全盘改变都是可能的;在同一份意向书里可以提出多种方案供对方选择,或者对其中的某项某款同时提出几种意见,让对方比较和选择。

3. 临时性

意向书是协商过程中各方基本观点的记录,一旦达成正式协议,便完成了意向性的使命。意向书不像协议、合同那样具有法律效力。

二、意向书的结构和写法

意向书的一般结构:包括标题、合作单位或个人名称、时间、地点,以及协商经过,协商的主要事项,最后署名及具体日期等。它的基本格式如下:标题+正文+落款+日期。

(一) 标题

标题常见的形式有四种:

(1) 文件式标题,如"北京秘书职业高中关于学生实习合作的意向书""关于合作经营华星酒家的意向书"。

(2) 合作单位+合作项目+文种,如"北京市××公司、新西兰××产业公司合作经营农产品意向书"。

(3) 合作项目+文种,如"高职类学生实习合作意向书""合资建设皮鞋厂意向书"。

(4) 合作单位+文种,如"朗日产业公司、天意有限公司(合作)意向书"。

(5) 单纯使用文种,即"意向书"。

（二）正文

意向书的正文内容没有固定的写法。有的写得详细一点；有的写得简略一些；有的甚至只写各方对某一事项合作的意愿，不写如何合作的具体问题。就大多数意向书来说，其正文一般由前言、主体和结尾三部分构成。

1. 前言

意向书前言由两部分组成：

（1）合作各方名称。这是签订意向书的双方或多方单位（个人）名称，一般上下排列，并标明甲方和乙方等。有的还在本部分写明代表人姓名、职务、单位地址、联系电话、传真等。

（2）合作意愿。写明合作各方签订意向书的意义、根据、原则精神、合作事项等，然后用承启语"现达成如下意向"或"双方达成意向如下"等过渡到主体。有的还在本部分写明洽商时间、协商地点等。

2. 主体

分条款写明双方达成的意图及初步商谈后达成的倾向性认识和比较认同的事项。就通常情况而言，主体部分大致写以下几方面的内容：

（1）合作企业或项目的名称和拟定地址。

（2）合作企业或项目的规模和经营范围。

（3）各方投资金额比例。

（4）利润分配和亏损分担。

（5）原料、设备、技术、企业用地等各由何方提供。

（6）合作事项实施步骤。

（7）合作企业领导体制。

（8）合作期限。

3. 结尾

一般应写明"未尽事宜，在签订正式合同或协议书时再予以补充"一语，以便留有余地。还应书写有关事项的说明，如意向书的文本数量、保存者等。如果项目属中外合作项目，还应交代意向书所使用的文字等。

（三）落款

书写协作各方法定名称，各方谈判代表人签字。

落款形式有三种。

1. 单签式

单签式，只由出具意向的一方签署，文书一式两份，由合作的另一方在副本上签字认可，交还对方。

2. 联签式

联签式，由双方或多方联合签署，各执一份为凭。目前经济市场上大多采用此款形式，如本节例文均为联签式。

3. 换文式

换文式，以双方或多方交换文书的方式表达合作意向，各在本方文书上签署。

(四)日期

指签署意向书日期。

三、意向书的写作要求

(1) 坚持平等互利的原则。不分国家大小、单位大小和资本多少,都应一视同仁,平等对待;既不能迁就对方,也不能把自己的要求无原则地强加给对方。

(2) 是非要分明,态度要诚恳,做到不卑不亢,礼貌客气。

(3) 内容要明确,条款要具体,用词要准确,不能含混不清,模棱两可。

【例文3-1】

食品安全合作意向书

为提升我市食品安全水平,促进两地在食品安全方面的合作交流,根据《中华人民共和国合同法》及有关法律法规等有关规定,现就食品安全合作事宜,经甲乙双方协商一致,特订立本意向书,供双方共同遵守。具体条款如下:

1. 建立工作信息交流机制,以方便及时沟通工作,快速传递有关食品安全信息;共同促进两地政府及监管部门、食品企业及从业人员之间的交流,并提供指引、培训等服务。

2. 合作制订适合我市的食品安全管理体系标准。根据我市食品行业现状,基于国际食品安全管理体系标准以及香港品质保证局的卫生监控体系,为我市食品行业制订适合本地区的食品安全管理体系标准和提供相应的解决方案,双方派出专家共同参与标准的制订工作。我市食品安全委员会负责推荐具代表性的食品行业企业参与,香港品质保证局则为企业提供评审服务。

3. 双方共同努力,大胆尝试,拟成立江门"食物安全及营养中心",以进一步促进江港两地在食品安全方面建立更加紧密地合作和联系,建立起一个食品安全消费环境,让市民随时随地买到安全、放心食品。

4. 未尽事宜,在正式签订合同或协议书时再予以补充。

5. 本意向书一式两份,甲、乙双方各执一份,经双方签章后生效。

甲方(签章):　　　　　　　　乙方(签章):
代表签字:×××　　　　　　　代表签字:×××
××××年××月××日　　　　××××年××月××日

评析:这是一份项目合作意向书,由标题、正文、落款三部分构成。正文部分:前言简要交代合作双方签订意向书的目的和依据,主体部分从三个方面写明合作双方的意向性意见。结尾以"未尽事宜,在正式签订合同或协议书时再补充",及意向书的份数和生效的标准,体现了一定的灵活性和约束性。例文格式规范,内容周全,语言简洁严谨。

【例文3-2】

东方印染厂与大通化工二厂关于过氧化氢购销的意向书

东方印染厂是东北地区印染行业的骨干企业,在生产过程中需用大量的过氧化氢产品作漂白剂。目前,印染厂使用的此种产品,全部是由省外购进的,由于路途较远,运输极为不便,大通化工二厂筹建的年生产能力1000吨的过氧化氢装置,计划于明年年底试车投产,该项目将采用国内外先进的过氧化氢生产技术、工艺和设备,并有充足的氢气资源,完全能够保证过氧化氢产品的产量和质量,并会以较低的价格投放市场。若东方印染厂能使用大通化工二厂生产的过氧化氢产品,将会大大缩短运输行程,减少费用,降低生产成本,收到良好的经济效益。并使其材料来源得到可靠的保证。

为此,经双方共同协商同意,特签订此项购销意向书,至于具体的购销量和价格等问题待以后再由双方共同根据各自的生产情况和市场行情进行协商,签订正式合同。

东方印染厂 大通化工二厂
2014年3月1日

评析:

这是东方印染厂与大通化工二厂就过氧化氢购销问题签署的意向书。

例文标题采用"发文机关+事由+文种"的公文式标题;前言以较多文字交代了双方合作背景与合作的意义,主体书写合作意向,表示"双方共同协商同意""签订此项购销意向书";结尾就有关事项进行了说明。

与【例文3-1】相比,本例文主体部分单薄,仅仅表述了购销双方合作的意向,未谈及合作事项,这在初步谈判中是很正常的,由此,我们可以了解意向书与正式合同的区别。

【例文3-3】

合作培训意向书

甲方:××市现代科学技术培训中心

乙方:××出版社

经双方商讨,拟合作举办一期编辑、校对技术短期培训班。初步意向如下:

一、培训期3个月。20××年9月1日开班,11月30日结业。

二、培训学员10名。由乙方选送25岁以下、具有高中文化程度的人员。

三、培训费2万元,由乙方在开班前支付给甲方。

四、甲方提供培训场地、师资、教材,并负责教学管理,发放结业证书。

××市现代科学技术培训中心	××出版社
代表:×××(签字)	代表:×××(签字)
××××年××月××日	××××年××月××日

评析:

这是一份合作意向书,只要把双方的合作意向写完备、写具体即可。该意向书的标题是事由+文种的形式,然后写明合作的双方名称。正文部分先介绍签订意向的依据和合作方向,然后就培训时间、学员要求、费用支付、资源提供四个方面以条款形式列出。最后是双方代表签字。内容周全,格式规范,结构严谨,语言简练,体现了意向书协商性、灵活性的特点。

案例导入：

阅读下面的文章，思考下列问题：
1. 文章的内容和格式有何特点？
2. 文章有哪几部分构成？
3. 签订合同双方有一方违约如何解决？

借 款 合 同

借款方：宏大建筑工程公司（简称甲方）

贷款方：中国银行（简称乙方）

甲方为承包××（地区）××××工程项目所需人民币周转资金，经乙方审查，同意在中国银行总行××××号文件核定的贷款指标范围内发放贷款。双方除遵守《中国银行关于中央级对外承包工程公司贷款办法》（以下简称《贷款办法》）的规定外，协商同意下列各项内容，签订本合同，共同遵守。

一、乙方同意根据批准的贷款申请书，贷给甲方人民币（大写）叁千万元。

二、乙方凭甲方报送的详细用款计划和具体用途清单，作为付款时审核依据，并作为本合同的附件。

三、乙方提供贷款的期限是1年6个月。甲方保证从签订合同之日起至2016年6月30日止，还清全部本息，并附分次还款具体计划作为本合同的附件。

四、贷款利息在合同规定还款期内，按月息0.5‰计算。超过还款期限，逾期部分加收0.1％利息；贷款被挪作其他用途的，挪用部分加收0.2％利息。贷款利息每季计收一次。

五、乙方提供贷款的项目，如果甲方中止对外施工合同，应即通知乙方，并还清贷款本息。

六、甲方担保人是赵××。甲方到期不能如数归还时，由甲方的担保人负连带清偿责任。

七、本合同经甲乙双方和甲方担保单位签章后生效，至全部贷款本息还清后失效。合同一式三份，上述三方各执一份。

甲方（盖章）：宏大建筑工程公司	乙方（盖章）：中国银行
法定代表人（签字）：李××	法定代表人（签字）：王××
2014年12月30日	2014年12月30日
签订地点：中国银行	签订地点：中国银行

担保单位（盖章）：××××公司

法定代表人（签字）：赵××

2014年12月30日

签订地点：中国银行

任务二 撰拟合同书

一、合同的概念和特点

（一）合同的概念

合同也称合约或契约，《中华人民共和国合同法》（以下简称《合同法》）第二条规定："本法所称的合同是平等主体的自然人、法人、其他组织之间设立、变更、终止民事权利义务关系的协议。"合同可以是口头的，也可以是书面的。书面的合同即合同书，是一种具有法律性质的应用文书。为提高合同履约率，强化合同管理，国家对书面合同实行合同示范文本制度，以规范合同当事人的签约行为和经营行为，保护合同当事人的合法权益。

合同一经签署，就具有法律效力，签约双方当事人之间就发生了权利、义务关系；或者使原有的民事法律关系发生变更或消亡。签约双方的权利、义务都受到国家法律的保护和监督，当事人一方或双方未按合同履行义务，就要依据合同或法律承担违约责任。合同如需要变更、修改、废除，必须经过双方的协商同意并承担相应责任，任何一方不得擅自终止或废除。

（二）合同的特点

合同作为一种法律文书，具有以下特点。

1. 合法性

合同是当事人在符合法律规范要求条件下达成的协议，合法是首要的，无论是合同的主题、内容、订立的程序还是表达的形式都必须合法。

2. 合意性

合同是双方的民事法律行为，合同的成立条件必须要有两个或两个以上的当事人，各方当事人必须互相作出意思表示，且各方的意思表示一致。

3. 平等性

平等性是指合同签约的当事人各方的法律地位是平等的。任何一方都不得把自己的意志强加给对方，任何组织和个人不得非法干预。采取胁迫手段所签订的合同是无效合同。一切条款都必须在协商中取得一致后方可写入合同中。

4. 公平性

为达到各自的目的，当事人各方都必须贯彻平等、公平、协商、等价有偿、诚实信用的原则。当事人各方都享有各自的权利，同时也应承担保证对方权利实现的义务。这种公平性，也体现在确定风险的合理分配，确立违约责任方面。

二、合同的类型

合同的类型较多，从不同的角度，用不同的标准，可以分为若干类别。

（一）按形式分

按形式可分为表格式合同、条款式合同和表格条款式相结合的合同。

（二）按期限分

按期限可分为长期合同、中期合同、短期合同。

（三）按合同是否立即交付标的分

按合同是否立即交付标的可分为诺成合同和实践合同。诺成合同，即订立合同后不马上交付标的的合同，如建设工程合同，承揽合同等；实践合同，即合同订立后立即交付标的的合同，如租赁合同、借款合同等。

（四）按合同的性质

可分为转移财产的合同，完成工作的合同，提供劳务的合同。

（1）转移财产合同。指合同一方将一定数量的物品转移给合同的另一方，由另一方支付或不支付相应价款的合同（转移财产包括产权转移、经营管理权转移、使用权暂时转移），如买卖合同、租赁合同、赠与合同等。

（2）完成工作的合同。指合同一方完成合同的另一方交给的工作，由另一方按量按质付给一定的报酬，如技术合同、承揽合同等。

（3）提供劳务的合同。指合同一方按约定的条件，使用自己的劳力、设备或工具为合同的另一方提供劳务，由另一方付给相应报酬的合同，如运输合同、仓储合同等。

（五）按合同的内容分

按合同的内容可分为买卖合同，供用（电、水、气、热力）合同，赠与合同，借款合同，租赁合同，融资租赁合同，承揽合同，建设工程合同，运输合同，技术合同，保管合同，仓储合同，委托合同等、行纪合同（又称信托合同，是行纪人以自己的名义为委托人从事贸易活动，委托人支付报酬的合同），居间合同（是居间人向委托人报告订立合同的机会或者提供订立合同的媒介服务，委托人支付报酬的合同）。

三、合同书的结构和写法

合同主要由标题、正文、落款和日期几部分组成。

（一）标题

合同的标题，写在合同第一行居中位置，由合同的内容和文种所构成的合同名即是合同的标题，例如《建设工程合同》《买卖合同》等；也可对内容做进一步说明，如《××建筑水电安装合同》《商品房买卖合同》；也可加入合同执行的时间或签约的单位，如《南宁市家政服务合同》《广西省二手车买卖合同》《××职业技术学院实训综合楼施工承包合同》；有的还在标题右下方标注合同的编号。

（二）订立合同当事人名称（或姓名）及代称

当事人是指签订合同的双方或几方，应写全称。为下文行文方便，可在当事人名称（姓名）后注明"甲方""乙方"或以不同性质合同习惯称谓注明。例如，建设工程施工合同可用"发包方""承包方"表示；买卖合同可用"买方""卖方"表示。订立合同的当事人双方应具备法人资格或是具有公民资格的自然人。

（三）正文

1. 引言

即合同的开头，主要写明签订合同的目的和依据。一般写法是："为了……根据……

法律的规定，经双方充分协商，特订立本合同，以便共同遵守"。

2. 主体

合同的主体即双方协议的内容，一般由条款构成。一份合同的条款一般包括必备条款和普通条款两类。

(1) 必备条款。合同的必备条款是指合同应当具备的条款。这些条款是合同的基本内容和核心部分，也是当事人全面履行合同的依据。一份合同的必备条款共包括三类，分别为主要条款（《合同法》中规定的必须具备的条款）、选择条款（有关法律、行政法规规定或者按合同具体性质必须具备的条款）和约定条款（按当事人一方要求必须规定的条款）。

由于合同的种类不同，合同的必备条款的内容会有一定的差异，但无论何种合同都应该具有《合同法》所规定的主要条款。具体包括以下内容。

1) 当事人的名称或姓名和住所。这一条款旨在明确合同的主体。当事人一方或双方是自然人的，应写明该人的姓名和住所。姓名应与其身份证或户口本或护照上的名字一致，不能使用笔名、化名或网名。住所应为户口本上的居住地或常住地。当事人一方或双方是法人或其他组织的，应注明其详细名称和营业或主要营业的地址。同时还应写明法人代表的名字以及签约人的名字。总之，合同的当事人必须真实存在。当事人不真实的合同不能认为有合同存在。

2) 标的。标的是合同当事人权利、义务共同所指向的对象，可以是货物或货币，也可以是某工程项目、智力成果，也可以是某种行为。例如，买卖合同的标的是某种商品，技术合同的标的是科技项目，建设工程承包合同，其标的是完成工程项目；建筑安装设计合同，其标的是设计的图纸等设计文件。标的为合同的首要条款，合同没有标的，权利和义务就没有目标，合同也无法履行。当然，标的应该合法，否则该合同无效。

标的条款的表述必须明确、具体，以使标的特定化，能够界定权利和义务的量。例如，买卖合同中，标的物为钢筋，那么，合同中就应该写明钢筋的牌号、种类和规格型号，以避免与其他种类的钢筋相混淆。

3) 标的的数量和质量。标的的数量和质量是确定合同特征的重要条件，也是某一标的区别于另一标的的具体特征，是标的的具体化。

数量是标的的计量，是以数字和计量单位来衡量标的的具体尺度。数量应具体、明确，一般以国家法定的度量衡作计量单位。

质量是标的的性质和特征，是标的内在素质和外在形态的要求。要明确标的的技术标准、等级、检测依据等。《合同法》第六十二条（一）规定："质量要求不明确的，按照国家标准，行业标准履行；没有国家标准、行业标准的，按照通常标准或者符合合同目的的特定标准履行。如为双方协商的，应写明指标和数据，或另附数据或提供样品，以保证标的的质量。此外，质量标准应订明有关标的质量的检验方法、试验方法、验收期限等内容。

4) 合同价款或酬金（报酬）。价款是指以物或金钱为标的的有偿合同中取得利益的一方当事人为取得该项利益而应向对方支付的金钱。价款通常指标的物本身的价值。酬金（报酬）是指以行为为标的的有偿合同中取得利益的一方当事人为取得该项利益而应向对方支付的金钱。例如，建设工程合同中的勘察费、设计费、工程费，运输合同中的运费等。价款和酬金的标准，当事人可以议价商定。

5) 履行期限。履行期限是指当事人履行合同的时间界限，是确定合同是否按时履行或推迟的标准，是一方当事人要求对方履行义务的时间依据。在建设工程合同中，履行期限是指完成劳务、交付工程成果的时间。

履行期限的规定应具体、明确，越具体、明确，越有利于当事人安排工作、组织生产。履行期限可按年、季或月或日；既可规定即时履行，也可规定定时履行或者一定期限内履行；如分期履行，还应该写明每期的具体时间。

6) 履行的地点和方式。履行的地点是指当事人按合同规定履行合同的地方。一般根据合同的性质以及当事人双方的约定来确定。例如，建设工程合同的履行地点是工程文件所规定的建设工程所在地；房地产买卖合同中，所出售或购买的房地产的具体位置，就是合同履行的地点。履行的方式是指当事人履行合同或接受履行的方式，包括履行次数、交付货物方式（送货、自提或代运），实施行为方式、移交成果方式、验收方式（验收规范、验收标准、质量检验标准）、付款方式、价款结算方式（现金支付、银行汇兑、支票转账、托收承付、委托收款如需运输的，需写明运输方式履行合同的地点和方式，这是合同中最容易引起纠纷的地方，因此，当事人在签订合同时，对其规定越具体、越明确越好。

7) 违约责任。是指合同的一方或双方不能履行合同、不能完全履行合同或者不当履行合同义务而依法应承担的责任，一般以支付违约金和赔偿损失（包括修复，换、退货等）为主要承担方式。违约责任可以依据法律、行政法规来确定，当事人也可以在双方依法协商后在合同中明确。违约责任条款的确定是对非违约方免受或减少损失的补救措施，也是对不按合同规定履行义务的制裁措施，对维护合同的严肃性，督促当事人履行合同具有重要意义。

8) 解决争议的办法。因违约产生争议，根据《合同法》的规定解决，当事人可以通过自行协商或者第三人调解解决合同争议。当事人不愿和解、调解或调解不成时，可以根据仲裁协议向仲裁机关申请仲裁，当事人没有仲裁协议的或仲裁协议无效的，可以向人民法院起诉。

（2）普通条款。合同的普通条款是指合同中除主要条款以外的其他一切约定的内容。

3. 结尾

合同的尾部一般包括合同文本的份数、保存，有效期及附件说明等。

（1）合同的有效期限。即合同执行的起止日期。

（2）附件说明。有附件的，注明合同附件的效力。例如，"本合同附件、附表均为本合同的组成部分，且具有同等的法律效力"。附件、附表均写在合同条款的最下方。

（四）落款

双方单位全称和法人代表姓名，加盖公章或合同专用章，双方代表签字。如需审批，需写双方主管机关和签证机关的名称并加盖印章。数额较大、周期较长的合同还要公证。

（五）日期

即签订合同的日期，一般在署名下面写上签订合同的日期。

日期下写合同当事人的地址、邮编、电挂、电话、图文传真、开户银行账号等附项。

四、合同的写作要求

（1）必须遵守合同法中规定的各项原则、程序及其他有关法律、政策。

（2）签订合同的当事人应具备相应的资格，否则不具备法律效力。

（3）签订合同之前，双方应充分了解对方的设备、资金、技术力量和经营管理能力等，以免因对方无力履行合同而受到损失。

（4）格式要规范。

（5）合同内容应齐全，条款完整，不能漏项。

（6）对条款的说明要具体、详细，不能笼统。如对品名、规格、质量、数量、金额、交货地点和办法等，均应逐一写清。文字不可模棱两可产生歧义。

（7）定义要清楚、准确，不能含混不清。

（8）字迹要清楚，标点要正确。

（9）如因情况变化必须对合同有所变更、修改甚至废除时，需经过双方协商同意并承担应负的责任。

【例文 3-4】

买 卖 合 同

订立合同双方：

供方：滨海市清风电扇厂

需方：金鹿市第一超市

根据《中华人民共和国合同法》及有关规定，为明确供方和需方的权利和义务，经双方协商一致，签订本合同。

一、产品名称：清风牌遥控落地电扇。

二、产品数量：500 台。

三、单价：肆佰元（人民币）。

四、贷款总额：贰拾万元（人民币）。

五、产品质量：按 1995 年国家颁布标准执行。

六、交货日期：2014 年 4 月 1 日前全部交清。

七、交货地点：金鹿市北郊火车站。

八、交货办法：铁路托运，由供方负责办理，运费由供方支付，途中损失由供方承担。

九、付款方式：银行转账。2014 年 3 月 30 日一次付清。

十、产品验收：需方销售后，由需方技术人员跟踪抽查，如发现确因原产品质量问题，供方负责保修或更换，其所需费用由供方承担。

十一、违约责任：供方误期十五天交货，按每台原价 10% 赔偿，误期一个月交货，按每台原价 20% 赔偿。需方中途减少购买台数或全部退货，供方按每台原价的 60% 退款。

十二、解决争议的方法：本合同执行中如果双方发生争议，按照国家有关规定解决。

十三、本合同未尽事宜，由双方另行商定。
十四、本合同正本一式两份，双方各执一份；合同副本两份，送各自主管部门备案。

供方（盖章）：	需方（盖章）：
地址：滨海市清风路甲1号	地址：金鹿市状元街8号
法定代表人：刘××	法定代表人：赵××
委托代理人：金××（签字）	委托代理人：陈××（签字）
开户银行：工商行滨海市分行	开户银行：建行金鹿市分行
账号：××××××××	账号：××××××××
电话：×××××××	电话：×××××××
传真：×××—×××××××	传真：×××—×××××××
邮编：××××××	邮编：××××××
签约地点：滨海市清风电扇厂	签约地点：滨海市清风电扇厂
签约时间：2014年2月20日	签约时间：2014年2月20日

评析：

这是一份条款式买卖合同，由标题、正文、落款、日期构成。

标题由合同性质加文种名称组成。

其正文结构是：前言＋主体＋结尾。

前言包括订立合同各方的名称，还有合作意愿，即"根据……经双方协商一致，签订本合同"，之后过渡到主体。主体是合同条款，书写了法定条款（即标的，数量，质量，价款，履行期限、地点和方式，违约责任，解决争议的方法）和双方约定的条款（如第十条的内容）。结尾是对签订合同有关事项的说明，即合同的最后两条。

落款处采用联签式，具有双方信息及签章，明确具体。

本合同结构完整，内容规范，行文周密。

【例文 3-5】

超市经营特许合同

甲方：

乙方：

根据_____，经友好协商，甲方同意乙方成为甲方的加盟连锁店，现就加盟具体事宜，协议如下：

一、特许权使用

1. 甲方授权乙方坐落于_____市（县）_____区（乡、镇）_____路（街）号的门店，以超市为悬挂招牌。甲方将指导乙方经营该超市加盟连锁店。

2. 甲方对于凡使用_____超市名称的门店拥有对其处理权，包括：门店位置、商标制作法、销售技术、门店管理、专职培训、经营决策等事项。乙方的发展计划须经甲方书面同意后方可实施，其目的是保证乙方获得正常发展。

3. 乙方店铺的内外装饰及门店招牌须与甲方统一，乙方使用的各种设备须与甲方统一，如有更改须征得甲方同意。

4. 乙方每季度第1个月5日须向甲方支付季度含税销售额的2%为特许权使用费，逾期须按每日万分之一支付滞纳金，逾期三个月甲方有权解除合同。

5. 乙方门店装修、设备、商品流动资金及其辅助材料费用由乙方承担。

二、人员培训

1. 甲方将负责对乙方下属门店理货员、收银员进行基础培训，对管理人员进行择优录用（淘汰制）培训。培训人员必须具备当地执法部门认可的有效健康证，乙方须自行解决住宿、就餐、往返车费、体检等费用。

2. 乙方每家门店人员定编数须报甲方备案同意。

三、广告及促销

为有效扩展销售，乙方对甲方统一办理的门店促销活动应完全了解其重要性，并尽力配合。如甲方为扩展销售所指定的信用卡、赠券、会员优惠卡等，乙方应与甲方直营门店同等使用，无条件接受，所发生的折扣差额由乙方负担。如乙方需自行刊登广告，应预先将拟定刊登的广告媒体文案送甲方核准，经甲方同意后方可实施刊登。

四、商品的提供及结算

1. 甲方提供商品，乙方必须每批结算，并承担商品发货地至加盟店的运费。乙方自行采购的商品，需到甲方业务部门办理报验手续，经批准后方可销售。

2. 甲方提供的商品，乙方须参照甲方提供的零售价格执行。

五、乙方的权利

乙方享有与甲方直营连锁店相同的商品供应价格和促销活动的权利。

六、乙方的义务

1. 甲方提供各种企业标准、超市操作规范、超市工作规范、超市管理技术规范和其他规章制度，乙方须无条件执行。

2. 乙方的营业时间须与甲方相一致，如有特殊情况须征得甲方同意。

3. 乙方须按照甲方要求做好各种财务报表，并如实提供各种财务报表。

4. 乙方须执行甲方提供的商品 Q.M.P. 管理规范。

5. 在经营活动中乙方发生残损商品，须按照甲方规定办理退调。

6. 乙方须服从甲方派遣督导人员的监督、指导，以完善乙方店铺的经营管理。

7. 乙方工作人员应按照甲方要求，身着统一制服，佩戴统一胸卡，印制统一名片，用以维护与甲方相同的企业形象。

8. 乙方不得在本加盟店之外的其他场所，实施与本超市制度相同或类似的营业活动或其他行为，不参加其他超市公司的事业。

七、甲方的义务

甲方应提供乙方所有的管理技术、运作规范和营销策略。

八、违约责任

1. 签约双方应严格遵守合约规定，如任何一方违反上述条款均作违约处理。违约方应付违约金人民币_____元。

2. 乙方如在合同期限内，严重损害甲方利益、名誉和泄露甲方提供的经营管理秘密，甲方有权终止本合同，并保留追诉要求赔偿的权利。

九、合同的终止及解除

1. 本合同期自____年____月____日起至____月____日止,共计____年(每三年修改合同内容一次)。期限届满前____天经双方同意应办续约手续,未办理续约手续者,期限届满本约自然失去效力。

2. 本合同有效期内,乙方若无意继续经营,应于三个月前书面通知甲方并支付违约金,待甲方认可后办理结账解约手续。

3. 在协议期满或解除之日起七天内,乙方必须拆除____超市的标章、图形及与此有关的文字、图案设计、招牌或其他营业标记,并不得再使用____超市的字样及其他属于甲方所有的营业标记、管理技术、商业秘密等。

十、争议的解决

如本合同有争议时,概以合同内容为准,并以甲方主要办事机构所在地法院为管辖法院。

十一、合同生效

本合同一式八份,经双方签署后生效,双方各执四份为凭。

甲方(盖章):	乙方(盖章):
法定代表人(签字):	法定代表人(签字):
联系地址:	联系地址:
邮编:	邮编:
电话:	电话:
传真:	传真:
签订地点:	签订地点:
××××年××月××日	××××年××月××日

附件(略)

评析:

本例文是条款式经济合同。

例文前言写明订立合同双方名称,并说明订立合同的根据,而后以承启语"现就加盟具体事宜,协议如下",过渡到正文主体。主体书写了10项条文,表述了当事人双方协商的意见。结尾说明了合同的文本数量、保存者,即第十一条。

落款采用联签式,包括双方名称、签章、签订日期以及联系信息。

本合同缜密细致,特别是第十条、第十一条的设计,为以后双方合作容易出现的纠纷确定了执行依据。

【例文3-6】

购 销 合 同

立合同者:××市食品公司(以下简称甲方)
××市肉类联合加工厂 (以下简称乙方)

为了繁荣市场,保证食用猪油供应,经双方协商,签订本合同,以资共同遵守。

一、由甲方向乙方订购食用猪油贰佰吨,按每吨叁仟伍佰元计算,甲方付给乙方贷款共柒拾万元。

二、乙方于××××年4—5月分4次在××火车站向甲方交付完所订购的食用猪油。

三、付款办法采取银行托收承付。甲方在验收第一批货物后5日内先付款50%，在验收全部货物后的5日内付清余下货款。

四、采用铁桶包装，铁桶回空，回空费由甲方运至××站，运杂费由乙方负担。货物发运后的铁路运费及卸车费由甲方负担。

五、质量标准。按食用油规格水分不超过1‰为合格，不符合质量标准甲方拒收。

六、双方按规定日期交付货物或货款，逾期不履行合同的，违约方按每天1‰的尾款或货物折价款付给对方违约金。

七、本合同1式4份，双方各执正副本各1份保存备查。

××市食品公司（盖章）　　××市肉类联合加工厂（盖章）
代表人：（签名）×××　　代表人：（签名）×××
地址：　　　　　　　　　　地址：
电话号码：　　　　　　　　电话号码：
邮编：　　　　　　　　　　邮编：
开户银行账号：　　　　　　开户银行账号：
××××年××月××日　　××××年××月××日

评析：

这是一份条款式合同。第一条确定了购销的标的物、单价及总货款；第二条说明了货物支付的时间、方式和地点；第三条注明了结算付款方式和有关要求；第四条规定了包装方式和包装物处理的要求；第五条规定了质量标准；第六条明确了双方的违约责任和处罚方法；第七条注明合同的执存方式。行文简明、具体、完备。平等互利，合理合法。这份合同一旦执行起来，能够避免不必要的纠纷和损失。

【例文3-7】

商品房买卖合同

合同编号：＿＿＿＿＿＿＿＿＿＿＿＿＿＿＿＿＿＿＿＿＿＿＿＿＿＿＿＿＿＿＿＿
合同双方当事人
出卖人：＿＿＿＿＿＿＿＿＿＿＿＿＿＿＿＿＿＿＿＿＿＿＿＿＿＿＿＿＿＿＿＿＿
注册地址：＿＿＿＿＿＿＿＿＿＿＿＿＿＿＿＿＿＿＿＿＿＿＿＿＿＿＿＿＿＿＿＿
营业执照注册号：＿＿＿＿＿＿＿＿＿＿＿＿＿＿＿＿＿＿＿＿＿＿＿＿＿＿＿＿
企业资质证书号：＿＿＿＿＿＿＿＿＿＿＿＿＿＿＿＿＿＿＿＿＿＿＿＿＿＿＿＿
法定代表人：＿＿＿＿＿＿＿＿＿＿＿＿＿　联系电话：＿＿＿＿＿＿＿＿＿＿
邮政编码：＿＿＿＿＿＿＿＿＿＿＿＿＿＿＿＿＿＿＿＿＿＿＿＿＿＿＿＿＿＿＿
委托代理人：＿＿＿＿＿＿＿＿＿＿＿＿＿　联系电话：＿＿＿＿＿＿＿＿＿＿
邮政编码：＿＿＿＿＿＿＿＿＿＿＿＿＿＿＿＿＿＿＿＿＿＿＿＿＿＿＿＿＿＿＿
注册地址：＿＿＿＿＿＿＿＿＿＿＿＿＿＿＿＿＿＿＿＿＿＿＿＿＿＿＿＿＿＿＿＿

营业执照注册号：_____
法定代表人：_____ 联系电话：_____
邮政编码：_____
买受人
【本人】【法定代表人】姓名：_____ 国籍：_____
【身份证】【护照】【营业执照注册号】：_____
地址：_____
邮政编码：_____ 联系电话：_____
【委托代理人】姓名：_____ 国籍：_____
地址：_____
邮政编码：_____ 电话：_____

根据《中华人民共和国合同法》《中华人民共和国城市房地产管理法》及其他有关法律、法规之规定，买受人和出卖人在平等、自愿、协商一致的基础上就买卖商品房达成如下协议：（简要纲目）

  第一条 项目建设依据

  第二条 商品房销售依据

  第三条 买受人所购商品房的基本情况

  第四条 计价方式与价款

  第五条 面积确认及面积差异处理

  第六条 付款方式及期限

  第七条 买受人逾期付款的违约责任

  第八条 交付期限

  第九条 出卖人逾期交房的违约责任

  第十条 规划、设计变更的约定

  第十一条 交接

  第十二条 出卖人保证销售的商品房没有产权纠纷和债权债务纠纷。属出卖人原因，造成该商品房不能办理产权登记或发生债权纠纷的，由出卖人承担全部责任。

  第十三条 出卖人关于装饰、设备标准承诺的违约责任

  第十四条 出卖人关于基础设施、公共配套建筑正常运行的承诺

  第十五条 关于产权登记的约定

  第十六条 保修责任

  第十七条 双方可以就下列事项约定

  第十八条 买受人的房屋仅作_____使用，买受人使用期间不得擅自改变该商品房的建筑主体结构、承重结构和用途。除本合同及其附件另有规定外，买受人在使用期间有权利共同享用与该商品房有关联的公共部位和设施，并按占地和公共部位与公用房屋分摊面积承担义务。出卖人不得擅自改变与该商品房有关联的公共部位和设备

的使用性质。

第十九条 本合同在履行过程中发生的争议,由双方当事人协商解决;协商不成的,按下述第_____种方式解决。

1. 提交仲裁委员会仲裁。
2. 依法向人民法院起诉。

第二十条 本合同未尽事项,可由双方约定后签订补充协议(附件四)

第二十一条 合同附件与本合同具有同等法律效力。本合同及其附件内,空格部分填写的文字与印刷文字具有同等效力。

第二十二条 本合同连同附件共_____页,一式_____份,具有同等法律效力,合同持有情况如下:

出卖人_____份,买受人_____份。

第二十三条 本合同自双方签订之日起生效。

第二十四条 商品房预售的,自本合同生效之日起30天内,由出卖人向_____申请登记备案。

出卖人(签章):   买受人(签章):
法定代表人: 法定代表人:
委托代理人(签章):   委托代理人(签章):
  年   月   日   年   月   日

评析:

这是一份空白的房屋买卖合同,该房屋买卖合同属于固定格式。按照《合同法》,对买卖双方的权利与义务做了详细的约定。

【例文3-8】

购 销 合 同

编号:
供方:北京大阳风电子科技有限公司
地址:北京市海淀区中关村时代网络大厦××××室 邮编:100080 电话:010-826697××/826698×× 传真:010-517223××
需方:

收货地址				
电话		邮编		收货人
要求发货日期		改变合同货运方式是否付费		☐同意 ☐不同意

今向供方订购以下产品:

产品名称	规格、型号	单位	数量	单价（元）	金额（元）	备注
合计人民币：	佰 拾 万 仟 佰 拾 元 角 分整						
付款日期	付款方式	付款金额	开票日期	开票金额		
	支、现、电汇、其他					
	支、现、电汇、其他					
备注	出库单号					

约定条款：

1. 本合同必须加盖单位公章，否则视为无效。原件必须在一周内寄回公司商务部。

2. 本合同传真件有效，具有同等法律效力。

3. 货物所有权在货款支付清前属于供方，付清后转移给需方。

4. 供方在收到需方盖章确认后，_____天内发货。自发货之日起（以货运公司运单为凭证），一周内供方未收到需方提出的书面异议，则视为收到订货。

供方（签章）：北京大阳风电子科技有限公司　　需方（签章）：

日期：　　　　　　　　　　　　　　　　　　日期：

评析：

这是条款表格结合式买卖合同，由标题、正文、落款、日期构成。

本合同正文主体分为两部分，一是表格所表述的"法定条款"，二是以条款式所表现的"约定条款"，这两部分由不同结构形式构成的内容，应当能够体现订立合同双方当事人的协商意见。

全文行文规范，措词严谨。

五、建筑工程合同

（一）建设工程合同的概念、性质

根据《合同法》第二百六十九条的规定："建设工程合同是承包人进行工程建设，发包人支付价款的合同。"

在这里建设工程是指国民经济各部门所进行的新建、改建或扩建的各种基本建设项目，包括公用建筑、民用住宅、工业厂房、矿山、交通运输设施、设备安装等工程建设。建设工程的发包人（方）为法人或依法成立的其他组织或自然人，是工程项目的勘察、设计和施工企业，是经国家主管部门审查、核定、批准的专业建设单位。

建设工程合同是建设工程企业组织经济活动，实现经济往来，进行建设产品交换的法律手段，是组织经营管理，从事施工生产的重要方式。

（二）建设工程合同的类型

1. 按适应范围分

建设工程合同按适应范围可分为勘察合同、设计合同和施工合同。

2. 按工程建设阶段分

建设工程合同按工程建设阶段可分为工程勘察合同、工程设计合同、工程施工合同（包括建筑和安装两部分）。

3. 按承包方式分

建设工程合同按承包方式可分为总承包合同、分包合同、联合承包合同、设计-施工一体化承包合同和全过程承包合同五类。

（1）总承包合同。是指建设单位将全部建设任务委托一个建设企业负责，并与其签订的工程承包合同。

（2）分包合同。是指总承包单位将某些专业工程分包给专业施工单位施工，并与其签订的工程承包合同。

（3）联合承包合同。是指两个以上企业单位为取长补短，为达到互利目的的而联合起来共同承担工程任务，向建设单位负责，并与之签订的工程承包合同。

（4）设计-施工一体化承包合同。是指集设计与施工方式于一体，由一个企业按照一份总承包合同承担全部的设计和施工任务的合同。

（5）全过程承包合同。

4. 按取量方式分

建设工程合同按取量方式可分为总价合同、单位合同和按工程成本取费合同。

（1）总价合同是指按工程造价取费包干的合同。它以设计图纸和工程说明书为依据，由承包方和发包方经过协商确定。

（2）单位合同。是指按单位工程量造价包干（如按建筑面积造价包干）的合同。

（3）按工程成本取费合同。即成本加酬金合同，是指将工程项目的实际投资划分成直接成本费和承包方完成后应得的酬金两部分。

（三）建设工程合同的主要内容以及示范文本的填写要求

由于建设工程的特殊性，国家对建设工程合同的管理有规范的制度以及管理的程序，其合同形式必须以书面的形式确立。为加强对建设工程合同文本使用的指导，国家工商管理局、住建部等行政主管部门都定期发布建设工程合同的示范文本，作为指导各类建设工程发包人与承运人明确双方权利义务的主要参照。地方工商行政管理部门以及相关的主管部门也根据相关程序定期发布适合本地实际的合同示范文本。下面是几种建筑工程合同的编写范本。

【例文 3-9】

工 程 承 包 合 同

委建单位：××市××区××局（甲方）

施工单位：××市建筑工程队（乙方）

经双方协商，签订本合同，共同信守。

一、施工地点：×××区××街

二、施工项目及面积：全部工程混合二层为500m²，拆除原旧房共400m²。

三、施工日期：××年2月下旬开工，同年11月15日前完工。

四、工程造价：全部造价为18万元，拆房费用为6万元。

五、承包方式：新建工程按1988年××市建委工程预算定额规定编制预算、结算，乙方包工包料。

六、拨款办法：签订合同后甲方按工程预算总额预付给乙方备料款30%，以后按工程月进度拨款，到达80%时起，乙方应退回甲方供料款，剩5%待完工后交付甲方使用后一个月内结清。

七、材料供应：国家统一调拨三材及统配部管材料，由甲方供应实物或指标。所有材料如发生差价，由甲方负责。

八、施工前准备工作：拆除旧房，施工用电，架设临时动力线均由乙方办理。

九、工程质量：全部工程质量必须符合市建委规定的质量验收标准。

十、施工中如有变更项目，另再协商，编制增减预算，纳入结算。

十一、奖罚办法：每提前一天完工，按总造价0.025%发给奖金，逾期相应罚款。

十二、本合同正本两份，甲乙方各执一份。副本四份，送甲乙两方业务主管部门各一份；公证处、××市建设银行各一份。

建设单位：　　　　　　　　　　施工单位：
××市××区×局（签章）　　　×市建筑工程队（签章）
负责人（签名）：　　　　　　　负责人（签名）：
联系人（签名）：　　　　　　　联系人（签名）：
××××年××月××日　　　　××××年××月××日

评析：

这则合同标题标明了合同的性质和文种。全文为条文式写法，将工程项目、工程造价、付款方式、工程质量等一一列出，一目了然，内容全面，语言表述清楚。

【例文3-10】

（建筑）施工合同编写范本

甲方（发包方）：

乙方（承包方）：

依据《中华人民共和国合同法》及相关法律规定，甲乙双方在互等互利、诚实信用的基础上，经友好协商达成协议，并签订本合同。

一、工程概况

第一条　工程名称：

第二条　工程地点：

第三条　承包方式：

第四条　施工范围：

第五条　施工工艺：

金额（大写）：多层住宅用砖30元/m²，高层住宅28.5元/m²，平涂涂料13元。最终按实结算，根据甲方审计部审定工程量人工费单价。

第六条 如果乙方工人进场后，在施工现场不戴安全帽一次性罚款100元，不系安全带一次性罚款100元。

第七条 施工质量要求做到阴阳角顺直，大墙面平整后做下一道工序；现场每道工序必须有项目经理检验后方可施工。

第八条 对于不符合施工质量规范要求的施工部位，乙方应及时进行返工修整，如2m²以下的修整部位不予追究，2m²以上甲方应从工程款中扣除料款。

二、各方责任

第九条 甲方责任

1. 甲方提供材料、设备堆放地点。

2. 向乙方免费提供施工所需的水、电、住宿及出入证办理。

3. 甲方在乙方施工人员上岗前对其进行安全文明施工教育和现场正确使用资源设备的培训。

因甲方所提供设备发生质量和安全等问题，给乙方的工程质量、进度、安全造成影响的，甲方应承担相应的责任。

4. 在乙方进场施工前，甲方应保证施工面具备施工条件，并且符合国家、行业相关验收标准，对施工面应有相关的验收合格记录。在施工前双方应当办理必要的交接手续，协调其他工种交叉施工所带来的纠纷和不便。

5. 甲方应对乙方工作给予充分的配合，提供满足施工需要的技术图纸及有关设计变更图纸，并向乙方进行书面技术交底。对施工质量及时进行检验、验收和确认，并保证对乙方顺利施工所需要的各项协调工作正常进行。

第十条 乙方责任

1. 乙方在施工中应严格执行国家和地方的各项法律法规和制度，遵守甲方的各项管理制度。

2. 乙方负责机械吊篮、移动脚手架使用的费用管理等。

3. 乙方服从甲方对工程项目的统一管理，对工期、质量、安全、文明施工等采取切实有效的保证措施，确保工程顺利竣工验收。

4. 乙方施工过程中，应经常及时的与甲方沟通，服从甲方合理的整体安排、意见和要求。

5. 乙方在施工时，应做好与甲方的基层检查交接工作；施工中，应做好每道工序的检查验收。

6. 乙方应全面履行自己的职责和义务，做好各项管理工作，保质保量完成各项施工任务。

三、工程价款的支付

第十一条 甲方直接向乙方支付工程款。

第十二条 合同生效后，甲方按下列约定向乙方支付工程款。

1. 工程施工过程中甲方按时支付乙方生活费，按照乙方工人的人头计算，按照每人每月1000元支付到乙方，乙方应提供工人的花名册。甲方根据乙方施工的工程量于每月

30日进行统计，根据甲方付款比例严格支付给乙方人工工程款，不得挪用和拖欠。工程施工完成后付至75％，其余部分待工程竣工验收后付至95％，剩余5％在工程质保期后全部付清。质保期2年。

2. 甲方付款时，采用支票方式付款的，必须在支票的抬头写明乙方名称或乙方授权委托人名称，采用异地汇款方式的，必须将款直接汇至合同中载明的乙方账户或乙方授权委托人名称账户。甲方违反本款规定的，致使付款未到乙方账户的，则认定甲方未付款。

第十三条　工期暂定为____天，自××××年×月×日起至××××年×月×日合同订立后，非因乙方原因致使工期延误的，工期应当顺延，乙方负责。

第十四条　开工日期以双方交接验收通过之日的次日起计算。

第十五条　乙方工程施工完成并经自检合格后，向甲方提交书面报验申请，甲方应自收到报验申请后次日起，在7个工作日内对乙方的施工结果组织验收，并向乙方提供验收合格的书面回复或证明文件。

第十六条　乙方应在验收合格后，向甲方代表提交面积现场确认单，甲方代表收到确认单后的次日起，三日内给予回复。

四、违约责任

第十七条　本合同由甲、乙双方共同遵守，如果发生任何一次违约，自违约方接到非违约方正式书面通知后，违约方应于十日内支付合同款的2％给非违约方，同时非违约方有免责或终止合同的权利。

第十八条　本合同未尽事宜，甲、乙双方应友好协商解决，并签订补充协议作为合同的附件。

第十九条　本合同一式2份，双方各持1份，自甲、乙双方签章之日生效。

甲方（盖章）：　　　　　　　　　　　乙方（盖章）：
住所地址：　　　　　　　　　　　　　住所地址：
法定代表人：　　　　　　　　　　　　法定代表人：
授权代表：　　　　　　　　　　　　　授权代表：
邮政编码：　　　　　　　　　　　　　邮政编码：
开户行：　　　　　　　　　　　　　　开户行：
账号：　　　　　　　　　　　　　　　账号：
电话号码：　　　　　　　　　　　　　电话号码：
本合同签订日期：　　　年　　月　　日
签订地点：

评析：

这是一份空白的建筑施工合同，该建筑施工合同属于固定格式。按照《合同法》，对承包方和发包方的权利与义务做了详细的约定。

案例导入：

思考题：
1. 认真阅读下面的文章，说说招标书的标题、正文各有哪些要素构成？
2. 与招标书相对应的文书是什么？应以怎样的结构形式出现？
3. 招标、投标工作中，还需要制作哪些文件？

<h2 style="text-align:center">建设工程招标公告</h2>

陕西省西安市市政综合办公楼项目，经西安市计划委员会西计〔2002〕123号、〔2012〕125号文件批准建设。根据《中华人民共和国招标投标法》和《西安市建设工程施工招标投标管理办法》，决定对本工程实施公开招标，现将有关内容公告如下：

一、招标内容

西安市市政综合办公楼项目分土建、安装、室内装饰、弱电系统等工程同时招标，项目总面积14600平方米，计划总投资5400万元。

二、报名资格

具有工业与民用建筑、安装、装饰二级（含）以上资质的施工企业，拟选派的项目经理具有二级（含）以上资质，弱电工程企业应具有省部级的弱电工程设计施工资质。

三、报名时间

2003年5月1日至2003年5月5日止（上午8时至11时，下午14时至17时），逾期不再办理。

四、报名地点

西安市行政审批中心二楼建设工程交易中心内。

五、报名须提交的资料

1. 单位介绍信、企业资质等级证书和营业执照（原件与复印件）。
2. 法定代表人证明书及授权委托本。
3. 企业和项目经理近几年的佳绩，包括类似工程获奖证明资料及复印件。

六、附注

1. 各项资料原件审核完毕后即退还。
2. 各项资料复印件均须加盖单位公章并注明本工程采用。

联系人：陆林
联系电话：8774356

西安市市政局筹建办公室
西安市建设工程交易中心
2003年4月26日

任务三 撰写招标书、投标书

一、招标、投标工作程序

招标、投标，是当今国际上广泛流行的一种经济活动方式。改革开放以来，这种公开竞争方式在我国也开始施行，在生产经营、科学研究、工程建筑、大宗物品采购、技术服务等方面广泛使用。了解招标投标程序，掌握招标投标中各种文书的写法，是企业发展的要求，是现代企业工作人员必须具备的一种能力。

招标书、投标书是为适应招标、投标活动的需要，按照一定格式、要求编制的一系列经济法律文书，统称标书。招标、投标是在法律的监督和保护下进行的，它的工作程序大致如下：

（一）准备

（1）招标单位经有关部门审批后，设立招标机构，配备工作人员。

（2）确定标的（招标项目），按规定办法测定标底（通常指项目的定价，在开标前要绝对保密，不能泄露）。

（3）确定招标的指导思想、原则及方式、方法。

（4）编制招标文件，包括《招标书》（招标公告或招标邀请通知）《投标单》《投标企业资格审查表》《投标须知》《招标章程》《招标项目说明书》（其中包括招标项目的要求）《项目勘察、设计资源和设计说明书》《承包合同》《总预算表》《书面咨询书》等。

招标的准备工作主要是文书工作。《国际竞争性投标》中特别规定，文书工作是极其重要的步骤。因为编制招标文件，可以贯彻落实招标的政策规章程序，是招标投标的依据，是竞争投标的基础和保证，是招标项目的质量技术规范的准则。文件的分量及复杂性取决于招标项目的规模和性质：规模越大、性质越复杂，文件就越繁多，反之则简易。以上所列的文件种类可根据实际情况作相应的合并减少或分开增多。

（二）招标

（1）招标单位发出招标公告或邀请通知。

（2）招标单位审查投标单位的资格。

（3）向投标单位提供招标文件，接待咨询。

（三）投标

（1）凡获得投标资格的单位均可填写投标单或撰写投标书参加投标。

（2）投标单位按招标书规定密封寄送投标书；在投标截止前还可补充或修改投标书。

（四）开标

（1）按招标书规定的时间、地点，在公证机关的公证员及有关部门的领导、投标单位代表的共同参与监督下，公开开标，并进行登记。

（2）评选小组以标底为依据评标，选出若干个预选中标单位。

（3）公证员宣读公证书，确认预选中标单位。

（五）中标和订立合同

（1）招标单位撰拟并发出预选中标单位通知书，约定时间地点与预选中标单位再次协商。

（2）综合比较预选中标单位的标价、质量、交货期及其他条件，从中选出最佳者，确定为中标单位，并向中标单位发出中标通知书。

（3）与中标单位订立合同。

从以上招标投标工作程序中可以看到，招标投标文书种类繁多，主要有招标公告、招标邀请通知书、投标单、投标书、投标须知、综合说明书、总预算表、书面咨询等。其中，招标公告、招标邀请通知书、投标单和投标书是必备的基本文件。

二、招标书

（一）招标书的概念与特点

1. 招标书的概念

招标书有广义和狭义之分，广义的招标书是招标单位按照法定程序，在招标过程中制作的各种文书的总称。它包括投标邀请函（招标公告）、采购人需求书、投标人须知、投标文件格式、合同书格式等。狭义的招标书是指招标公告或投标邀请函，是指招标人在进行某项科学研究、技术攻关、工程建设、合作经营或大批物资交易之前，所发布的用以公布项目内容及其要求、标准和条件，以便优选承包对象而制作的告知性文书。一般来说，招标常采用通告、公告、启事等形式来告知、吸引投标者竞标，因而把传达招标信息的招标通告、招标公告、招标启事等文书称为招标书。

本节学习的招标书是指狭义的招标书。

2. 招标书的特点

（1）公开性。

（2）竞争性。

（3）操作性。

（4）时效性。

（5）政策性。

（二）招标书的类型

（1）招标内容类型，可分为建筑工程招标书、大宗商品交易招标书、选聘企业经营者招标书、企业承包招标书、企业租赁招标书等。

（2）招标范围类型，可分为国际招标书、国内招标书、内部招标书、公开招标书等。

（3）合同期限类型，可分为长期招标书和短期招标书两种。长期招标书中规定的合同期限都较长，一般在3～5年以上，如企业租赁的招标、大型工程项目的招标等。短期招标书中规定的合同期限一般都较短，如大宗商品交易的招标。

（三）招标书的结构和写法

招标书一般由标题、正文和落款三部分组成。

1. 标题

标题是招标书中心内容的概括和提炼。常见的写法有三种。

(1) 由三项组成：招标单位名称＋招标项目名称＋文种名称，如《××公司购买供水设备及安装的招标通告》《××运输公司外购大型设备招标说明书》。

(2) 招标单位名称和文种名称构成，如《××招标公司招标书》，或由标的名称和文种名称构成，如《××工程招标书》。

(3) 简化标题或只有文种名称，如《招标启事》《招标公告》《招标书》《招标说明书》。

标题中的"招标"二字不宜省略。如果是招标公司制作的招标书，则在标题下一行标明文件编号，以便于归档和查核。

(4) 广告式标题，即在标题中，除写明招标项目、招标形式等内容外，还加入一些广告性字样，如"请您来做××公司的经理招标书"。

2. 正文

招标书的正文包括开头、主体、结尾三个部分。

(1) 开头。应开宗明义，简明扼要地写明招标目的、依据及招标项目名称、招标规模、范围。有的根据需要还在导言部分介绍本单位、本企业的优势，如"历史悠久""技术力量雄厚""产品曾获××年××××评比金质奖"等荣誉称号。表述时应注意语言简洁，突出重点，吸引读者的注意力，也使读者从中可以了解到招标单位的概况，并考虑是否应该与之合作。

(2) 主体部分。是招标书的核心，通常采用横式并列结构，分条列项地详细说明招标的有关内容和要求事项。一般包括：

1) 招标项目。这是招标公告正文中的核心部分。招标项目要交代清楚招标的内容及要求，用准确无误的文字，将项目中的主要内容、或各项内容与要求细致地告知前来投标的单位和个人。如针对工程建设项目的招标，应写明招标的内容、质量、工程日期等。若是商品交易的招标，则应写明商品的名称、数量、质量、规格、型号等。

2) 招标范围。应说明招标的范围、投标人条件、要求等方面的内容。

3) 招标步骤。应写明招标的方式、程序、期限、报名的时间与地点、发售文件的日期、价格、开标日期和地点等。

4) 需要载明的其他事项等。

主体的写作要求文字明确精炼。数字准确无误，事项具体清楚，并且表达规范。特别是投标者的条件，中标者的权利义务，投标日期及联系方式要介绍明白。因为这些内容是投标者用以衡量自己的实力来判断是否投标的依据。

(3) 结尾。要写明招标单位的名称、详细地址、传真、电话号码、联系人姓名、制定招标公告的日期等，便于投标人与招标人及时取得联系。如是国际招标公告则还应特别注明招标范围，包括国别范围、使用货币种类、付款方式等内容。

3. 落款

写明制定招标书的日期。

(四) 招标书的写作要求

(1) 招标方案应切实可行。

(2) 标准应当明确，内容完整，表达必须准确严谨。

(3) 规格应当准确无误。

【例文 3-11】

长春工程学院 2013 级新生备品招标公告

长春工程学院拟对 2013 级新生备品进行招标，诚邀有相关资质、信誉良好的供应商前来投标。具体要求如下：

一、供应商资质要求

1. 投标人须具备一般纳税人资格，是该类用品的经销商；
2. 具有法人资格或独立承担民事责任的能力，注册资金在 10 万元以上；
3. 具有良好的商业信誉和良好的财务状况；
4. 在吉林省内有固定的经营场所，经营产品质量可靠。

二、新生必备品需求概述

1. 优质钢化塑料脸盆 4000 个
2. 优质塑料暖瓶 4000 个

三、投标要求

投标人在投标时需送达密封的投标文件一式两份，投标样品一套（脸盆、暖瓶各 1 个）、投标人需同时提交投标保证金 2000 元，未中标者招标结束后立即返还；中标者投标保证金转作履约保证金。

四、投标文件构成

1. 报价函；
2. 企业法人营业执照（复印件加盖公章）；
3. 其他证件复印件；
4. 售后服务承诺书。以上文件一式两份，封闭完好，投标时提供。

五、招标时间、地点

时间：2013 年 7 月 30 日上午 9 时整。
地点：长春工程学院综合办公楼十一楼。

六、评标办法

学校组成评标工作组负责此次的评标工作；评标组将根据投标人的经销实力、产品价格、产品质量等综合情况，确认拟签约的供应商。

联系人：张××
咨询电话：0431-8571××××　1894300××××

长春工程学院学生工作处
2013 年 7 月 20 日
（选自长春工程学院网）

评析：

例文的标题由"招标单位＋招标项目＋文种"构成。

本例文正文结构是：前言＋主体＋结尾。前言交代了发文背景，在承启语"具体要求如下"后，进入主体部分；主体以条款式表述了招标内容；结尾告知联系人姓名与电话，说明了招标方的联系方式。

最后写明招标方名称与成文日期。

【例文 3 - 12】

××大学修建计算机大楼招标公告

经上级主管部门同意,我校将修建一栋教学大楼,由××市城市建设委员会批准,建筑工程实行公开招标,现将招标有关事项公告如下:

一、工程名称:××大学计算机大楼

二、施工地点:××市××区××路××号

三、建筑面积:×m²

四、设计及要求:见附件

五、承包方式:实行全部包工包料

六、投标条件:凡有投标意向的具备法人资格且具有一、二级施工执照的企业,并有其主管部门和开户银行的认可,均可投标。

七、招标要求

投标人请于20××年6月5日前来人或来函索取招标文书,收取成本费30元,逾期不予办理。

投标人请将投标文书及上级主管部门的有关签证等,密封投寄或派员直接送我校基建处。收件至20××年7月5日截止。开标日期定于20××年8月5日,在××市公证处公证下启封开标,地点在我校第一会议室。

招标单位地址:××市××路××号

电报挂号:××××

电话:××××××××

联系人:××

××大学招标办公室
20××年5月5日

评析:

该招标公告的结构包括五个部分:标题由招标单位全称、招标项目名称和文种组成。正文包括导言、招标内容、招标步骤和结尾四部分。导言主要写招标单位的招标根据;招标内容和项目部分(第一至六条)把即将发包的工程项目名称、规格、工程总量或购买物资的名称、价格、数量等予以明确反映,文字叙述准确、清楚;招标步骤(要求)包括投标者购买招标文件的时间,招、投标的起止时间,有关条件和要求,以及开标的方式、地点、时间等交代清楚。结尾按顺序写明招标单位地址、电报挂号、电话号码、联系人姓名、招标单位名称(盖章)、发文日期。总体看来,语言简洁清楚,内容全面,便于投标者竞争投标。

【例文 3-13】

××机电设备招标公司招标公告

××机电设备招标公司授权对中国××公司所需的"卧式沉降螺旋泄料离心分级机"两台进行国内招标。

标书编号：×××××××

一、简要说明：

1. 使用地点：××省××市×××

2. 到货地点：××××××

3. 要求交货日期：20××年××月

4. 主要参数：

(1) 转鼓直径：500毫米

(2) 旋转形式：锥角筒便式

(3) 分离因素：4500

二、招标文件将于20××年××月××日起每天上午9：00—11：00，下午1：30—4：30，在××市中山东路××号××室发售。电话：××××××××。电挂：××××。

三、招标文件价格

每份人民币××元

四、投标截止日期

20××年××月××日

五、投标地点

××市×××路××号××室

六、开标日期

20××年××月××日上午

特邀请对此有兴趣的国内合格投标者前来投标。

敬候光临。

××机电设备招标公司

地址：×市×××路××号××室

电话：×××××××××

20××年××月××日

评析：

这是一份由中国××公司委托、授权机电设备招标公司进行招标而发布的招标公告。该招标公告的引言简明扼要、准确精炼、开宗明义。其主体核心部分采用横式并列结构，逐项写明招标项目的有关内容及招标步骤，详尽、具体、明确，表述规范，数据准确无误。结尾写明招标授权单位的名称、详细联系办法等，便于投标者联系。

【例文 3-14】

招 标 邀 请 书

××××××（被邀请单位全称）：

××××× 工程，是我省×××× 年重点计划安排的项目。经请示××××同意采取招标办法进行发包。

你单位多年来从事××××工程建设，施工任务完成得很好。对此，我们表示赞赏。

随函邮寄"××××××工程施工招标书"一份。如同意，望于×××年××月××日光临××招待所×楼××号房间，领取"投标文件"，并请按规定日期参加工程投标。

招标单位：××省××厅××处招标办

地址：××省××市××路××号

联系人：×××

电话：×××××

邮政编码：××××××

××省××厅××处招标办

××××年××月××日

评析：

招标通知书（也称邀请投标函），是有限招标使用的，向有一定承担能力的若干企业，直接发出内部邀请的招标文书。确定若干被邀请投标的企业可以先通过公开发布通告，招请报名，经资格预审再选定邀请对象；也可以通过调查了解，在比较熟悉的并具有一定承担能力的承包单位之间进行选择。采用邀请投标的方法，可以提高被邀投标者的中标率，同时也可以节约一定的招标费用。招标通知书的内容和写作与招标公告大致相同，只是形式有所差异。标题一般由发函单位、文种组成，有的尚需编上文号；也可直接用招标通知书或招标邀请书等。主送单位：即被邀请投标单位企业，位置写在标题下顶格处。正文主要有前言、投标项目和条件、结尾组成。前言部分要写明邀请函的根据、目的、投标工程名称等；亦可写几句比较礼貌的邀请语言。投标项目和条件这是正文的内容主题，大致与招标公告相似，结尾也可写一些礼貌语言。署名包括发函单位、印章、日期、地址、邮政编码、电话号码、电挂以及联系人。该邀请书态度明朗而诚恳、各项信息全面而具体。

三、投标书

（一）投标书的概念与特点

1. 投标书的概念

投标书是投标人按照招标书的要求，提出自己的应标能力和条件，投送给招标单位的文书。

2. 投标书的特点

(1) 针对性。

(2) 竞争性。

(3) 保密性。

(4) 具体性。

（二）投标书的类型

(1) 按投标内容分，可分为建筑工程投标书、大宗商品交易投标书、聘任经营者投标书、企业承包投标书、企业租赁投标书等。

(2) 按投标范围类型，可分为国际投标书、国内投标书等。

(3) 按投标者身份类型，可分为个人投标书、合伙投标书、法人投标书、联合投标书等。

（三）投标书的结构和写法

投标书的内容与招标书相对应，包括标题、主送机关、正文、落款四个部分。

1. 标题

(1) 由投标方名称、投标项目和文种名称构成，如"××承包××医院住院大楼建设工程投标书"。

(2) 由投标方名称或投标项目名称、文种组成，如"××公司投标书""××大楼建筑工程投标书"。

(3) 只有文种，如"投标书"。

2. 主送机关

指招标单位名称，要求顶格书写。

3. 正文

正文部分可采用条款式或分段分行的行文方法来写，包括前言、主体两部分。

(1) 前言。表述投标目的、依据，点明投标的项目和内容，并介绍投标单位、投标代表人、投标函的人数等情况。

(2) 主体。主体是投标书的核心，一些重要内容都要在这部分得到详细说明和阐述。主体部分须表明投标者的态度、保证事项。将投标的项目名称、数量、技术要求、商品价格、商品规格、交货日期等进行逐项说明。从某种意义上说，这一部分内容直接关系着投标人是否能够中标。需要注意的是，这里所引用的一些数据和论据必须是真实准确的。

4. 落款

注明投标单位名称、负责人姓名、地址、电话、传真、开户银行等，以便招标单位进行联系，并注明日期。

（四）投标书的写作要求

(1) 了解投标信息，掌握投标过程。

(2) 认真研究分析招标文件，以便有针对性地作出准确的投标方案决策。

(3) 突出重点内容，语言表述准确，投标准时。

【例文 3–15】

投 标 书

杭州市城市建设发展公司：

在认真研究了杭州环城北路地下修车库工程全部招标文件（包括图纸），参加了招标技术说明与招标答疑，并考察了工程现场后，我公司（浙江省第七建筑工程公司）愿意以人民币肆佰陆拾陆万元的总价，按招标文件的要求，承担该工程的全部施工任务。现我公司正式授权签字人吴一铎（一级项目经理）、陆相东（一级项目经理）、程再森施工员等代表我公司向贵方提交投标函正本壹份、副本壹份。

本投标函由下列文件组成：

一、综合说明书

二、总报价书

三、费率投标报价书

四、浙江省第七建筑工程公司建筑工程土建预算书

五、杭州环城北路地下停车库工程施工组织设计

六、杭州环城北路地下停车库施工进度网络计划表。我公司宣布并同意下列各点：

1. 如果贵方接受我方投标，我方保证在接到工程师开工令后，在招标文件规定的期限内开工，在投标文件规定的期限叁佰伍拾日内完成并交付合同规定的全部工程。该日期从招标文件规定的开工期限的最后一天算起。

2. 如果贵方接受我方投标，我方将按照招标文件规定的金额，在合同签订后壹拾伍日内提交履行合同保证金保函。

3. 我方同意在从规定的递交投标函之日起壹拾日内遵守本投标。在该期限期满之前，本投标书对我方始终有约束力，可随时被贵方所接受。

4. 如果贵方接受我方投标并将中标通知书送达我方，在正式合同签订之前，本投标函与中标通知书应成为约束责贵双方的合同。

5. 我方随同本投标函缴纳投标保证金人民币玖万柒仟贰佰元正。如果我方在规定的递交投标函之日起壹拾日内撤回投标函，或接到中标通知书后贰拾日内因我方原因贵我双方未签订合同，或贵我双方合同签订后壹拾伍日内我方未向贵方提交履行合同保证金保函，贵方有权没收这笔投标保证金。

七、我方理解，贵方不一定接受最低标价的投标或其他任何可能收到的投标；同时我方也理解，贵方不负担我方的任何投标费用。

八、有关本投标的所有正式通讯应致：

地址：滨江路333号

邮政编码：310009 电话：5678011，5678012 电传：33535 传真：5678099

代表：吴一铎，陆相东，程再森

投标单位：浙江省第七建筑工程公司（印）

法人代表：葛双木（印）

投标日期：××××年××月××日

评析：

本投标书开头针对招标工程项目，郑重地表明了投标的诚意态度，交代清楚投标的总标价和提交文本份数。接下来在主体部分讲清相关投标文件组成并详细介绍本方的投标承诺。投标文件展示本方的工程建设能力，工作组织能力，而其详尽的投标承诺则强调了本方采取的积极、严谨而正确的态度，显示出本方投标的良好形象。当然，投标承诺的写作可根据投标项目的实际情况而定，可详可略。

【例文 3-16】

同城物业管理公司投标书

松林置业有限公司：

  我单位愿意按照贵单位提供的物业管理招标文件规定，参加青塔小区物业管理招标，并接受招标文件的全部条款及要求。

  一、我方愿以×元每平方米作为物业管理服务费，承担并完成上述物业管理合同所规定的物业管理服务任务。

  二、如果贵单位接受我单位投标，我方保证在投标人须知中规定的期限内开展本项目的物业管理工作。

  三、我单位同意在规定的标书递交截止之日起 60 天内遵守本投标。

  四、本标书如被接纳，我们愿意在接到《中标通知书》之日起 7 日内与贵公司签订合同。

  五、我们在提交投标书的同时，愿意提交商业银行开具的金额为人民币贰万元的支票作为投标保证金。

  我们承诺已交投标保证金人民币贰万元的银行支票在投标时全部兑现。如在有效期内不能兑现的，或不能在规定的时间签订合同的，同意被视为投标无效。

  六、在正式签订物业管理服务合同之前，本投标书连同贵单位的中标通知书均成为约束贵单位、我单位双方的合同文件。

投标单位：同城物业管理公司（盖章）

授权代理人：刘陆地（盖章）

邮政编码：212000

单位地址：和平区建设路 66 号

传真：99998888

电话：99996666

日期：2014 年 3 月 2 日

评析：

本例文正文有前言、主体、结尾。

前言开门见山，表达投标意愿，并表示接受招标方文件的全部条款及要求；主体对应招标书内容，以六个问题阐述了投标者的态度与具体承诺，态度诚恳；结尾注明了投标方联系方式，以利于与招标方联系。

【例文 3-17】

投 标 书

工程名称：××纺织印染厂移地改造工程

投标企业：××省第七建筑工程公司

企业负责人：×××

一、综合说明

根据××地区建筑工程招标办公室 20××年××月××日发布的《××纺织印染厂

移地改造工程招标启事》以及××市有色冶金设计研究院的设计图纸内容，我公司具备承包施工条件，决定对以上工程投标。本公司具有长期建筑工程的施工实践，于19××年企业整顿验收合格；19××年经省建委审定为一级土建施工企业。公司现有职工人数××人。公司设有建筑×个处，共×个队，并配有预制厂、机修厂和大型运输车队。公司具有对液压滑模、全柜架现浇、大跨度钢架、预应力工艺、轻钢骨架、装配式工业厂房等施工能力和经验，具备大型土石方主程、建筑工程和水电安装工程总承包施工能力。

我们决心在此工程建筑中以全面质量管理为核心，严格组织施工，组织设计，发挥企业优势，挖掘企业潜力，保证缩短工期，力争在该项目上创优良、优质工程。

二、工程标价

预算总造价为××万元，标价在预算总造价基础上降低×％（详见指价表）。

三、建筑工期

在接到中标通知书后15天进场，做好开工前的一切准备工作，20××年××月××日正式破土动工，20××年××月××日竣工，总工期为××个日历工作天（详见进度计划）。

四、工程质量

根据图纸要求，保证工程质量达到优良级，保证质量安全的主要措施见施工组织设计。

五、合理的施工措施

1. 计划控制：采取总进度计划控制与土石方工程平衡调配和主车间平行，主体交叉流水网络计划控制相结合。

2. 质量控制：制定质量目标，坚持TQC管理方法，建立各单位工程中的分项工程质量预控网络体系。

3. 健全技术档案，做到技术资料"十二有"，提高施工管理科学性。

4. 安全生产，运用安全"三宝"，搞好安全教育，加强安全检查监督，防范事故于未然。

5. 加强职工队伍思想政治工作，增强劳动纪律，讲究职业道德。

6. 各工种工程，分部分项实行挂牌施工，落实岗位职责，推行栋号承包。

六、建设过程中如有设计变更、材料串代等现象的出现，相互间都应本着实事求是的原则来处理。

评析：

这是一份移地改造工程项目投标书。先标明投标项目名称、投标单位名称、企业负责人姓名等，再从投标企业简介、投标态度、工程标价、建筑工期、工程质量、合理的施工措施等多方面进行分项说明，层次清晰，内容全面、详实而又言简意赅。

【例文3-18】

投 标 承 诺 书

成州交通运输集团有限责任公司：

我们收到贵公司聘请常年法律顾问项目招标的"招标文件"，经研究，决定参加投标。

一、我们完全了解并接受全部招标文件。

二、我们已经详细地阅读了全部招标文件及附件，贵方工作人员已向我们详细解释了投标文件中的内容，我们完全理解及同意，并放弃对这方面有不明及误解的权利。

三、我们对提供贵方在招标文件中要求的全部资料（包括正本一份，副本四份）的真实性及完整性负责，并对之负法律责任。

四、我们理解你们并无义务必须接受最低报价的投标或其他任何投标。

五、我们如果中标，将严格落实招标文件的要求，提供符合要求的法律服务。

六、如我方提供的法律服务达不到合同约定的要求，或者因适用法律、法律审查错误而给贵方造成不应有的损失，愿意按合同约定承担违约责任。

投标人：（签章）

法定代表人：

地址：

电话：　　　　　　　　传真：

邮编：

开户银行：　　　　　　账号：

2014 年 1 月 8 日

评析：

本投标书是招标方成州交通运输集团有限责任公司在"聘请常年法律顾问"项目招标书后提供的附件，它成为投标方必须承诺的应招文书，也成为双方合作的基础文件。例文思路清晰，表述缜密，表现了成熟企业的思考。本例文结构是：标题＋主送单位＋正文＋落款＋成文日期。在正文中，前言表达了投标意愿经研究，决定参加投标；主体共六条，说明投标方的承诺与保证；结尾说明了投标方联系方式。如果结尾部分已有投标方名称，落款处可不再重复标注。

项目三 经济文书写作

案例导入：

阅读下面的文章，思考下列问题：

1. 文章在结构上有何特点？与其他经济类文书有何区别？
2. 文章的结构由哪几部分构成？

2008年下半年全国电力供需与经济运行形势分析预测报告
中国电力企业联合会

2008年上半年，受严重灾害以及电煤供应紧张、价格高涨等因素影响，电力供应能力未能充分释放，全国电力供需矛盾较为突出。全国电力消费在保持较快增长的同时，增速明显回落，行业节能减排和结构调整工作继续推进，行业经济效益大幅下滑，用电呈现出一些新的特点。

一、2008年上年全国电力供需与经济运行形势分析

上半年，电力供应能力快速增长。受电煤供应和多次严重灾害影响，虽然全国电力供需总体平衡，但部分地区电力供需形势比前两年严峻，缺煤停机和缺电问题较为严重，部分地区电力供需矛盾比较突出。上半年，全国共有22个省级电网的局部地区和部分时段出现短时电力紧张或拉限电情况。雨雪冰冻灾害期间，全国尖峰负荷最大电力缺口在4000万千瓦左右。3月份以后全国最大电力缺口在1000万千瓦左右。

（一）电力供应情况……

（二）电力需求情况……

（三）电力生产节能效果继续显著……

（四）行业效益继续下滑，火电企业全面亏损，行业发展处于比较困难的时期……

二、今年下半年全国电力供需形势分析预测

（一）影响因素分析

1. 宏观经济增长面临的困难增加，但是下半年仍能保持持续较快发展……
2. 电力投资保持适度规模将确保电力规模满足经济发展需求……
3. 电煤供需地区性矛盾比较突出，价格仍然是主要问题……

（二）全国电力供需形势分析预测

在国内国际经济形势日益复杂、经济增长不确定性日益增多、经济持续发展的困难日益突出的情况下经过国家更加有针对性的宏观调控，在工业化、城镇化、市场化、国际化大趋势不可逆转的背景下，经济有望继续保持平衡较快的发展速度并继续小幅回落。作为国民经济重要保障和基础的电力行业，预计今年下半年我国电力需求仍将在保持较快增长的同时有所回落，特别是外向型经济比重较大的省份回落会更加明显一些。

预计下半年，电力供需在装机规模和输配规模稳步增长的良好情况下，电力装机短缺的局面已经基本消除，全国电力供需形势总体基本平衡，个别省份略有紧张，部分地区还会出现容量相对富裕的现象。

三、对当前电力供需一些问题的认识与建议

（一）全力确保电力安全稳定运行和完成奥运会保电工作……

（二）努力减少电煤供需矛盾对电力工业运行的影响……
（三）努力防止电力发展的大起大落，促进行业可持续发展……

任务四　撰拟市场预测报告

一、市场预测报告的概念和特点

（一）概念

市场预测报告就是依据已掌握的有关市场的信息和资料，通过科学的方法进行分析研究，从而预测未来发展趋势的一种预见性报告。是在市场调查的基础上，综合调查的材料，用科学的方法估计和预测未来市场的趋势，从而为有关部门和企业提供信息，以改善经营管理，促使产销对路，提高经济效益。市场预测报告实际上是调查报告的一种特殊形式。它也是应用写作研究的文体之一。

（二）市场预测报告的特点

1. 预见性

市场预测报告的性质就是对市场未来的发展趋势作出预见性的判断，它是在深入分析市场既往历史和现状的基础上的合理判断，目的是将市场需求的不确定性极小化，使预测结果和未来的实际情况的偏差概率达到最小化。

2. 科学性

市场预测报告在内容上必须占据充分详实的资料，并运用科学的预测理论和预测方法，以周密的调查研究为基础，充分搜集各种真实可靠的数据资料，才能找出预测对象的客观运行规律，得出合乎实际的结论，从而有效地指导人们的实践。

3. 针对性

市场预测的内容十分广泛，每一次市场调查和预测，只能针对某一具体的经济活动或某一产品的发展前景，因此，市场预测报告的针对性很强。选定的预测对象越明确，市场预测报告的现实指导意义就越大。

二、市场预测报告的类型

（一）按预测的范围划分

按预测的范围来分，可归纳为如下几类：

1. 宏观市场预测报告

宏观市场预测报告是对大范围或整体现象的未来所作的综合预测，常指有关国民经济乃至世界范围内的各种全局性、整体性的、综合性的经济问题的报告。

2. 微观市场预测报告

微观市场预测报告是某一部门或某一经济实体对特定市场商品供需变化情况、新产品开发前景等分析研究的预测报告。

（二）按预测的时间划分

按预测的时间划分，可归纳为如下几类：

(1) 长期预测报告。指超过五年期限的经济前景的预测报告。
(2) 中期预测报告。指对二年至五年时间内经济发展前景的预测报告。
(3) 短期预测。指对一年内经济发展情况的预测报告。

(三) 按预测的方法划分

按预测的方法划分，可归纳为如下两类：

1. 定量预测报告

定量预测报告包括数字预测法预测报告和经济计量法预测报告。

数字预测法预测报告，是采用对某一产品（商品）已有的大量数据进行分析研究，用统计数字表达，从中找出产品（商品）的发展趋势而写成的报告。经济计量法预测报告，是根据各种因素的制约关系用数学方法加以预测而写成的报告。

2. 定性预测报告

定性预测报告是对影响需求量的各种因素，如质量、价格、消费者、销售点等进行调查、分析研究，在此基础上预测市场的需求量而写成的报告。

三、市场预测报告的结构和写法

(一) 标题

1. 公文式标题

公文式标题通常由预测时限、预测区域、预测对象和文种四部分组成。如《2007年武汉手机消费市场形势预测》《2008年我国粮食市场预测》《×××厂对电饭锅市场供销的预测》，有的可省略时限，有的可省略区域。标题要简明、醒目。

2. 文章式标题

文章式标题多为双标题。其中，主标题点明预测报告主旨，副标题点明预测对象和文种。如《互联网将成为未来经济原动力——美国经济学家对世界经济的预测》《春风将度玉门关——我国 A 股市场 20××年走势展望》。

(二) 前言

这一部分要求以简短扼要的文字，说明预测的主旨，或概括介绍全文的主要内容，也可以将预测的结果先提到这个部分来写，以引起读者的注意。

(三) 正文

市场预测报告的正文是市场预测报告的主体部分，一般包括现状、预测、建议三个部分。

1. 现状部分

包括预测对象的历史和现状的各种资料和数据。这部分的内容，要依靠广泛、细致、深入的调查才能获得。为保证预测的科学性，有关资料和数据必须真实、充分、有代表性。这部分的写作还要注意选择提炼，避免大量堆砌现象和数字使文章臃肿，主次不分。所以，写市场预测报告，首先要从收集到的材料中选择有代表性的资料、数据来说明经济活动的历史和现状，为进行预测分所提供依据。

2. 预测部分

利用资料数据进行科学的定性分析和定量分析，从而预测经济活动的趋势和规律，是市场预测报告的重点所在。这个部分应该在调查研究或科学实验取得资料数据的基础上，对材料进行认真分析研究，再经过判断推理，从中找出发展变化的规律。

3. 建议部分

为适应经济活动未来的发展变化，为领导决策提供有价值的、值得参考的建议，是写市场预测报告的目的。因此，这个部分必须根据预测分析的结果，提出切合实际的具体建议。

（四）结尾

结尾是归纳预测结论，提出展望，鼓舞人心，也可以照应而言或重申观点，以加深认识。

四、市场预测报告的写作要求

（一）选准对象，明确预测目标

进行市场预测，必须要选准预测对象，有明确的预测目的，根据某一预测对象在市场运行过程中存在的问题，拟定预测项目，明确通过预测需达到什么目标。

（二）讲究方法，体现科学性

预测市场趋势，不能简单地罗列数据，叙述材料，而应运用科学的分析方法对材料进行分析，以期获得有说服力的预测结果。

（三）把握宏观微观，做好知识储备

撰写市场预测报告，需要博学多识，储备丰富的知识。除具有专业知识、专业技能外，还要把握市场宏观领域和微观领域的动态变化过程。还应具有预测学、认识论、历史学、社会学、心理学等方面的知识，并能综合上述知识，加以灵活运用。

（四）深入调查，掌握实情，防止以偏概全，片面得出结论

预测是建立在实践的基础上，必须认真地进行市场调研，获取充分的资料数据，为市场预测提供可靠依据。由于调查范围及样本数量的限制，市场预测很容易得出片面的结论。所以，要尽量以系统的观点看待市场，既要注意普遍性，也要注意特殊性，点面结合。

（五）探求规律，科学预测

分析研究与预测对象有关的各个因素之间的内在联系，探求市场运行过程的变化规律，综合运用各种科学的预测方法，科学地进行预测。

（六）要讲究实效，及时发挥作用

市场是瞬息万变的，如果不能迅速、及时地做出预测，就很难为决策者进行市场行为服务。所以，市场预测既要保证质量，同时也要讲究时效。

【案例 3-19】

保健品市场预测报告

我国保健品市场经历了 1994—1995 年的鼎盛时期，以及 1996—1997 年的整顿与平滞阶段（由于一段时间，保健品市场假冒伪劣产品严重泛滥，使火热的营养保健品霎时间跌

落低谷，出现了市场疲软的 1996 年，全国保健品产值跌至 200 亿元，1997 年又滑至 100 亿元，1998 年保健品行业属修整期，产值均在 100 亿元左右，已远远低于 1994 年 400 亿元的产值。

据有关资料显示……

2001 年三季度保健品进入该行业普遍认同的旺销期，通过对一些终端及广告主、广告商的走访却发现今年保健品从各方面信息所得均反映在国庆及中秋双节中市场态势平平，今年的保健品市场可能又将是一个淡冬，下面是据这一现象而做的一些浅析：

一、宏观政策影响

药健字产品是中国特有的一个产品类别，在国外只有食品与药品这两个品类概念，没有药健字号产品这一说。2001 年中国入世铁板钉钉，与国际接轨这一行业必须进行相关调整；再则国内保健品行业的"乱"也已引起各界关注，故此政府对保健品进行相关的调整亦是引导该行业正常发展之所需。

二、行业自身因素（略）

三、消费者因素（略）

四、终端行销（略）

五、竞品分析（略）

综上所述，现在仍属保健品行业的修整期，整个行业销售表现一般，没有热点产品。专家指出，21 世纪保健品的发展趋势是天然、安全和有效。保健品产业是 1 个综合性产业，需要多部门、多学科的联手，需要引入国外先进的技术和管理经验，需要形成现代化的、外向型的大型保健品集团，更要科学地、实事求是地开展保健品的广告宣传，为消费者创造良好的消费环境，引导消费者正确认识、使用保健品。

评析：

这是一篇关于保健品市场的预测报告。通过对影响保健市场发展的几个因素：宏观政策影响、行业自身因素、消费者因素、终端行销及竞品分析五个方面进行分析，预测出保健品产业发展的趋势，为引导未来保健品市场的健康发展指明方向。

【案例 3-20】

"十五"期间甲基亚砜市场预测报告

××化学工业总公司

二甲基亚砜（DNSO）是一种非质子极性溶媒。由于它具有特殊溶媒效应，对许多物质具有溶解特性，因此被称为"万能溶媒"。它主要用于制药业，具有消炎、止痛、利尿、镇静和促进伤口愈合的疗效，对肌体具有很强的渗透能力，所以常做其他药品的混合剂，此外它也广泛用于石油、化工、电子、合成纤维、塑料、印染等行业，成为制造工艺中不可缺少的溶剂。

近年来，随着医药行业中氟哌酸、氟嗪酸等喹诺酮类新型抗菌素药物及中间体氟氯苯胺等的生产发展，加上 DMSO 的应用领域不断扩展，使得 DMSO 的需求量逐年增长。特别是印度、韩国、日本等亚洲国家，DMSO需求量大幅增长，给我国出口带来了生机。目前亚洲DMSO市场基本由法国和英国产品占据，但由于我国DMSO产品质量的提高、产品价格和地理位置的优势，我国DMSO完全有可能占领亚洲市场。

一、国内外市场情况及需求预测

1. 国内外：DMSO发展情况（略）

2. 国内外市场历史需求与预测

根据××××年至××××年的DMSO市场情况，预测如下表：（略）

据上表，目前国内市场对DMSO的总需求量估计在5000吨左右，其中65%以上用于医药及中间体的合成……预计20××年亚洲地区的需求量将达到2万吨左右。

二、发展建议

1. 进一步积极扩大出口

2. 改进工艺，提高产品的竞争力

200×年1月11日

评析：

这是一篇商品市场预测报告。

导言部分写预测对象即该产品的特性、市场应用情况和需求逐年增长，以及我国的该产品具有占据亚洲市场的可能性。

主体部分分市场情况、需求预测和建议三部分。

市场情况部分，利用市场调查数据加以说明，市场的历史需求与预测部分则利用了数学方法，通过对数据图表的分析加以定量说明。调查方法和处理手法均具科学性。

发展建议部分的两条意见，有理有据，既富针对性，又有可行性。

本项目小结

经济文书，是处理经济事务，研究经济问题，反映经济活动，并具有一定格式的实用文体。是进行经济工作的主要工具。

经济文书广泛地使用于经济领域和人们的现实生活。它具有传达贯彻党和国家经济工作方针政策、传递经济信息、联系经济工作、保障企业经营有序进行、备查凭证等主要作用。一些经济文书在人们的日常生活中也有很重要的作用，如合同。

本项目选取了实用性较强的意向书、合同书、招标书、投标书和市场预测报告，共5种经济文书，从概念、特点、类别、格式与写法、写作要求等方面进行了学习。学习者要重点了解它们的概念和特点，掌握它们的结构及其写法，结合实际，模拟例文，练习写作，为将来工作做好知识和技能的储备。

本项目练习

【情景模拟1】

根据下面材料写一份意向书。

××市××家具厂（甲方）和×××公司（乙方），经过友好洽谈，双方达到初步共识：

一、为了扩大家具贸易，乙方要求甲方提供稳定生产的家具厂，为乙方制作家具，甲方同意在××县××镇建一间家具厂。

二、乙方向甲方提供价值×××万元的专用设备。

三、甲、乙双方的贸易和来料加工业务,其价格、规格、交货日期等,均应逐项签订合同。

四、乙方派人员到甲方家具厂进行技术辅导及质量监督,所需费用由乙方自己负担。

【情景模拟2】

根据以下材料,写一则购销合同。其内容应包括产品名称、品种、数量、金额、质量标准、交货时间、地点、验收、运输和费用负担、付款方式、违约责任、争议的解决办法等条款。

要求:(1)采用条文的结构形式,款式规范,结构完整。

(2)内容周密、具体,语言严谨,有条理。

华盛茶叶公司法人代表王志勇和红叶茶场法人代表蔡德熙于2008年3月10日签订了一份茶叶购销合同,具体货物是红叶特级绿茶,数量为500公斤,每千克价格为64元,2008年6月20日之前由茶场直接运往公司,运费由茶场负责,检验合格后,公司于收货10天以内通过银行托付货款。茶叶必须用大塑料外包,纸袋内装,外用纸箱或麻包袋装。包装费仍由茶场负责。茶场地址为:××省常清县城北区,开户银行是常清县农业银行,银行账号:3540××××,电话:2749883。茶叶公司地址为海口市××路××号,开户银行为海口市工商银行,账号:667806××××,电话:2365987,合同签订后,如双方不履行,在正常情况下拒不交货或拒付款都须处以货款20%的罚金,迟交货或迟付款,则每天罚0.03%的滞纳金,数量不足,按不足部分的货款计赔,仍按20%的比例赔偿。质量不合格,则重新酌价。如遇特殊情况,则提前20天通知对方,并赔偿损失费10%,本合同由常清县工商行政管理所鉴证。

【情景模拟3】

假设你寒(暑)假要去勤工俭学,请你与雇佣单位订立一份劳动合同。

【情景模拟4】

请根据下面提供的材料,参考案例撰写一份××医院采购医疗设备的招标公告。

××市××医院决定对采购血球计数仪,全自动生化分析仪等一批医疗设备实行公开招标。投标时间为2008年4月1日,到货时间为2008年8月1日,投标地点在医院办公楼三楼201室。联系人:宁医生。电话:3453345。

【情景模拟5】

根据以上的招标公告撰写一份投标书。

【情景模拟6】

在市场调查的基础上写一份手机供需市场预测报告。

【技能实训1】

(1)请你就下面材料拟写一份意向书,其他未告知内容,可暂空缺,但需注明项目名称。

甲方腾飞公司与乙方香港远大公司为合作生产经营电器产品事宜,签订意向书。合资形式:双方合资组建有限公司,公司名称为"腾飞电器有限公司"。资金投入:双方投资总额1000万美元,由甲方投入60%,乙方投入40%;双方皆以现汇或现金投入,以美元计算。设备来源:专用设备由乙方从中国境外引进,配套设备由甲方从国内供应。产品销售方针:远大电器有限公司产品一级品70%以上外销。

(2) 请根据以下双方商议情况按示范文本格式拟写一份以房东和租户的名义签订的租房合同。

李坤因工作需要,决定租赁位于市区内中尧路47-9号利民水厂职工宿舍B栋A座502号房。该房主为利民水厂职工黎明亮。双方就租房事宜进行商议,最后,双方达成协议,并签订了一份租房合同。

【技能实训2】

(1) 根据下面的材料,编制一份招标书。

××大学拟修建一座图书馆楼,建筑总面积××m^2,由投标单位包工包料。××大学对图书馆楼的设计和质量要求以及原材料的质量标准已提出了书面材料。2009年1月5日至2009年3月5日为工厂招标的起止时间,2009年4月5日上午9点在××大学会议室公开招标。竣工日期为2011年2月5日。工程的主项报告及招标申请已经上级有关部门批准。××大学地址在××市××路××号。电报挂号:××××,电话:×××××××,联系人:×××。

(2) 根据上题内容编制一份投标书。

【综合练习】

一、修改以下不当的条款:

1. 甲乙双方签订了一份《加工承揽合同》,其中的交货时间是这样拟定的:"甲方要求乙方于2008年8月10日前完成全部加工物件。"

2. 某外贸公司从国外进口原木,合同中规定的质量标准为"直径50cm以上"。

3. 某合同中规定:"交货地点:北京。"

4. 某合同中规定的货物包装标准为"袋装"。

5. 某技术合同的"成交金额与付款时间、付款方式"中写道:"项目开发经费拾万元。甲方在合同签订后向乙方汇出叁万元;乙方交付开发成果鉴定证书后,甲方付清全部余款并汇入乙方开户银行账号。"

二、病例修改:

(一) 指出下面这份合同在写作上存在的问题(不涉及合同内容不齐全方面的问题)。

合 同

立合同方:广西横县××茶叶公司(简称甲方)

××省××市××综合商店(简称乙方)

兹因卖方向买方订购下列货物,经双方协议订立合约如下:

规格	品名	数量/市斤	单价/(元/市斤)	金额/元
纸箱	一级茉莉花茶	3000	35.00	105000
竹篓	特级茉莉花茶	2000	60.00	120000

货款共计人民币(大写)225000元整

收货地址:××火车站

付款办法：托收承付

交货办法：代办（运费由购方承担）

交货期限：8月份至10月份

附则：

  1. 交货期限供方尽最大努力，争取9月份交货，如产地产不出，可推迟到10月份交货。

  2. 价格升降按国家文件执行，但买方不得拒绝，凭电报通知时间为准。

  3. 付款方式凭铁路运单向购方办理托收承付，但买方不得拒付。

购方单位：××综合商店（盖章）

经办人：×××（盖章）

开户银行：×××银行分理处

账号：××××××

销方单位：广西横县××茶叶公司（盖章）

经办人：×××（盖章）

开户银行：××银行××县支行

账号：××××××

  （二）修改招标书

  下文是一则病例，要求：

  （1）指出文中错误。

  （2）根据你所掌握的招标书知识，将该文修改为可用的文书。

滨江职业学院建筑教学楼招标通告

  经上级主管部门同意，我院将建筑一栋教学大楼。由滨江市城乡建设委员会批准，本工程实行公开招标，择优选定承包单位，现将招标有关事项通告如下：

  一、工程名称：滨江职业学院教学楼。

  二、施工地点：滨江市北京路67号。

  三、建筑面积：12000m^2。

  四、设计及要求：见附件。

  五、承包方式：实行全部包工包料。

  六、投标日期：2014年6月5日—6月20日，凡有投标意向，国内有法人资格并具有一、二级施工执照的企业，请于2014年5月25日前来人或来函索取招标文件。

  七、开标日期：2014年7月1日于我院行政办公楼第一会议室，在本市公证处公证下启封开标。投标者请于2014年6月20日前将投标书及其上级主管部门的有关签证等密封投寄（以邮戳为准）或派人送交我院基建处。

  三、运用本节课所学知识，对下面的投标书进行评析：

友爱巷拆迁工程投标报价书

致：红星开发集团有限公司

  一、我方已仔细研究了红开〔2014〕3号招标文件（包括补充通知）的全部内容并勘察了现场，愿意以拆迁补偿总价款的1.4%服务费即投标价，参与友爱巷拆迁工程投标竞投，按上述招标文件规定的条件和要求承包合同规定的全部工作，并承担相关责任。

二、我方提交的投标文件（包括投标报价书、已标价的工程量清单和其他投标文件）在投标截止时间后50天内有效，在此期间被你方接受的上述文件对我方具有约束力。我方保证在投标文件有效期内不撤回投标文件，除招标文件另有规定外，不修改投标文件。

三、随同本投标书，我方出具人民币叁万元的投标履约保证金。如果我方在本投标本有效期内撤回，或在接到中标通知书后的7天未能或拒绝签订合同协议书，或未能提交合同履约保证金，你单位有权没收我方的投标履约保证金，另选中标人。

四、我方中标后保证做到：

1. 在收到你方的中标通知后，我方将按照招标文件规定期限，派代表前往签订合同。

2. 同意随同本投标报价书提交的投标辅助资料中的任何部分，经你方确认后作为合同文件的组成部分。

3. 我方保证向你方按时提交招标文件规定的履约保证金，作为我方的履约担保。

4. 我方接到开工通知后将尽快调遣人员和调配施工设备、材料进入工地进行施工准备，并保证在合同规定的斯限内完成合同规定的全部工作。

五、完全理解你方不保证投标价最低的投标人中标。

投标方全称：天成建筑有限公司

投标人：孙虎（盖章）

法定代表人：李天成（盖章）

地　址：经纬路3段2号

电　话：39890000

传　真：39890001

邮政编码：109000

天成建筑有限公司
2014年3月13日

四、运用本节课所学知识，对下面的市场预测报告进行评析：

要求：

1. 评析应主要着眼于文章的一般写法，要对文章的总体结构和各构成要素（标题构成、导言、主体、结尾）作简要的说明分析。

2. 既要注意运用所学知识，又要注意结合原文。

3. 分析要有条理。

沪产电吹风产销预测

电吹风原是理发店专用工具，近年来，随着生活水平的提高，已广泛进入家庭使用。目前上海市场供应的有功率450W，配以感应式或串激式电机的理发专用电吹风和功率在450W以下，配以直流式电机的家用电吹风两种，前者价格50元左右，后者价格15～35元。

一、基本情况

本市生产电吹风已有40多年历史，较早生产的上海南翔电器二厂，近年转至崇明电器厂生产。1979年起，上海电器六厂和长乐电器厂相继试制家用电吹风投入市场。80年代以来，沪产电吹风产销迅速增长。××××年全市年产232510只，××××年已达到496797只，5年累计生产1784189只，年递增率为21.63%。××××年销售225565只，××××年达到502046只，5年累计销售1766629只，年递增率为22.57%。据调查，沪产电吹风生产迅速发展，销售持久坚挺，原因如下：

一是沪产电吹风以造型新颖，质量稳定，价格适中，在各地享有盛誉，知名度高。

二是购买家电产品已成为新婚家庭的一种对尚。电吹风由于价格便宜，实用性强，已成为新婚必需品之。

……

二、趋势预测

随着收入的增加，人们的消费结构起了变化。"用"的比重逐年上升。沪产电吹风5年来销售来销售递增22.57%。高于近几年全国城乡居民消费平均增长10%的水平。说明沪产电吹风已进入成长期。今年，随着工资改革和提高农副产品的收购价格，职工和农民的收入都将提高，对沪产电吹风的需求将有较大幅度的上升，其原因是：

第一，社会保有量低。据调查，本市销售占产量的30%，剔除外贸收购因素，按本市总销量116.5万只推算，社会保有量为34.9万只，以市区170万户计算，每百户家庭普及率仅20%。如就全国而言，城乡每百户家庭普及率达不到1%。

第二，各地区新兴大量贸易公司，它们需要电吹风作为铺底商品。

第三，去年本市进口电吹风4万只，今年将限制进口。

第四，电吹风外贸出口还有潜力。

根据以上分析，将近期产销趋势预测如下：

今年计划安排生产68.5万只，比去年增长37.88%。其中：家用36.7万只，理发用20.8万只，外贸出口9.5万只，袖珍型1.5万只。……预测今年销量将比去年增长35%左右，全市销售量约为68万只，产销基本上是平衡的。

三、几点建议

（1）积极开发理发美容专用的高档电吹风。全市有理发店659个，理发师6000余人，拥有电吹风8000余只，每年至少需添置1000余只。要求生产厂能提供功率在700W以上，价格在200元左右的高档电吹风。

（2）加强市场动向和产品的预测工作，减少盲目性。

（3）进一步提高产品质量，积极发展多功能电吹风。

（4）限制进口，保护国产电吹风的发展。

【学习交流】

（1）三到五人组成一个小组，以小组形式交流学习经济文书的经验体会。

（2）从小组成员中抽取练习写作的经济文书文章，对照规范格式，并结合课堂上老师讲解的内容，进行讨论分析，指出不当之处并进行修改，然后以小组为单位在课堂上汇报各小组的学习成果与学习心得。

项目四 礼仪文书写作

学习目标：

一、知识目标

(1) 了解礼仪文书的种类和用途。
(2) 理解各类礼仪文书的特点与使用区别。
(3) 了解礼仪文书的概念与写作格式。

二、能力目标

(1) 能根据需要与要求正确使用不同的礼仪文书。
(2) 能分析各类礼仪文书的特点、结构与写法。
(3) 能规范地写作各类礼仪文书。

礼仪文书是为礼仪目的或在礼仪场合使用的文书，本项目我们将从欢迎词、欢送词、开幕词、闭幕词、感谢信、慰问信、表扬信、申请书、倡议书、介绍信、证明信等文种介绍礼仪文书。礼仪文书，应当准确、适当地表达出礼仪上要求，根据不同的时机和对象，力求把文书写得恰如其分、恰到好处。有时候，还可根据具体情况写进一定的实质内容，以便使礼仪文书达到更好的效果。文书中涉及的时间、地点和其他有关资料，均应经过核对，做到翔实可靠。不应把礼仪文书仅仅视为"应景文章"，简单抄袭套用现成的格式，以致成了"打官腔，不能用"的文书。

项目四 礼仪文书写作

案例导入：

阅读广西壮族自治区党委书记彭清华在第 11 届中国-东盟博览会、商务与投资峰会上所致欢迎词，认识欢迎词。

中国-东盟商务与投资峰会开幕大会上的欢迎词

（2014 年 9 月 16 日）

彭清华

尊敬的各国领导人，各位贵宾，女士们、先生们：

值此第 11 届中国-东盟博览会、中国-东盟商务与投资峰会隆重开幕之际，我谨代表广西各族人民，向与会各位贵宾表示热烈的欢迎！

去年 10 月，习近平主席倡导共建 21 世纪"海上丝绸之路"，为中国与东盟深化互利友好合作掀开了新篇章，也赋予了博览会、峰会新使命、新活力。

博览会和峰会从本届起将突出"共建 21 世纪海上丝绸之路"主题，围绕中国-东盟自贸区升级版建设，推动贸易便利化，扩大投资自由和服务业开放，促进互联互通，深化人文交流，延伸展会价值链。今年创新推出特邀贵宾国，拓展合作区域；举办大法官论坛，营造良好的贸易投资法治环境；举办网络空间论坛，促进网络治理与合作。同时，推进产业园区、港口网络、跨境电商、跨境金融创新等领域的合作，使政策沟通、道路联通、贸易畅通、货币流通、民心相通落到实处。

广西与东盟海陆相连，是古代"海上丝绸之路"的重要发祥地，正在打造 21 世纪"海上丝绸之路"的新门户、新枢纽。我们愿与各方一道，充分发挥"南宁渠道"战略作用，推进务实合作，造福沿线各国人民，实现共享机遇、共同繁荣。

最后，预祝博览会、峰会圆满成功！

谢谢大家！

任务一　撰写欢迎词、欢送词

一、认识欢迎词、欢送词

（一）欢迎词、欢送词的概念

欢迎词是指客人光临时，主人为表示热烈欢迎，在会议、酒会或重大庆典活动等场合发表的热情友好的讲话。欢送词是客人应邀参加了活动，主人为表达对客人的欢送之意，在一些会议或重大庆典活动、参观访问等结束时的讲话。两者的区别，前者在"迎"，后者在"送"。

在社会主义市场经济深入发展的大背景下，为了提升形象、扩大影响、招商引资、促进发展，近年来各地纷纷举办各种内容和形式、不同规格和规模的节庆活动。按照惯例和程序，在节庆活动开幕式和闭幕式上，常常要由一位东道主方面的要员向来宾致以热情洋溢的欢迎词和欢送词。那么，撰写一篇合乎规范的节庆活动欢迎词或欢送词自然成为活动筹备过程中一项不可忽视的细节工作。

（二）欢迎词、欢送词的类型

1. 按表达方式分

（1）现场讲演。欢迎词一般是由欢迎人在被欢迎人到达时在欢迎现场口头发表的欢迎稿，欢送词一般是在会议或仪式结束时主人欢送客人时表达谢意的讲话。

（2）报刊发表。这是发表在报刊或公开发行刊物之上的。它一般在客人到达前后发表。

2. 按社交公关性质分

（1）私人交往欢迎词、欢送词。私人交往欢迎词、欢送词一般是在个人举行较大型的宴会、聚会、茶会、舞会、讨论会等非官方的场合下使用的。通常要在正式活动开始前与结束时进行。私人交往欢迎词、欢送词往往具有很大的即时性、现场性。

（2）公事往来欢迎词、欢送词。这样的欢迎词、欢送词一般在较庄重的公共事务中使用。要有事先准备好的得体的书面稿，文字措词上的要求较私人交往的要正式和严格。

3. 欢迎词、欢送词的特点

（1）欢愉性。中国有句古话是"有朋自远方来，不亦乐乎"，所以致欢迎词当有一种愉快的心情，言词用语务必富有激情和表现出致词人的真诚，给客人一种"宾至如归"的感觉，为下一步各种活动的完满举行打下良好基础。活动结束时，对来宾的到来应表示愉快与感谢，所以欢送词在表达送别之意外，同样包含愉快之意。

（2）口语性。欢迎词、欢送词本意是现场当面向宾客口头表达的，所以口语化是文字上的必然要求，在遣词用语上要运用生活化的语言，即简洁又富有生活的情趣。口语化会拉近主人同来宾的亲切关系。

（3）简短性。欢迎词、欢送词一般比较简短，只需表达到位，不需长篇大论。但在一些重要会议上，可根据实际情况，适当增加篇幅。

二、撰写欢迎词、欢送词

（一）欢迎词、欢送词的写作格式

欢迎词、欢送词一般由标题、日期与署名、称呼、正文四部分组成。

1. 标题

标题写法一般有两种，一种是单独以文种命名，如《欢迎词》《欢送词》；另一种是由活动内容和文种名共同构成，如《在××学术讨论会上的欢迎词》《在××交流会上的欢送词》。

2. 日期与署名

日期，指会议或仪式举行的日期。署名，指致辞者。日期与署名写在标题正下方，位置居中，必要时在署名前写上讲话者的身份和职务。

3. 称呼

称呼写在开头顶格处，要求写明来宾的姓名称呼，如"尊敬的各位先生们女士们："
"亲爱的××大学各位同仁："。

4. 正文

欢迎词、欢送词的正文一般可由引语、主体和结尾三部分构成。

（1）引语。欢迎词的引语通常应说明现场举行的是何种会议或仪式，发言者代表什么人向哪些来宾表示欢迎。如：胡锦涛在第五届亚太经合组织（APEC）人力资源开发部长级会议的致辞：

女士们，先生们：

今天，来自亚太经合组织各成员的朋友们齐聚北京，参加第五届亚太经合组织人力资源开发部长级会议。这次会议的主题是"开发人力资源、大力促进就业、实现包容性增长"。首先，我谨代表中国政府和人民，对会议的召开表示热烈的祝贺！对与会各位代表表示诚挚的欢迎！

欢送词的引语一般对此次会议或场合进行简单说明，继而表示感谢、送别或惜别。如：中共南宁市委书记余远辉在第四十五届世界体操锦标赛闭幕式上的致辞：

尊敬的国际体联主席布鲁诺·格兰迪先生，女士们、先生们、朋友们：

第四十五届世界体操锦标赛顺利完成各项赛事任务，即将落下帷幕。在这收获友谊、分享喜悦的时刻，我谨代表中共南宁市委、市人民政府和本届赛事组委会，向国际体联、国家体育总局、各国各地区代表团，向所有为本届体操世锦赛作出贡献的朋友们表示衷心的感谢！

（2）主体。欢迎词、欢送词在这一部分一般要阐述和回顾宾主双方在共同的领域所持的共同的立场、观点、目标、原则等内容，较具体地介绍来宾在各方面的成就及在某些方面做出的突出贡献，同时要指出来宾本次到访或光临对增加宾主友谊及合作交流所具有的现实意义和历史意义。如案例导入《中国-东盟商务与投资峰会开幕大会上的欢迎词》的主体部分，指出了本届博览会和峰会"共建21世纪海上丝绸之路"的历史意义及特邀各贵宾国拓展合作区域实现共享机遇、共同繁荣的创新之举。

（3）结尾。欢迎词通常在结尾处再次向来宾表示欢迎，并表达对今后合作的良好祝愿。如例文4-1的结尾部分"朋友们，广西欢迎你！"。

欢送词通常在结尾处再次对来宾表示感谢，并表达对来宾的欢送与祝愿。

（二）欢迎词、欢送词的写作要求

欢迎词、欢送词是出于礼仪的需要而使用的，因此要十分注意礼貌。具体而言，要注意以下几点。

1. 礼貌

称呼要用尊称，感情要真挚，要能较得体地表达自己的原则立场。

2. 谨慎

措辞要慎重，勿信口开河，同时要注意尊重对方的风俗习惯，应避开对方的忌讳，以免发生误会。

3. 热情

语言要精确、热情、友好、温和、礼貌。

4. 精炼

篇幅短小，言简意赅。一般的欢迎词、欢送词都是一种礼节性的外交或公关辞令，宜短小精悍，不必长篇大论，但在某些重要场合，如：国际性场合、国家级场合，需要表达内容较丰富，篇幅可以适当增加。

【例文 4-1】

阅读以下材料，中共广西壮族自治区党委书记、广西壮族自治区人大常委会主任彭清华在第 45 届世界体操锦标赛开幕式上致辞，分析欢迎词的写作特点，并感受该欢迎词中的用词特色。

彭清华书记在第 45 届世界体操锦标赛开幕式上致欢迎词

尊敬的马飚副主席，尊敬的布鲁诺·格兰迪主席，尊敬的各位来宾，女士们、先生们、朋友们：

绿城盛会，八桂腾跃。值此第四十五届世界体操锦标赛在南宁隆重开幕之际，我谨代表广西各族人民，向来自世界各国的运动员、教练员、裁判员和朋友们表示热烈的欢迎！

体操被称为"流动的雕塑"，是世界上最具吸引力和最受民众关注的体育运动之一。世界体操锦标赛既是追逐梦想、切磋技艺的体育盛会，更是传播友谊、互鉴文明的交流平台。体操世锦赛时隔 15 年之后再度走进中国，首次在中国边疆少数民族地区举办，融汇世界风、中国美、广西韵、民族情，必将进一步促进奥林匹克精神与中华文明的交流融合，更好地展现体操运动魅力。

广西是中国沿边开放的前沿和窗口，广西人民对体操运动情有独钟。我们将在国际体联和国家体育总局的指导帮助下，着力打造"活力世锦、人文世锦、绿色世锦"，为各国朋友搭建起体育竞技和人文交流的大舞台。

我们期待各国选手尽情展示青春活力，追求卓越，共同奉献一届热烈、精彩、难忘、成功的体育盛会，为国际体操事业发展和人类文明进步留下浓墨重彩的一笔。

朋友们，广西欢迎你！

评析：

该欢迎词在正文引语部分首先说明此次会议类型，接着发言者表明代表谁向与会来宾表示欢迎。继而在主体部分对此次会议的背景、主旨作简单介绍，接着结合举办方特点说明会议的意义，突出此次会议的特点。最后，在结尾部分，用简单而热情的一句话"朋友们，广西欢迎你！"再次表示欢迎。语短情长，要言不烦，能把主要精神传达到位，体现出干练的工作作风。

【例文 4-2】

阅读下面欢送词案例，说说欢送词的写作格式与特点。

致 2014 届毕业生的欢送词

亲爱的 2014 届毕业生：

在这充满深情留念和美好憧憬的日子里，你们，作为新一届大学毕业生和祖国现代化建设事业的接班人，即将结束流光溢彩的大学生活，走向社会，到改革开放的大潮中去接受洗礼，迎接新的挑战，并最终将自己锻炼成为全面建设小康社会，开创中国特色社会主义事业新局面的生力军。

在母校宁静温暖的怀抱里,你们曾留下奋进拼搏的足迹。为了翱翔蓝天,你们一遍又一遍地振翅高飞;为了驶入大海,你们一次又一次地抗击"风浪"。窗明几净的教室里出现过你们专心致志的身影,丰富多彩的文体活动中展示过你们充满青春活力的风采,夕阳晚照的林荫道上留下过你们探求知识、思索人生的足迹……

现在,你们将挥挥手,告别母校,踏上新的征程。同学们,大学毕业既是终点,也是起点。党和国家对当代大学生寄予了殷切的期望,当代大学生理应成为有远大理想的一代、艰苦创业的一代、道德高尚的一代。母校希望你们树立远大的理想,发扬艰苦创业的精神;坚定信念、淡泊名利;开拓创新,积极进取;到农村去,到基层去,到艰苦的地方去,到祖国最需要的地方去无私奉献,建功立业。国家的振兴需要科技,科技的发展需要人才。党和国家立足国情提出并实施"科教兴国"战略,作为新世纪的大学生,应从自身实际出发,利用自己所掌握的专业知识和实践能力,积极投身于实现中华民族伟大复兴的千秋伟业中去,施展才华,建设国家。母校希望你们用丰富的专业知识、高尚的职业道德、精湛的业务水平,为祖国的建设添砖加瓦,为祖国的繁荣富强贡献智慧和力量,母校相信你们会在长期而艰苦的实践中不断体现自己的人生价值,努力实现自己的人生目标。

千里之行,始于足下。亲爱的同学们,愿你们志在千里,求真务实,忠于职守,勤奋工作,以优异的成绩报效祖国,以优异的成绩为母校争光。今天,母校师长欢送你们踏上学成报国的万里征程;明天,父老乡亲和老师同学将分享你们事业成功的无限快乐。

海阔凭鱼跃,天高任鸟飞。亲爱的同学们,祝你们一路顺风,早日实现远大的理想,拥有美好的未来。

评析:

该欢送词是在学生毕业之际,老师为毕业生而写。欢送词情真意切,用词优美、恰当,抒情与议论并用,较好地表达了老师对毕业生寄予的厚望与深深的鼓励,同时表达了欢送之意。这样激昂的欢送词,让学生在离别之际产生的不是离别的伤感,而是继续奋斗的激昂斗志。

案例导入：

阅读下面开幕词材料，试着分析开幕词和闭幕词的特点和写作格式，同时感受习主席语言的艺术与魅力。

共建面向未来的亚太伙伴关系
——在亚太经合组织第二十二次领导人非正式会议上的开幕辞

（2014年11月11日，雁栖湖国际会议中心）

中华人民共和国主席　习近平

各位同事：

很高兴同大家聚会北京雁栖湖畔。首先，我谨对各位同事的到来，表示热烈的欢迎！

每年春秋两季，都有成群的大雁来到这里，雁栖湖因此得名。亚太经合组织的21个成员，就好比21只大雁。"风翻白浪花千片，雁点青天字一行。"今天，我们聚首雁栖湖，目的就是加强合作、展翅齐飞，书写亚太发展新愿景。

今年是亚太经合组织成立25周年。亚太经合组织的25年，也是亚太发展繁荣的25年。亚太经合组织见证了亚太发展的历史成就，亚太发展也赋予亚太经合组织新的使命。

当前，世界经济复苏仍面临诸多不稳定不确定因素，亚太发展也进入新的阶段，既有机遇，也面临挑战。如何破解区域经济合作碎片化风险？如何在后国际金融危机时期谋求新的增长动力？如何解决互联互通建设面临的融资瓶颈？这些都需要我们深入思考、积极应对。

面对新形势，我们应该深入推进区域经济一体化，打造有利于长远发展的开放格局。亚太经合组织应该发挥引领和协调作用，打破种种桎梏，迎来亚太地区更大范围、更高水平、更深层次的新一轮大开放、大交流、大融合。要打破亚太内部的封闭之门，敞开面向世界的开放之门。要在推进茂物目标的同时大力推进亚太自由贸易区进程，明确目标、方向、路线图，尽早将愿景变为现实，实现横跨太平洋两岸、高度开放的一体化安排。面对新形势，我们应该全力推动改革创新，挖掘新的增长点和驱动力，打造强劲、可持续的增长格局。后国际金融危机时期，增长动力从哪里来？毫无疑问，动力只能从改革中来、从创新中来、从调整中来。我们要创新发展理念，从传统的要素驱动、出口驱动转变为创新驱动、改革驱动，通过结构调整释放内生动力。我们要改变市场管理模式，使市场在资源配置中起决定性作用，更好发挥政府作用。我们要推动科技创新，带动能源革命、消费革命，推动亚太地区在全球率先实现新技术革命。我们今年推动互联网经济、城镇化、蓝色经济等领域合作，探讨跨越"中等收入陷阱"问题，抓住了重大、前沿的国际经济议题，开了个好头。

面对新形势，我们应该加快完善基础设施建设，打造全方位互联互通格局。互联互通是一条脚下之路，无论是公路、铁路、航路还是网路，路通到哪里，我们的合作就在哪里。互联互通是一条规则之路，多一些协调合作，少一些规则障碍，我们的物流就会更畅通、交往就会更便捷。互联互通是一条心灵之路，你了解我，我懂得你，道理就会越讲越明白，事情就会越来越好办。实现亚太全方位互联互通，就是要让脚下之路、规则之路、心灵之路联通太平洋两岸的全体成员，打通融资贵、融资难的瓶颈，就是要加强公私伙伴关系建设，实现联动式发展。

各位同事，亚太经合组织是一个大家庭，打造发展创新、增长联动、利益融合的开放型亚太经济格局，符合所有成员共同利益。为了实现上述目标，亚太经济体需要共同构建互信、包容、合作、共赢的亚太伙伴关系，为亚太地区和世界经济发展增添动力。

第一，共同规划发展愿景。亚太未来发展攸关每个成员利益。我们已经在启动亚太自由贸易区进程、推进互联互通、谋求创新发展等方面达成重要共识，要将共识转化为行动，规划今后5年、10年甚至25年的发展蓝图，一步步扎实向前推进。

第二，共同应对全球性挑战。在后国际金融危机时期，我们既要抓住经济增长这个核心，加强宏观政策协调，又要妥善应对流行性疾病、粮食安全、能源安全等全球性问题，以信息共享增进彼此了解，以经验交流分享最佳实践，以沟通协调促进集体行动，以互帮互助深化区域合作。

第三，共同打造合作平台。伙伴意味着一个好汉三个帮，一起做好事、做大事。我们应该将亚太经合组织打造成推动一体化的制度平台，加强经验交流的政策平台，反对贸易保护主义的开放平台，深化经济技术合作的发展平台，推进互联互通的连接平台。亚太经合组织的发展壮大有赖于大家共同支持。

我愿在此宣布，中方将捐款1000万美元，用于支持亚太经合组织机制和能力建设，开展各领域务实合作。

第四，共同谋求联动发展。伙伴意味着合作共赢、互学互鉴。当前，一些亚太发展中经济体面临较多困难，没有他们的发展，亚太发展就不可持续。我们要加大对发展中成员的资金和技术支持，发挥亚太经济体多样性突出的特点，优势互补，扩大联动效应，实现共同发展。

未来3年，中国政府将为亚太经合组织发展中成员提供1500个培训名额，用于贸易和投资等领域的能力建设项目。

各位同事,在"共建面向未来的亚太伙伴关系"主题下,我们将围绕"推动区域经济一体化""促进经济创新发展、改革与增长""加强全方位基础设施与互联互通建设"三项重点议题展开讨论。我期待并相信,这次会议将为亚太发展注入新的活力。

一花不是春,孤雁难成行。让我们以北京雁栖湖为新的起点,引领世界经济的雁阵,飞向更加蔚蓝而辽阔的天空。

谢谢大家!

任务二 学会写开幕词、闭幕词

一、开幕词、闭幕词的概念

开幕词和闭幕词用于比较隆重或盛大的会议、会谈、展览、运动会、庆典等活动,也叫开幕辞、闭幕辞。开幕词是在表示欢迎后介绍本次会议的意义、主办人的意愿的讲话,要阐明会议或活动的性质、宗旨、任务、要求和议程安排等。闭幕词是会议的主要领导人代表会议举办单位,在会议闭幕时的讲话,其内容一般是概述会议所完成的任务,对会议的成果作出评价,对会议的经验进行总结,对贯彻会议精神提出要求和希望。

开幕词是大会正式召开的标志,主要是领导人亲临大会并发表开幕词,显示了组织者对大会的重视。闭幕词与开幕词相对应,是会议结束时由主要领导人向全体会议代表所作的总结性讲话,标志着整个会议或活动的结束。致闭幕词的领导人与致开幕词的领导人一般不是同一人,通常与致开幕词者身份相当或略低。

大会有一个隆重的开头,也应该有一个郑重的结尾,所以开幕词与闭幕词是大会流程中必不可少的程序。

二、开幕词、闭幕词的特点

(一)开幕词的特点

1. 宣告性

开幕词在大会开幕式上使用,在大会开始之初阐述会议宗旨、意义,并向世人进行宣布与告知会议的举办,具有宣告性。

2. 提示性

开幕词对会议主要内容进行简洁扼要的说明,让与会者与世人知道会议的主要内容及指导思想、宗旨、目的等,对会议有提示性。

3. 指导性

开幕词所提出的会议宗旨,是大会的主导思想,所阐明的目的、任务、要求等,对于会议有着重要的指导作用,故开幕词具有指导性。

4. 口语化

开幕词要简洁明了、短小精悍,忌长篇累牍、言不及义,多使用祈使句,表示祝贺和希望，语言应该通俗、明快、上口。

（二）闭幕词的特点

1. 总结性

闭幕词是在会议与活动的闭幕式上使用的文种，要对会议内容、会议精神和进程进行简要的总结会并作出恰当评价，肯定会议的重要成果，强调会议的主要意义和深远影响。

2. 概括性

闭幕词应对会议进展情况、完成的议题、取得的成果、提出的会议精神及会议意义等进行高度的语言概括。因此，闭幕词的篇幅一般都短小精悍，语言简洁明快。

3. 号召性

为激励参加会议的全体成员实现会议提出的各项任务而奋斗，增强与会人员贯彻会议精神的决心和信心，闭幕词的行文充满热情，语言坚定有力，富有号召性和鼓动性。

4. 口语化

闭幕词要适合口头表达，写作时语言要求通俗易懂、生动活泼。

三、开幕词、闭幕词的类别

按内容可以分为侧重性和一般性两种。

1. 侧重性开幕词、闭幕词

侧重性开幕词往往对会议召开的历史背景、重大意义或会议的中心议题等，作重点阐述，其他问题一带而过。侧重性闭幕词则在重点强调会议精神、会议意义、会议结果，并提出号召。导入案例《共建面向未来的亚太伙伴关系——在亚太经合组织第二十二次领导人非正式会议上的开幕辞》属于侧重性开幕词，点明了会议召开的历史意义及亚太经合组织发展新局面；【例文4-3】《在亚太经合组织第二十二次领导人非正式会议上的闭幕辞》和【例文4-4】《在第四十五届世界体操锦标赛闭幕式上的致辞》均属于侧重性闭幕词，重点强调了会议的结果与重大意义。

2. 一般性开幕词、闭幕词

一般性开幕词只对会议的目的、议程、基本精神、来宾等作简要概述。一般性闭幕词则对会议进行一般总结与概括，简单强调会议精神，提出号召。一般性开幕词、闭幕词用于一般性的会议中，无需作详细说明。

四、开幕词、闭幕词的写作格式

开幕词、闭幕词通常由标题、称谓和正文三部分组成。

1. 标题

标题通常有三种写法：一是用会议名称作标题；二是前边再加上领导人姓名；三是用提示内容中心或主旨的标题，在后面通常加上副标题。写于开头正中。

2. 称谓

称谓一般写在标题下行顶格，称呼根据会议对象而定，如"尊敬的各位领导、各位来宾，女士们、先生们"、【例文4-4】中"尊敬的国际体联主席布鲁诺·格兰迪先生，女士们、先生们、朋友们"等。

3. 正文

正文的结构是引语＋主体＋结尾。

（1）引语。开幕词的引语通常应包括：宣布大会开幕，对会议进行简要说明，对大会表示祝贺、对来宾或与会人员表示欢迎。闭幕词的引语与开幕词相似，一般包括：宣布大会闭幕，简单概括本次会议的结果，对来宾或与会人员表示感谢。如《亚太经合组织第二十二次领导人非正式会议上的开幕辞》中正文引语"很高兴同大家聚会北京雁栖湖畔。首先，我谨对各位同事的到来，表示热烈的欢迎！"对来宾表示欢迎，《××学院2014年秋季运动会开幕词》中的正文引语"在全校师生的热切期盼中，××学院2014年秋季田径运动会隆重开幕了！我代表院党委和大会组委会，对为筹备这次运动会而付出辛勤劳动的全体工作人员表示衷心的感谢！对运动会的召开表示热烈的祝贺！"该引语部分宣布运动会开幕，并对大会表示祝贺。

（2）主体。开幕词的主体应阐明会议的重要意义，说明会议主要议程，向与会者提出希望和要求。闭幕词的主体主要是对大会进行概括总结，列举会议完成的任务和取得的成果，并提出贯彻大会精神的要求和希望，突出会议精神。

（3）结尾。开幕词结尾一般以简短的祝愿语振奋全场与会者的激情，如"预祝大会取得圆满成功"。闭幕词的结尾通常比较简单，简洁地宣布会议结束，最常见的是"现在，我宣布大会闭幕，谢谢大家！"也有根据具体会议的实际情况而表达不同的内容，如《在第四十五届世界体操锦标赛闭幕式上的致辞》中的结尾"希望您能喜欢南宁、爱上南宁，欢迎您再到南宁来！"根据第四十五届世锦赛在广西南宁举办这一实际情况，充分体现东道主的热情好客，在最后发出祝愿与邀请。

【例文4-3】

在亚太经合组织第二十二次领导人非正式会议上的闭幕辞

（2014年11月11日，雁栖湖国际会议中心）

中华人民共和国主席　习近平

各位同事：

我们用了一天时间，围绕会议主题和三大议题进行了热烈而富有成果的讨论，就亚太发展愿景和亚太经合组织合作方向等问题深入交换看法，达成许多重要共识。下面，我来进行简要总结。

我们回顾了亚太经合组织过去25年的历史成就和宝贵经验，展望了亚太长远发展愿景和方向。我们决心承前启后，继往开来，发扬互信、包容、合作、共赢的精神，共建面向未来的亚太伙伴关系，打造发展创新、增长联动、利益融合的开放型亚太经济格局，为实现共同发展、繁荣、进步的亚太梦想而不懈努力。

我们决心大力加强亚太伙伴关系，共同规划发展愿景，共同应对全球性挑战，共同打造合作平台，共同谋求联动发展。我们通过了《北京纲领：构建融合、创新、互联的亚太——亚太经合组织领导人宣言》和《共建面向未来的亚太伙伴关系——亚太经合组织成立25周年声明》这两份成果文件，进一步明确了亚太地区经济合作的发展方向、目标、举措。

我们强调区域经济一体化是亚太地区长期保持强劲增长的动力源。亚太经合组织应该继续发挥引领和协调作用,为亚太经济一体化谋划新愿景,共同打造开放、包容、均衡、普惠的区域经济合作架构。我们决定启动和推进亚太自由贸易区进程,批准《亚太经合组织推动实现亚太自由贸易区路线图》。这是我们朝着实现亚太自由贸易区方向迈出的实质性一步,标志着亚太自由贸易区进程的正式启动,体现了亚太经合组织成员推进区域经济一体化的信心和决心。这一成果将把区域经济一体化水平提升到新的高度,也将使太平洋两岸的经济体广泛受益,为亚太经济增长和各成员共同发展注入新的活力。

我们还批准了全球价值链、供应链、能力建设等领域的重要合作倡议,发出了支持多边贸易体制、推动多哈回合谈判早日结束的强有力呼声。

我们认识到世界经济已进入后国际金融危机时期的深度调整阶段,亚太地区必须抓住机遇,直面挑战,加快创新和改革步伐,为亚太经济发展挖掘新的驱动力和竞争力。我们通过了《亚太经合组织经济创新发展、改革与增长共识》,决定以经济改革、新经济、创新增长、包容性支持、城镇化作为五大支柱,加强政策协调和对话,推进务实合作、经验分享、能力建设,实现创新、改革、增长三者之间良性循环,进一步巩固亚太的全球经济引擎地位。

我们决心共同探索适合自身实际的发展道路和发展模式,加强交流互鉴,丰富亚太发展新理念新思路,形成多元发展、齐头并进的局面。我们开拓了全新的合作领域,跨越"中等收入陷阱"、互联网经济、城镇化等重要新兴议题进入我们的视野,启发了深入讨论,产生了重要成果。我们大力推动亚太反腐败合作,建立亚太经合组织反腐败执法合作网络,就追逃追赃、开展执法合作等达成重要共识。我们赞赏在蓝色经济、绿色经济、可持续能源、中小企业、卫生、林业、矿业、粮食安全、旅游、妇女与经济等领域取得的积极成果。

我们一致认为加强全方位基础设施和互联互通建设有助于开拓亚太经济增长新源泉,提升竞争力,符合各成员共同利益和长远发展需要。我们批准了《亚太经合组织互联互通蓝图》这一里程碑式文件,决心在2025年前实现加强硬件、软件和人员交流互联互通的远景目标,并完成共同确立的具体指标。我们将按照蓝图构想,加大投入,构建全方位、多层次的复合型亚太互联互通网络,为实现亚太长远发展夯实互联互通的基础。

我们决定拓展基础设施投融资领域务实合作,推广公私合作伙伴关系模式,帮助本地区破解互联互通建设资金瓶颈。我们高度肯定人员流动对互联互通的基础性作用,决定实施跨境教育、商务旅行卡、跨境旅游等新倡议,让太平洋两岸更多普通民众从中受益。

我们决定共同应对大规模流行性疾病、恐怖主义、自然灾害、气候变化等全球性挑战。面对当前肆虐的埃博拉疫情,亚太经合组织领导人决心携手合作,帮助非洲国家有效应对和防控疫情,支持联合国在援助非洲和抗击疫情中发挥领导和统筹作用,支援疫区人民共渡难关,直至取得最终胜利。

各位同事!

在我正式宣布会议结束之前,我想借此机会向各位同事表示诚挚谢意。感谢你们对我本人和中国政府的信任,感谢你们在会议期间给予中方的支持、理解、合作,感谢你们对亚太共同发展、繁荣、进步事业的辛勤努力和付出。

这次会议不是终点,而是新的起点。我深信,今天的讨论是很有意义的。当我们回顾雁栖湖会议这段历史时,可以自豪地说:我们做了应该做的事。

相逢总是美好而又短暂的,很快又到了我们要说再见的时刻。会议结束后,我将参加记者招待会,根据我们会上达成的共识,向媒体简要介绍会议成果和讨论情况。有些同事还要在中国逗留几天,有些同事很快将离开中国。我希望这次中国之行能给大家留下美好的回忆,也愿借此机会祝大家旅途愉快,一路平安。

我也期待着明年在马尼拉同大家再次相聚。

谢谢大家!

评析:

闭幕词中,首先在正文引语部分对会议取得的成果进行了简单概要的总结,继而在主体部分重申了会议的背景、历史意义、主要内容、主要成绩以及主要发展方向,接着,承上启下,说明会议的结束不是终点,是新的起点,从而在结尾部分宣布会议结束的同时表达良好祝愿与感谢以及对下一次会议的期待。全文用词严谨、形象、恰当。

【例文 4-4】

在第四十五届世界体操锦标赛闭幕式上的致辞

中共南宁市委书记　余远辉

尊敬的国际体联主席布鲁诺·格兰迪先生,女士们、先生们、朋友们:

第四十五届世界体操锦标赛顺利完成各项赛事任务,即将落下帷幕。在这收获友谊、分享喜悦的时刻,我谨代表中共南宁市委、市人民政府和本届赛事组委会,向国际体联、国家体育总局、各国各地区代表团,向所有为本届体操世锦赛作出贡献的朋友们表示衷心的感谢!

过去的10天里,南宁成为世界瞩目的焦点。来自世界各国、各地区的体操健儿们在这里同场竞技、增进友谊、放飞梦想,展现了高超的竞技水平和良好的体育道德,倾情演绎了力与美的经典结合,取得了竞赛成绩和精神文明的双丰收。当凯歌奏响的时候,我们向取得优异成绩的运动员表示热烈的祝贺!向所有参加比赛的体操健儿致以崇高的敬意!

回顾本届世锦赛的筹备历程,我们要感谢所有参与筹办工作的人们,你们为世锦赛贡献了智慧、付出了辛劳、洒下了汗水;我们要感谢精心报道世锦赛的媒体朋友们,你们将精彩赛事和中国美、广西韵、南宁秀带到了世界各个角落;我们要感谢全心投入、默默奉献的广大志愿者,你们用无私的奉献和真诚的微笑给各方来宾留下了美好回忆;我们要感谢理解、包容、支持世锦赛的全体南宁市民,你们用满腔热情、积极参与和主动担当,成就了一届精彩难忘的体操盛会。无论是迎接世锦赛还是赛事举办期间,广大市民所表现出来的文明素质,特别是赛场观众所表现出来的礼貌、热情与友善,为美丽的绿城增添了光彩,让每一个南宁人都感到无比的骄傲和自豪。体操世锦赛的成功,属于大家,属于为世锦赛付出努力、作出贡献的每一个人!

女士们、先生们、朋友们,体操世锦赛是体育运动的盛会,也是多元文化交融的平台。在这依依惜别的时刻,我们希望将最美好的回忆留给世界,南宁向世界承诺,我们的热情之火将永远燃烧,我们的怀抱将永远向您敞开。让我们从这里出发,大力弘扬顽强拼搏、竞争向上的体操精神,拥抱希望、追逐梦想,共同创造更加美好的未来!

希望您能喜欢南宁、爱上南宁,欢迎您再到南宁来!

(来源:南宁日报 2014 年 10 月 13 日)

评析:

该闭幕词称呼突出重要人物,其他来宾用"女士们、先生们、朋友们"统称,详略得当。正文引语部分对此次赛事取得的成绩作了简要概括,主体部分对赛事进行了回顾,同时对参赛者、工作人员、志愿者及各方来宾表示祝贺与感谢,并适时传递了承办方的热情好客精神。最后,以发出希望结束全文"希望您能喜欢南宁、爱上南宁,欢迎您再到南宁来!",充分表达了东道主的热情好客。

应用文写作教程

案例导入：

阅读下面感谢信材料，感受感谢信的写作特点与写作格式。

第 29 届奥林匹克运动会组委会感谢信

2008 年 3 月 31 日，北京 2008 年奥运圣火欢迎仪式暨火炬接力启动仪式在北京隆重举行并取得圆满成功。随后，承载着 13 亿中国人民的期盼和梦想的奥林匹克圣火，从北京出发踏上全球互动文明传递的旅程，把"和平、团结、友谊、进步"的奥林匹克精神传遍全中国，传遍全世界。

圣火从奥林匹克发祥地希腊点燃、交接，到"奥运圣火号"专机返抵北京、在天安门广场举行欢迎仪式，每一个环节都紧紧牵动着首都和全国人民的心。在党中央、国务院的领导下，迎接奥运圣火活动的筹备组织和实施过程中，各有关部门和单位服务大局，以高度的责任心和使命感，相互支持，紧密配合，恪尽职守，辛勤工作，全力以赴，无私奉献，确保了这一举国盛事平安、顺利地进行。

在此，北京奥组委向一直以来给予北京奥运会和奥运筹办工作全力支持、指导的中央、市属部门和单位，表示衷心的感谢并致以崇高的敬意！

让我们认真践行党中央关于举全国之力举办一届"有特色、高水平"奥运会的目标要求，携手奋斗，为办好北京 2008 年奥运会共同努力！

北京奥林匹克运动会组委会
2008 年 4 月 16 日

任务三　写作感谢信、慰问信、表扬信

一、感谢信

（一）感谢信的概念

感谢信是向帮助、关心和支持过自己的集体（党政机关、企事业单位、社会团体等）或个人表示感谢的专用书信，有感谢和表扬双重意思。写感谢信既要表达出真切的谢意，又要起到表扬先进、弘扬正气的作用。它广泛应用于个人与个人之间，个人与组织之间，组织与组织之间，用于向给予自己帮助、关心和支持的对方表示感谢。

（二）感谢信的特点

1. 公开感谢和表扬

感谢信同时具有感谢和表扬的意思，并在公共场合展示，通过公开感谢，起到表扬先进、弘扬正气的作用。

2. 感情真挚

感谢信重在感谢对方的支持与帮助，应表达出真情实感，感情真切。

3. 表达方式多样

表达方式灵活多样，不拘一格，可以运用叙述、描写、抒情、议论、说明等不同方式

进行表达。

(三) 感谢信的类型

1. 按感谢对象分

(1) 给集体的感谢信。这类感谢信，一般是个人由于在困难时，受到了集体的帮助，使自己渡过了难关，走出困境，用感谢信的方式表达自己的感激之情。

(2) 给个人的感谢信。这类感谢信可以是个人也可以是单位集体为了表达某个人曾给予的帮助、照顾而写。

2. 按发布方式分

(1) 直接送达感谢对象。这类感谢信直接寄给单位和个人。

(2) 通过媒体发布。这类感谢信通过媒体进行发布，包括登报、电台广播、电视播报、网络等方式发布。

(3) 公开张贴。这类感谢信直接在公告栏进行张贴，如：单位、学校、小区等公告栏。

(四) 感谢信的写作格式

感谢信通常由标题、称谓、正文、结语、落款五部分构成。

1. 标题

感谢信的标题写法通常有以下几种：

(1) 单独由文种名称组成，如"感谢信"。

(2) 由感谢对象和文种组成，如"致某某单位的感谢信"。

(3) 由感谢双方和文种组成，如"某某单位致某某学校的感谢信"。

2. 称谓

写在开头顶格处，要求写明被感谢对象的名称，后加上冒号。

3. 正文

感谢信的正文从称呼下移一行空两格开始写，一般包括两层意思：一是感谢的理由，二是表达感谢之意。

(1) 感谢理由。首先准确、具体、生动地叙述对方的帮助，交代清楚人物、时间、地点、事迹、过程、结果等基本情况；然后在叙事基础上对对方的帮助作贴切、诚恳的评价，以揭示其精神实质、肯定对方的行为。在叙述和评价的字里行间要自然渗透感激之情。

(2) 感谢之意。在叙事和评论的基础上直接对对方表达感谢之意，根据情况也可在表达谢意之后表示以实际行动向对方学习的态度。

4. 结语

结语要写上敬意、感谢的话，一般用"此致敬礼"或"再次表示诚挚的感谢"之类的话，也可自然结束正文，不写结语。

5. 落款

落款包括署名和日期，写感谢者的单位名称或个人姓名和写信的时间，在正文后另起一行，右下方处落款。

【例文 4-5】

国家助学金感谢信

尊敬的各位领导、老师：

你们好！首先，在此我真诚地感谢国家助学金对我们贫困大学生的支持和关怀。我是××大学××学院××专业××班的一名贫困学生。

适逢感恩节来临之际，我作为一名助学金受助者，怀着万分感激的心情写下这封信。感谢国家的大好政策对于对寒门学子求学的大力支持，感谢学校提供一个共同学习、平等竞技的平台，感谢老师在学业上对我们的谆谆教诲、在人生道路上的指点迷津，感谢亲爱的同学在生活上给予我们的无私帮助，同时，我还要感谢老师和同学们在助学金评选工作中付出辛勤努力。

曾经，困难的家境几乎让我放弃对求学的追求，但是父母的坚定和社会上好心人士的帮助，使我收拾行囊、怀揣梦想走进城市、来到大学。然而，微薄的家庭收入远远不能支付在学校高昂的学费和生活费，多少次父母促膝于灯下叹息，多少次我在为大学迷茫，当我获得助学金时，心中升起无限希望。真诚的感谢你们，谢谢你们给予我的援助，让我能够继续深造学习。

大学之大，在于有大师。北大校长蔡元培说：大学之大，在明明德，在亲民，在止于至善。大学之大，不在于高楼大厦之大，而在于有大师。大师是一个大学的灵魂，是构筑学术殿堂的根基。北大成为中国历史上新文化运动的策源地，是因为有陈独秀、鲁迅、胡适等时代的巨擘；西南联大成为培养人才的摇篮，是因为有朱自清、闻一多等民族的脊梁。大学以大师为纲，以教书育人为目，纲举则目张。

大学是求学圣地，是成才的摇篮。古人云：一叶落而知天下秋。放眼高考战场，无数的莘莘学子过关斩将，就知道大学对人才的吸引力。大学优雅的校园环境，强大的师资力量，完善的实验设备，自由的学术氛围，为人才的培养提供条件。在大学，我们可以聆听大师的教诲，感受人格的力量；我们也可以遨游于无边的书海，汲取书中的养分。大学作为社会的人才工厂，源源不断地为社会主义事业输送建设者和接班人。

大学是人生中的关键阶段。这是我们最后一次有机会系统的接受知识。这是我们最后一次有机会全面的建设自己的知识体系。这可能是我们最后一次有机会将大段时间用于学习的人生阶段，也可能是最后一次拥有较高的可塑性、集中精力充实自我的人生历程。这也许是我们最后一次能在相对宽容的，可以置身其中学习为人处世之道的理想环境。

我异常珍惜上大学的机会。"宝剑锋从磨砺出，梅花香自苦寒来"，不经历风雨怎能见彩虹。因此在学习中，我勤奋努力，从不敢懈怠。我不奢求在物质上的满足，从不买名牌服装，从不随意消费，唯一心扑在学习上，但求能在知识中笑傲江湖，无意于吃穿的攀比。

两年半的大学生涯中，有苦有辣有酸有甜，曾经哭过，曾经笑过，但我从来没有放弃过。跌倒了，爬起来，拍拍尘土，继续前行。人生不如意十有八九，况且我有你们在身边，有你们这些亲人在默默地支持我、鼓励我、帮助我。是你们为我的梦想插上了翅膀，为我的人生扬起了风帆，我当如雄鹰搏击长空，我当架起命运的小舟乘风破浪、直济沧海。

常言道：世上无难事，只要肯登攀，这些励志的名言警句成为我的精神良药。我知道，仅有书本知识的学习远远不能满足社会对人才多样化的需求，只有理论与实践相结合，才能相得益彰。因此，我在努力完成学业的基础上，充分利用课余时间参加社会实践活动，增长见识，拓宽视野。同时，积极参加班级、院系和学校举行的辩论比赛，锻炼口才。此外，我利用周末的时间，组织班级同学去救助站、残联等组织，力所能及地帮助流浪、残障儿童。

国家助学金的到来，让我深深感受到党和国家对贫困大学生的关怀和高度重视。助学金不仅缓解家庭的经济压力，更是温暖人心。我一定会合理地运用这笔钱，争取在学习上更上一层楼，在思想上积极向党组织靠拢，在行动上严格要求自己，争做社会主义事业的建设者和接班人。

人才举，国运昌，事业兴！祝愿社会主义祖国兴旺发达！

此致

敬礼

××学院××班 ×××

20××年××月××日

评析：

本文是贫困学生在获得国家助学金后对国家、对学校、对老师表达的感谢之意。尽管学生对国家也有深深的感谢之意，但由于学生所写感谢信的受文者是该校的领导和老师，因此称呼只是"尊敬的各位领导、老师"。感谢信正文，学生首先表达谢意并表明身份，继而说明自己的贫困情况及受助情况，同时表明自己努力学习与回报社会的决心，字里行间传递出真挚的谢意与积极向上的决心。

二、慰问信

（一）慰问信的概念

慰问信是有关机关或者个人以组织或个人的名义在他人处于特殊的情况下（如战争、自然灾害、事故），或在节假日，向对方表示问候、关心的应用文。一般是同级、或上级对下级单位、个人的慰问。

（二）慰问信的特点

1. 表达关心与问候

慰问信是在对方处于特别情况下或者节假日致以真诚的问候，表达关心之意，应在字里行间体现出这一特点。

2. 感情真切

既然是表达关心与问候，感情应该情真意切。

（三）慰问信的类别

(1) 对取得重大成绩的集体或个人表示慰勉

(2) 对处于特殊情况的集体或个人表示同情与安慰

(3) 在节日之际表示问候

(四) 慰问信的写作格式

慰问信通常由标题、称谓、正文、结语、落款五部分构成。

1. 标题

慰问信的标题通常包括以下三种方式：

(1) 单独由文种名称组成，如"慰问信"。

(2) 由慰问对象和文种组成，如"致抗洪部队的慰问信"。

(3) 由慰问双方和文种组成，如"习主席致全国教师的慰问信"。

2. 称谓

写在开头顶格处，要求写明被慰问对象的名称，如果是个人，应在姓名后面加上"同志""先生"等字样，后加冒号，如"全国广大教师们："蒋志刚同志："等。

3. 正文

正文之后另起一行空两格写正文。慰问信的正文一般由发文目的、慰问缘由或慰问事项等两大部分构成。

(1) 发文目的。该部分开宗明义，写清楚发此信的目的是代表何人向何集体表示慰问。如"2014年致援外医疗队新年慰问信"的开头："时光荏苒，岁月如梭。值此辞旧迎新之际，我代表全省27万医务工作者，向远在异国他乡的援外医疗队员们和你们的家属，致以亲切的问候和新年的祝福！"

(2) 慰问缘由或慰问事项。该部分要概括地叙述对方的先进思想、先进事迹，或战胜困难，舍己为人、不怕牺牲等的可贵品质和高尚风格；或者简要叙述对方所遭受的困难和损失，以示发信方对此的关切程度。要表现出发信方的钦佩或同情之意。

4. 结语

结语表示共同的愿望和决心，表示祝福与希望。如"最后，衷心祝愿全体援外医疗队员和你们的家人新年愉快，身体健康，工作顺利，阖家欢乐！"

5. 落款

落款包括署名和日期，在正文后另起一行，右下方处落款，署名和日期各占一行。

【例文 4-6】

习主席致全国教师的慰问信

全国广大教师们：

第二十九个教师节到来之际，我正在遥远的乌兹别克斯坦进行国事访问。首先，我代表党中央、国务院，向全国1400万教师，致以诚挚的问候和崇高的敬意！祝大家节日快乐！

长期以来，我国广大教师认真贯彻党的教育方针，默默耕耘、无私奉献，用爱心、知识、智慧点亮学生心灵，培养了一批又一批优秀人才，为我国教育事业发展、为国家发展和民族振兴作出了突出贡献。

百年大计，教育为本。教师是立教之本、兴教之源，承担着让每个孩子健康成长、办好人民满意教育的重任。希望全国广大教师牢固树立中国特色社会主义理想信念，带头践行社会主义核心价值观，自觉增强立德树人、教书育人的荣誉感和责任感，学为人师，行为世范,做学生健康成长的指导者和引路人;牢固树立终身学习理念,加强学习,拓宽视野,更新知识,不断提高业务能力和教育教学质量,努力成为业务精湛、学生喜爱的高素质教师;牢固树立改革创新意识,踊跃投身教育创新实践,为发展具有中国特色、世界水平的现代教育作出贡献。

各级党委和政府要把加强教师队伍建设作为教育事业发展最重要的基础工作来抓,提升教师素质,改善教师待遇,关心教师健康,维护教师权益,充分信任、紧紧依靠广大教师,支持优秀人才长期从教、终身从教。

全社会要大力弘扬尊师重教的良好风尚,使教师成为最受社会尊重的职业。

祝全国广大教师身体健康、工作顺利、生活幸福!

习近平
2013 年 9 月 9 日

评析:

该慰问信是习主席致全国教师的教师节慰问。在教师节来临之际,国事繁忙且远在他国的主席能不忘致以全国教师节日的问候,让人不禁为之感动。信中,习主席站在国家的高度上以中肯的语言表达了教育事业的重要性及国家对教育事业的重视,同时提出了对教师的希望与要求。针对性强,重点突出,表达到位。

【例文 4-7】

<h3 style="text-align:center">致全县大学生"村官"的慰问信</h3>

全县大学生"村官"们:

岁序更迭,万象更新。值此 2014 年元旦来临之际,县委组织部谨向辛勤工作、无私奉献在基层一线的各位大学生村(社区)干部致以诚挚的问候!并向支持你们到村(社区)任职的家人表示衷心的祝愿和节日的祝福!

回首过去的 2013 年,你们齐心协力,锐意进取,把自己的青春和梦想,积极和热情挥洒在广阔的田野,成就着新农村的每一滴改变,推动着农业的每一个发展,帮助农民收获着每一份喜悦,这是你们成绩显著的一年。在各级党组织的关心和领导下,你们努力发挥大学生思维活跃、视野开阔、渠道广阔、富有创造的特点,克服重重困难,深入农村,联系群众,开展调研,扎实工作,用自己所学的知识服务农民,由当初的"学生娃"变成了地道的"农村干部",成为农民的"贴心人",赢得了当地干部群众的信任,展现了当代大学生志存高远、服务农民、奉献社会的精神风貌,殷实了你们的人生"日记"。

站在新的起点上,2014 年对你们充满了机遇和挑战,我们的农民生活还算不上富裕,农村面貌还需进一步改善,农业新科技、新知识还有待大力推广和实践,这些需要你们继续发挥吃苦奉献的精神,以扎根基层,服务农村为目标,尽自己所能为我们新农村建设作出自己应有的贡献。

大学生到农村任职,是时代的呼唤、是农民的期盼,也是党对大学生的期望,而你们更是××县干部队伍的生力军,希望你们在新的一年里刻苦勤奋,大胆实践,勇挑重担,再接再厉,努力开拓新农村建设的新路子,虚心向基层干部群众学习,不断提高自己处理实际问题的能力,创新发展农村经济、增加农民收入的思路和渠道。真正成为实现我县二次创业的带头人,农民脱贫致富的领路人。

百舸争流千帆竞,天时人事日相催。我们相信,在各级党组织的关怀和支持下,你们一定能够凭借自己的热情和豪迈,在大学生"村官"这个舞台上创造出崭新的业绩,在这块热土上展翅飞翔,让我们的事业更加蒸蒸日上!

最后,衷心祝愿你们新年快乐,工作进步,身体健康!

中共××县委组织部大学生村干部管理办公室
2013 年 12 月 20 日

评析:

该慰问信是在新年来临之际以县委大学生村干部管理办公室的名义对全县大学生村官发出的慰问。信中,首先发出慰问,继而回顾大学生村官在过去一年里取得的成绩,并站在新起点上提出希望与鼓励,最后表明态度与祝愿。全文内容安排得当,用过去事实说话,并展望未来,提出希望与鼓励,表达到位,不拖沓。

三、表扬信

(一) 表扬信的概念

表扬信是向特定受信者表达对被表扬者优秀品行颂扬之情的一种专用书信。它主要用于作者在日常工作、生活中受益于被表扬者的高尚品行(或被其品行所感动),特向被表扬者所在单位或其上级领导致信,以期使其受到表彰、奖励,使其精神发扬光大。

(二) 表扬信的特点

(1) 语气热情、恳切,赞扬得当。

(2) 篇幅短小精悍。

(3) 赞颂美好品德。

(三) 表扬信的类型

1. 给个人的表扬信

有单位给个人的表扬信,也有个人给个人的表扬信。

2. 给集体的表扬信

有单位给单位的表扬信,也有个人给单位的表扬信。

(四) 表扬信的写作格式

表扬信通常由标题、称谓、正文、结尾和落款五部分构成。

1. 标题

表扬信标题单独由文种名称"表扬信"组成,位置位于第一行正中。

2. 称谓

表扬信的称谓,在开头顶格写上表扬对象的名称,后加冒号。若是写给个人,应在姓名后加上"同志""先生"等字样。若表扬信直接张贴到某机关、单位、团体,开头可不必再写受文单位。

3. 正文

称谓后另起一行,空两格写正文。正文内容一般包括:

（1）用概括叙述的语言交代表扬的理由，重点叙述人物事迹的发生、发展、结果及其意义。概述要突出最本质的方面，要用事实说话。

（2）指出行为的意义，在叙事的基础上进行评价、议论，赞颂被表扬者高尚行为的道德意义。

4. 结尾

结尾部分要提出对对方的表扬，或者向对方单位提出建议，希望对其给予表扬。在结尾处可用"此致敬礼"结束。

5. 落款

落款在正文后右下方，写上发文单位或个人的名称，并另起一行注明成文日期。

【例文 4-8】

表 扬 信

2014年2月×日上午10点，××学院2013级××班××同学在食堂附近捡到现金400元整。因没有任何证件可证明失主的身份，××同学及时将现金交于学生工作处，以便通过校方尽快将钱物归原主。××同学的行为充分体现出当代大学生的优秀精神风貌。

经学院研究决定，现对××同学提出全院通报表扬，希望大家学习他拾金不昧的精神。

××学院

2014年2月××日

评析：

该表扬信是××学院对拾金不昧的学生进行全院通报表扬，由于直接张贴在校内，向全体师生通报表扬，因此称呼可不写。文中，简洁扼要说明事情经过，表扬了该同学拾金不昧的行为，同时站在高度升华该行为的意义，并提出希望"希望大家学习他拾金不昧的精神"。全文内容简洁扼要，但表达清楚到位。

案例导入：

入党申请书是学生较熟悉的申请书类型之一，阅读下面材料，了解申请书的写作格式。

入 党 申 请 书

敬爱的党组织：

　　我申请加入中国共产党，愿意为共产主义事业奋斗终身。我热爱党，因为她是中国工人阶级的先锋队，同时是中国人民和中华民族的先锋队，是中国特色社会主义事业的领导核心，代表中国先进生产力的发展要求，代表中国先进文化的前进方向，代表中国最广大人民的根本利益。党的最高理想和最终目标是实现共产主义。中国共产党诞生于中华民族最危难的时刻，是黎明前的曙光，是顺应中国革命发展的必然产物，肩负振兴中华的伟大使命。中国共产党以马克思列宁主义、毛泽东思想、邓小平理论、"三个代表"重要思想和科学发展观作为自己的行动指南，开辟了中国特色社会主义道路，形成了中国特色社会主义理论体系，确立了中国特色社会主义制度。中国共产党在领导社会主义事业中，坚持以经济建设为中心，其他各项工作服从和服务于这个中心。按照中国特色社会主义事业总体布局，全面推进经济建设、政治建设、文化建设、社会建设、生态文明建设，领导和团结全国各族人民，以经济建设为中心，坚持四项基本原则，坚持改革开放，自力更生，艰苦奋斗，为把我国建设成为富强民主文明和谐的社会主义现代化国家而奋斗。在坚持改革开放的同时，中国共产党领导人民发展社会主义市场经济，领导人民发展社会主义民主政治，领导人民发展社会主义先进文化，领导人民构建社会主义和谐社会，领导人民建设社会主义生态文明，加强国防建设，维护和发展平等团结互助和谐的社会主义民族关系，坚持独立自主的和平外交政策，坚持和平发展道路，使中国长久和平发展

　　我深信共产主义事业的必然成功，深信只有社会主义才能救中国，只有社会主义才能发展中国。实践也充分证明，建设有中国特色社会主义，是实现中国经济繁荣和社会进步的康庄大道。我深信共产党员是彻底的唯物主义者，我将努力向这个方向发展。从建党之初仅有的50多名党员，几个小组逐步发展到今天拥有数千万党员的执政党。党领导全国各族人民为中国社会主义进步和发展做了三件大事：第一件是完成了反帝反封建的新民主主义革命任务，结束了中国半封建、半殖民地的历史；第二件是消灭了剥削制度和剥削阶级，确立了社会主义制度；第三件是开辟建设有中国特色的社会主义道路，逐步实现社会主义现代化，这件大事现在继续在做。党的辉煌历史，是中国共产党为民族解放和人民幸福，前赴后继，英勇奋斗的历史，是马克思主义普遍原理同中国革命和建设的具体实践相结合的历史；是坚持真理，修正错误，战胜一切困难，不断发展壮大的历史。中国共产党无愧是伟大、光荣、正确的党，是中国革命和建设的坚强领导核心。

　　我出生在一个工人家庭，在我身边一直有很多的优秀的共产党员，我一直受到马列主义、毛泽东思想的熏陶，心灵深处早已埋下了共产主义的理念，沐浴着党的阳光。从小学、中学到大学接受党的教育。作为劳模的外公，更是以他崇高品质潜移默化中给我灌输着党的性质与宗旨。踏实的学习、优异的成绩使得我在初中进校后，光荣地成为了一名共

青团员,进一步簇拥到党的周围。胸前熠熠发光的团徽时刻提醒着我以身作则、规范行为。学习上,努力刻苦不息慢;课余时,积极参加团组织举行的各种互动,劳逸结合中,放松了自我也加深了对中国共产党的理解与认识;节假日,走进社区,为孤寡老人送去自己的一片心一份爱,用自己的实际行动诠释党全心全意为人民服务的宗旨。2014年,高考结束了,也迎来了我人生中的一大转折点——进入了大学。作为一名新时期大学生,积极向党组织靠拢,以自己的实际行动为党的事业而奋斗终身也便成为我大学四年乃至今后的责任与义务。为了能进一步贴近党组织,我竞选了我们班级的团支书职位。工作中,我在提高自身思想建设的同时,将专业特色与工作相结合,以信息化带动团支部工作,充分利用好电教设备积极开展党团活动,及时组织政治理论学习,不断加强党史宣传工作,使同学的政治思想时刻与党中央保持一致。

作为一名大学生,一名学生干部,我深知肩上的责任与期望。在今后的学习生活中,我将进一步认真学习法律知识,用马克思列宁主义、毛泽东思想、邓小平理论、"三个代表"重要思想和科学发展观武装自己,深刻理解党的最新理论成果,遵纪守法,严于律己,丰富自己的专业知识,带领同学们在思想领域一直向前。如果党组织批准我的申请,我一定会戒骄戒躁,继续以党员的标准严格要求自己,做一名名副其实的共产党员;如果党组织没有接受我的申请,我也不会气馁,我将更加严格要求自己,找到差距,继续努力,不懈追求,以自己的行动接受党的考验,争取最终成为一名光荣的中国共产党员。

希望党组织能够接受我的申请。

此致

敬礼

申请人:×××
2014 年 10 月 15 日

任务四　写作申请书、倡议书

一、申请书

(一) 申请书的概念

申请书是个人或集体向组织、机关、企事业单位或社会团体表述愿望、提出请求时使用的一种文书。申请书的适用范围广泛,使用频率高,如从国家层面来说,申请加入世界贸易组织,需要用申请书;从城市层面来说,申请举办奥林匹克运动会,需要用申请书;从集体层面说,申请开展活动,需要用申请书;从个人层面来说,申请入团、入党等要用申请书。可见,申请书适用范围广。但申请书要求一事一议,内容单纯。

(二) 申请书的写作格式

申请书一般包括标题、称谓、正文、结尾和落款五个部分。

1. 标题

申请书的标题有两种形式:

(1) 直接用文种作为标题,如"申请书"。

(2) 由性质加文种构成，如"入团申请书""入党申请书""转专业申请书"等。

2. 称谓

申请书的称呼写明接收申请书的单位名称或领导姓名，在标题后另起一行顶格写，称呼后加冒号。如"尊敬的学生工作处""尊敬的系党总支书记""敬爱的王老师"等。

3. 正文

申请书的正文一般写申请的内容与理由，并表达决心。

(1) 申请内容。开篇就要向领导、组织提出申请内容。要开门见山，直截了当，不含糊其辞。

(2) 申请原因。为什么申请，也就是说明申请书的目的、意义及自己对申请事项的认识。

(3) 申请决心。最后进一步表明自己的决心、态度和要求，以便组织了解写申请书的人的认识和情况，应写得具体、详细、诚恳有分寸，语言要朴实准确，简洁明了。

4. 结尾

申请书可以有结尾，也可以没有。结尾一般写上"此致、敬礼"之类表示敬意的话，也可表示感谢和希望，如"请组织考验""请审查""望领导批准"等。

5. 落款

落款，即在正文后右下方写上申请人姓名和成文日期。

(三) 申请书的写作要求

(1) 申请的事项要写清楚、具体，涉及的数据要准确无误。

(2) 理由要充分、合理，实事求是，不能虚夸和杜撰，否则难以得到上级领导的批准。

(3) 语言要准确、简洁，态度要诚恳、朴实。

【例文 4-9】

优秀三好学生申请书

尊敬的领导：

我是××大学××系××的学生×××。学习上，我努力刻苦，锐意进取，永不自满，曾获得国家励志奖学金，因此，申请优秀三好学生。

在思想政治方面，我积极向上，热爱祖国，拥护中国共产党的领导，积极响应中国共产主义青年的号召，在大一的时候，我就主动递交了入党申请书。同时，不断地进行理论的学习，定期地做好思想汇报。古人说："道虽迩，不行不至；事虽小，不为不成。"我正是这样时刻以党员的标准要求着自己，不断地学习和探索。

在学习上，积极要求上进，锐意进取永不自满，从未放松对专业知识的学习，不断地巩固已学的知识，做到温故而知新。因为在这个充满竞争的社会里，只有不断地充实自己，才能使自己融入这个社会，适应这个社会。在课余时间，重点学习了英语与计算机知识，为今后的择业求职做好准备。同时，还经常参加一些学术类的论文比赛，虽然有很多失败的经历，但是却没有因此而退缩，坚信一次的失败，既是一种挫折，更是一种激励，将引领我改过创新，递交一份更完美的成绩单。

在工作方面，踏踏实实，认真勤恳，积极负责。曾经任过班级的宣传委员，学习委员,组织委员。大二学年,从事班级日常事物和院组织的团内工作。出于对工作的热爱与负责,一直坚守着自己的工作岗位。在班级中,负责各种班级团日活动的策划、宣传等工作。本着"奉献、友爱、互助、进步"的志愿者精神,克服各种困难。

在生活方面,作风正派,坦诚乐观,懂得用宽广的胸怀去包容万事万物,乐于帮助身边的人,得到了同学们的支持和拥护,群众基础较为扎实。积极向上的生活态度和广泛的兴趣爱好,因为经常参与社会活动,人际交往和团队合作得到提高。我注重团队合作精神和集体观念。作为寝室长,监督大家一起搞好寝室卫生工作,发展寝室文化。

在个人发展上,积极参加大型活动,为学校师生服务,并使自己得到了提高。还参加学校组织部组织的校内外活动等。课余时间到校外打工,做过家教,打字员,这些经历充实了我的大学生活。

在老师教诲与个人努力下,我取得了优异成绩,面对社会这所没有围墙的大学,我要不断更新自己,不断地给自己充电,充分发挥自己的优点,正视和克服自己的缺点,争取在激烈的社会竞争中不断取得进步和成功。只有把握住今天,才能在今后的学习,工作和生活中,不断完善自我,提高自己,创造出新的辉煌。

在此,我诚挚地申请优秀三好学生,望学校批准。

申请人:××系××班××
申请时间:××××年××月××日

评析:

这是一篇关于学生申请优秀三好学生的申请书,受文对象是学校领导。正文首先说明自己身份与申请事项。继而对自己各方面表现进行说明,用优秀的表现作为有力的依据,加强了说服力。最后表明决心并再次提出申请。全文说服力强,表达清晰,重点突出。

【例文4-10】

员 工 转 正 申 请 书

尊敬的领导:

我于20××年××月××日成为公司的试用员工,到今天6个月试用期已满,根据公司的规章制度,现申请转为公司正式员工。

作为一个应届毕业生,初来公司,曾经很担心不知该怎么与人共处,该如何做好工作;但是公司宽松融洽的工作氛围、团结向上的企业文化,让我很快完成了从学生到职员的转变。

在轮岗实习期间,我先后在工程部、成本部、企发部和办公室等各个部门的学习工作了一段时间。这些部门的业务是我以前从未接触过的,和我的专业知识相差也较大,但是各部门领导和同事的耐心指导,使我在较短的时间内适应了公司的工作环境,也熟悉了公司的整个操作流程。

在本部门的工作中,我一直严格要求自己,认真及时做好领导布置的每一项任务,同时主动为领导分忧;专业和非专业上不懂的问题虚心向同事学习请教,不断提高充实自己,希望能尽早独当一面,为公司做出更大的贡献。当然,初入职场,难免出现一些小差小错需领导指正;但前事之鉴,后事之师,这些经历也让我不断成熟,在处理各种问题时考虑得更全面，杜绝类似失误的发生。在此，我要特地感谢部门的领导和同事对我的入职指引和帮助，感谢他们对我工作中出现的失误的提醒和指正。

经过这六个月，我现在已经能够独立处理公司的事务，整理部门内部各种资料，进行各项税务申报，协助进行资金分析，从整体上把握公司的财务运作流程。当然我还有很多不足，处理问题的经验方面有待提高，团队协作能力也需要进一步增强，需要不断继续学习以提高自己业务能力。

这是我的第一份工作，这半年来我学到了很多，感悟了很多。看到公司的迅速发展，我深深地感到骄傲和自豪，也更加迫切地希望以一名正式员工的身份在这里工作，实现自己的奋斗目标，体现自己的人生价值，和公司一起成长。在此我提出转正申请，恳请领导给我继续锻炼自己、实现理想的机会。我会用谦虚的态度和饱满的热情做好我的本职工作，为公司创造价值，同公司一起展望美好的未来！

此致

敬礼

申请人：×××

申请时间：××××年××月××日

评析：

这是一份员工转正申请书，新员工入职，往往需要通过实习再转正，实习期过，可以按要求提出申请，符合条件者可以如期转正。在该转正申请书中，申请人一开始便提出申请，从而说明自己实习的情况与取得的成绩，最后表明决心，并再次提出申请。全文结构严谨，条理清晰，说服力强。

二、倡议书

（一）倡议书的概念

倡议书是由某一组织或社团拟定、就某事向社会或某个集体提出建议或提议社会成员共同去做某事的一种文书。它作为日常应用写作中的一种常用文体，在现实社会中有着较广泛的使用。倡议书是开展精神文明建设的一个有效的方法，它可以在较大范围内调动群众的积极性，它是一种建议、倡导，不给人强制的感觉，在轻松的倡导之中，宣传了真善美，使人们无形之中受到深刻的教育。

（二）倡议书的特点

倡议书作为发动群众开展活动的一种手段，有以下特点：

1. 倡议书的群众性

倡议书不是对某个人、某一集体、或某一单位而言，它往往面向广大群众，或对一个部门、一个地区的所有人发出，甚至向全国发出，所以其对象广泛，群众性是倡议书的根本特征。

2. 倡议书对象的不确定性

倡议书是要求广大群众响应的，然而其对象范围往往是不定的。它即便是在文中明确了自己的具体对象，但实际上有关人员可以表示响应，也可以不表示响应，它本身不具有很强的约束力。而与此无关的别的群众团体却可以有所响应。

3. 倡议书的公开性

倡议书就是一种广而告之的书信。它就是要让广大的人民群众知道了解，从而激起更多的人响应，以期在最大的范围内引起共鸣。

（三）倡议书的写作格式

倡议书一般由标题、称呼、正文、结尾和落款五部分组成。

1. 标题

（1）由文种单独命名，如"倡议书"。

（2）由内容和文种一起命名，如"保护生态环境的倡议书""植树节植树活动倡议书"。

2. 称呼

倡议书的称呼可依据倡议的对象而选用适当的称呼，一般另起一行顶格写，后加冒号，如"广大的青少年朋友们：""广大的妇女同胞们：""全国的叔叔阿姨"等。有的倡议书也可不用称呼，而在正文中指出。

3. 正文

在称呼后另起一行空两格写正文。

倡议书的正文内容一般包括以下一些方面：

（1）写倡议书的背景原因和目的。倡议书的发出贵在引起广泛的响应，只有交代清楚倡议活动的原因，以及当时的各种背景事实，并申明发布倡议的目的，人们才会理解和信服，才会自觉的行动。这些因素交代不清就会使人觉得莫名其妙，难以响应。如【例文4-10】《植树节活动倡议书》，交代了植树节的由来与历史背景，并说明树木对人类的重要作用，最后发出倡议，能更好地引起广大同学加入植树活动的共鸣与决心。

（2）写明倡议的具体内容和要求

这是正文的重点部分。倡议的内容一定要具体化。开展怎样的活动，都做哪些事情，具体要求是什么，它的价值和意义都有哪些均需一一写明。

倡议的具体内容一般是分条开列的，这样写往往清晰明确，一目了然。

4. 结尾

结尾要表示倡议者的决心和希望或者写出某种建议。倡议书一般不在结尾写表示敬意或祝愿的话。

5. 落款

落款即在右下方写明倡议者的单位、集体或个人的名称或姓名，署上发倡议的日期。

【例文4-11】

<h3 style="text-align:center">植 树 节 活 动 倡 议 书</h3>

亲爱的同学们：

　　春回大地，万象更新。又是一年芳草绿。在这春意盎然，生机勃勃的阳春三月，我们又迎来了一年一度的植树节。

　　3·12是植树节，是一个营造绿色环境，期待绿水青山、呼唤人们爱护环境的特别日子。1979年，在邓小平同志提议下，第五届全国人大常委会第六次会议决定每年3月12日为我国3·12植树节。1981年12月13日，五届全国人大四次会议讨论通过了《关于开展全民义务植树运动的决议》。这是新中国成立以来国家最高权力机关对绿化祖国作出的第一个重大决议。从此，全民义务植树运动作为一项法律开始在全国实施。

绿色，是大自然的颜色，绿色孕育着生命与希望，没有绿色，就没有我们人类。同学们知道植树对人类到底有什么好处吗？

植树造林可使水土得到保持，哪里植被覆盖率低，哪里每逢雨季就会有大量泥沙流入河里，把田地毁坏，把河床填高，把入海口淤塞，危害极大。要抑制水土流失，就必须植树造林，因为树木有像树冠那样庞大的根系，能像巨手一般牢牢抓住土壤。而被抓住的土壤的水分，又被树根不断地吸收蓄存。据统计，一亩树林比无林地区多蓄水20吨。

植树造林能防风固沙。风沙所到之处，田园会被埋葬，城市会变成废墟。要抵御风沙的袭击，必须造防护林，以减弱风的力量。风一旦遇上防护林，速度要减弱70%~80%。如果相隔一定的距离，并行排列许多林带，再种上草，这样风能刮起的沙砾也就减少了。植树造林能为人类提供许多有用的东西。不少水果、药材都是林产品，茶叶、橡胶、新碳等更来自林木。

植树造林能清除完全污染。据统计，一亩树林一年可以吸收灰尘2万~6万千克，每天能吸收67千克二氧化碳，释放出48千克氧气；一个月可以吸收有毒气体二氧化硫4千克，一亩松柏林两昼夜能分泌2千克杀菌素，可杀死肺结核、伤寒、白喉、痢疾等病菌。

植树造林还能减少噪音，美化环境，保持生态平衡，为人类提供理想的学习、工作、娱乐和生活的场所。

草长莺飞，春回大地。在3·12植树节到来之际，人们纷纷走向田野山岗，履行公民的植树义务。许多人用种植纪念树、营造纪念林的形式，铭志于树，寄情于林。

在全民义务植树35周年即将来临之际，让我们迅速行动起来，积极参加义务植树活动，使家园的山更青、地更绿、天更蓝、水更清！我们向全校师生发出以下倡议：

1．不破坏绿化，包括：不采摘花朵，不践踏绿化，不穿越开放式草坪，不到花坛等绿地玩耍，做游戏时远离花木。

2．养成良好的环保习惯，如随手关好水龙头、降低屏幕亮度、垃圾类型处理等小习惯。

3．参加社区、学校的护绿活动，为学校、社区的绿化地做保洁工作，看到不文明的行为及时劝阻。

4．请老师们、同学们积极参加"植树节"募捐活动。可以以班级为单位募捐小树苗，也可以募捐资金，近募集的全部资金将用于新校区的树木种植，资金不足部分将由学校补足。并邀请老师们、同学们亲自参加新校区的植树实践体验活动，从而让师生们在活动中体验成功的喜悦，增强环保意识，生态意识，最后与绿树合影留念。

谢谢大家！

共青团××学院委员会

2014年3月3日

评析：

该倡议书是在植树节到来之际，学院团委对广大同学发出的植树活动的号召。倡议书正文交代了植树节的由来与植树的重要意义，引起共鸣，从而提出倡议，让同学能自觉履行。文中还详细写明了活动的内容与要求。全文内容丰富，说服力、号召力强，能让人产生共鸣。

案例导入：

每到学生实习期、毕业期，学校都要为实习生、即将毕业的学生写介绍信、证明信，以下是某学院某某系的介绍信、证明信，阅读以下材料，了解介绍信、证明信的写作格式。

<h2 style="text-align:center">介 绍 信</h2>

广西那坡县水利电业有限公司：

兹介绍我系 12 级会计电算化专业 1 班×××同学到贵单位实习，实习期自 2014 年 9 月 1 日至 2015 年 2 月 25 日。该同学态度积极，认真负责，品学优良，望予以大力支持为盼。

此致

敬礼！

×××学院×××系（公章）
2014 年 9 月 1 日

<h2 style="text-align:center">证 明</h2>

兹证明×××同学系广西水利电力职业技术学院经济管理系 12 会计电算化专业 1 班学生，于 2012 年 9 月入学，学号为 2011×××××××，已经修完相应学科，将于 2015 年 6 月毕业。该生在校期间遵纪守法，无不良行为。

特此证明。

×××学院×××系（公章）
2014 年 9 月 1 日

任务五　写作介绍信、证明信

一、介绍信

（一）介绍信的概念

介绍信，一种应用文体，机关团体、企事业单位用来介绍联系接洽事宜，具有介绍、证明的双重作用。

（二）介绍信的类型

介绍信一般分为普通介绍信和专用介绍信。

1. 普通式介绍信

普通介绍信，一般用印有单位名称的信笺书写，或用一般公文纸书写。

2. 专用介绍信

专用介绍信，也称填表式介绍信或存根式介绍信，有固定的格式，使用时根据要办的具体事项逐一填写。专用介绍信存根部分简填，便于查存。

(三) 介绍信的写作格式

介绍信通常分为标题、称呼、正文、结尾和落款五部分。

1. 标题

介绍信标题一般由文种直接组成，在第一行正中写"介绍信"。

2. 称呼

介绍信称呼写联系单位名称或个人的姓名，通常在个人姓名后加职务或"先生""女士"等字样。

3. 正文

介绍信正文在称呼后另起一行空两格写，通常简介扼要地写清楚被介绍人的姓名、身份、相关情况等，被介绍人的情况介绍应根据接洽事务的要求针对性地介绍，准确到位即可。

4. 结尾

介绍信结尾一般说明接洽事项，并向接洽单位或个人提出希望。最后可写上"请接洽""请予协助""此致敬礼"等语。

5. 落款

落款在正文后右下方写介绍单位的名称和成文日期，成文日期在名称后一行，落款处需加盖公章。

(四) 介绍信的写作要求

（1）要坚持实事求是的原则，优点要突出，缺点不避讳，最好用成就和事实替代华而不实的修饰语，恰如其分地介绍被介绍人。

（2）态度诚恳，措词得当。用语应委婉而不隐晦，自信而不自大。

（3）篇幅不宜过长，言简意赅，在有限的篇幅中突出重点，同时文字要顺畅，字迹要工整。

【例文 4-12】

介 绍 信

××市学生事务中心：

  兹有我单位（单位名称）经办人员（身份证号码：），前往你处办理_____年××市用人单位需求信息登记凭证事宜，请接洽！

用人单位：×××（盖章）
××××年××月××日

评析：

该介绍信是用人单位向学生事务所介绍学生前往办事的介绍信，称呼直接写对接单位名称，正文内容表达清楚办事人身份证号码以及所办事项，简洁扼要。

二、证明信

(一) 证明信的概念

证明信是以行政机关，社会团体，企事业单位或个人的名义凭借确凿的证据证明某人的身份、经历或某件事情的真实情况时所使用的一种专用书信。证明信一般也直接称作证明。

（二）证明信的特点

1. 凭证特点

证明信的作用贵在证明，是持有者用以证明自己身份、经历或某事真实性的一种凭证，所以证明信的第一个特点就是它的凭证作用。

2. 书信特点

证明信是一种专用书信，尽管证明信有好几种形式，但它的写法同书信的写法基本一致，它大部分采用书信体的格式。

（三）证明信的类型

证明信可分为组织证明信和个人证明信，前者又可分为普通书写证明信和印刷证明信。

（四）证明信的写作格式

证明信的写作格式一般由标题、称呼、正文、结尾和落款五部分构成。

1. 标题

证明信的标题一般由以下两种方式构成：

（1）直接以文种名作为标题，如"证明信""证明"。

（2）由内容和文种共同构成，如"在职证明""某某同志的情况证明"等。

2. 称呼

标题后另起一行顶格写上受文单位名称或受文个人的姓名称呼，然后加冒号。

有些供有关人员外出活动证明身份的证明信因没有固定的受文者，开端可以不写受文者称呼，而是在正文前用公文引导词"兹"引起正文内容。如【例文 4-12】中的"在职证明"，没有特定对象，故不写称呼，直接以"兹"引起正文。

3. 正文

正文在称呼后另起一行，空两格书写。要针对对方所要求的要点写，要求证明什么问题就证明什么问题，其他无关的不写。如证明的是某人的历史问题，则应写清人名、何时、何地及所经历的事情；若要证明某一事件，则要写清参与者的姓名、身份、及其在此事件的地位、作用和事件本身的前因后果。也就是要写清人物、事件的本来面目。

4. 结尾

正文写完后，另起一行，顶格写上"特此证明"四个字。也可直接在正文结尾处写出。

5. 落款

落款即署名和写明成文日期。要在正文的右下方写上证明单位或个人的姓名称呼，成文日期写在署名下另起一行，然后由证明单位或证明人加盖公章或签名、盖私章，否则证明信将是无效的。

【例文 4-13】

在 职 证 明

兹证明我公司_____先生/女士（出生日期：_____年_____月_____日），

自_____年_____月_____日在我公司工作,现任_____公司_____职务。

特此证明。

×××公司(公章)
××××年××月××日

评析:

该证明信是在职证明,对公司员工情况作简单说明,只需说明员工出生年月日、任期时间以及所任职务,要求比较简单。像此类证明信,只需表达清楚相应内容,不需另作过多表述。

【例文 4-13】

在 职 证 明

兹证明李四先生(MR LI SI),其护照号为G10000001,由2004年7月12日至今在我公司工作,任职部门经理。月收入10000元,现本公司批准其于2014年11月11日至11月26日期间放假15天,自费前往韩国旅游。本公司保证其在韩国逗留期间遵守所在国法律,如期回国,返回后将继续在本公司工作。

特此证明!

公司名称:×××××××

公司地址:××××××

公司电话:×××××××

联系人:××××××

单位名称(单位盖章)
2014年11月1日

评析:

该证明信也是在职证明,和【例文4-13】不同的是内容不同,此信是供外出旅游人员用,标题直接以内容加文种组成,正文内容简洁扼要,把需要证明的事项表述清楚。文后附上单位名称、地址、联系人和联系方式,加强说服力。

本 项 目 小 结

礼仪文书是为礼仪目的在礼仪场合使用的文书,本项目我们学习了欢迎词、欢送词、开幕词、闭幕词、感谢信、慰问信、表扬信、申请书、倡议书、介绍信、证明信等礼仪文书,了解了各类礼仪文书的概念、特点、类别及写作格式,希望同学们能根据不同的礼仪场合选择相应的礼仪文书,并能正确、规范地按要求写作各类礼仪文书。

本 项 目 练 习

【情景模拟 1】

假设今天是你的生日,你打算在家里举办一个小型的生日宴会,邀请了你的初、高中同学,以及大学同学和朋友。晚上,大家都如期而至,宴会即将开始,作为宴会主角,如何发表你的宴会欢迎词?请模拟情景,即兴演说一段欢迎词。

【情景模拟 2】

第八届全国水利高等职业院校技能大赛于 2014 年 12 月 13 日在广西水利电力职业技术学院举办,作为志愿者的你,负责接待广东水利电力职业技术学院参赛的选手们,在见到对方时,你应该如何欢迎他们?请模拟情景,即兴说一段欢迎词。

【情景模拟 3】

假设你是×××大学×××系的班主任,在学生的毕业晚会上,请你对即将毕业的学生表示欢送,说一段欢送词。

【技能实训 1】

学校第二十九届秋季运动会即将举行,请你帮领导拟一份校运会开幕词,要求:格式正确,用词恰当,语句通顺,突出主题。

【技能实训 2】

在×××专业老师的悉心指导下,你参加全国×××技能大赛获得了一等奖,为自己和学校争得了荣誉,你心中充满了自豪,同时对老师的指导万分感谢,请你写一封感谢信,表达对老师的感谢之情。要求:格式正确,感情真挚,表达通顺。

【技能实训 3】

班上的小明同学生病住院了,已经一周没能来学校上课,老师、同学们都很关心他,请你代表班上同学给生病的小明写一封慰问信。要求:格式正确,情真意切,语句通顺。

【技能实训 4】

你注意到在饭堂里吃饭,同学们剩饭剩菜情况特别严重,你觉得这样很浪费粮食,想提醒同学们珍惜粮食,进行"光盘行动"。请你以学院学生工作处的名义写一份"光盘行动"的倡议书。要求:格式正确,有针对性,重点突出,具有一定的号召力。

【技能实训 5】

你需要学校为你出一份在校证明回生源地办理贫困生档案,请你替学校帮自己拟一份在校证明。要求:格式正确,内容简洁扼要。

【综合练习】

(1) 请简述欢迎词、开幕词的特点,并说说两者的联系与区别。

(2) 请简述感谢信、慰问信、表扬信的写作格式。

(3) 请比较介绍信、证明信的写作格式,并指出介绍信、证明信的类别。

【学习交流】

(1) 自己撰写本项目学习的礼仪文书,并请老师帮忙修改点评。

(2) 与同学们交流自己的学习心得,说说各类礼仪文书的写作格式。

(3) 三到五人组成一个小组,小组进行讨论、学习,以 PPT 的形式在班上汇报小组的学习成果与学习心得。

项目五 传播文书写作

学习目标：

一、知识目标

（1）了解消息、通讯、广告文案的类型。

（2）理解消息、通讯、广告文案的特点。

（3）掌握消息、通讯、广告文案的概念。

（4）掌握消息、通讯、广告文案的基本要素

二、能力目标

（1）掌握消息、通讯、广告文案的文体结构和写法。

（2）会运用消息、通讯、广告的知识分析新闻作品或广告作品。

（3）能规范地撰写消息、通讯和广告文案。

案例导入：

阅读下面这则新闻报道并思考以下几个问题：

1. 这篇报道属于什么新闻体裁，为什么？
2. 谈谈此类新闻体裁有哪些特点？

习近平国家公祭日讲话 23 次提"和平"传递正能量

中新网北京 12 月 13 日电 "和平像阳光一样温暖、像雨露一样滋润。有了阳光雨露，万物才能茁壮成长。有了和平稳定，人类才能更好实现自己的梦想。"

13 日，在南京大屠杀死难者国家公祭仪式上，中共中央总书记、国家主席、中央军委主席习近平这样说。

这一天，是中国首个南京大屠杀死难者国家公祭日。当天上午 10 时，国家公祭仪式在侵华日军南京大屠杀遇难同胞纪念馆举行。此次公祭以中共中央、全国人大常委会、国务院、全国政协、中央军委名义举行，体现出国家公祭最高规格。

77 年前的今天，侵华日军开始在中国南京实施长达 40 多天惨绝人寰的大屠杀，制造了震惊中外的南京大屠杀惨案。

历史不容忘却，77 年过去，中国对此依旧刻骨铭心。在今日的讲话中，习近平历数了当年中国人民所遭受的深重苦难："30 万同胞惨遭杀戮，无数妇女遭到蹂躏残害，无数儿童死于非命，三分之一建筑遭到毁坏，大量财物遭到掠夺"；"经过 8 年艰苦卓绝的浴血奋战，中国人民付出了伤亡 3500 万人的沉重代价"。

"30 万，三分之一，8 年，3500 万……习近平用数据型的史实，历数日本当年对中国人民造成的深重灾难，说明我们虽然一直主张'中日友好'，但并不意味着我们忘记历史、忘却伤痛。"外交学院国际关系研究所教授周永生向中新网记者分析。

中国社科院日本研究所副所长、研究员杨伯江注意到，在回顾历史之后，习近平紧接着提到的是感动、感恩，其中包括"同胞守望相助、相互支持"，更包括"德国的约翰·拉贝、丹麦的贝恩哈尔·辛德贝格、美国的约翰·马吉"等众多国际友人的无畏义举，以及远东国际军事法庭的正义审判等。

"这让人感受到的，就不仅仅是一种沉痛，更是一种振奋和激励，一种来自世界的正能量。"杨伯江对中新网记者说。

在周永生看来，同时这也是对日本部分政治人士在历史问题上"大开倒车"的强力反击证据。近年来，日本政坛有一股急剧"右转"的势力，不仅大搞"历史修正主义"，为侵略历史翻案，还试图突破和平宪法，解禁集体自卫权，为未来能够公开使用武力、海外用兵打开大门，引起邻国和国际社会的担忧。

由此，周永生认为，习近平今天有关"历史不会因时代变迁而改变，事实也不会因巧舌抵赖而消失。南京大屠杀惨案铁证如山、不容篡改"的表述，颇具现实针对性，并以此警醒世人——"和平是需要争取的，和平是需要维护的。只有人人都珍爱和平、维护和平，只有人人都记取战争的惨痛教训，和平才是有希望的。"

值得一提的是,"和平"一词,不仅在上述这句话中出现5次,更是习近平今日全篇讲话的高频词汇。据中新网记者统计,在这篇2100余字的讲话中,习近平23次提及"和平",贯穿始终。

中新网记者注意到,习近平对于和平的强调,首先则内化于今日公祭仪式的意义之中,他说,"我们为南京大屠杀死难者举行公祭仪式,是要唤起每一个善良的人们对和平的向往和坚守,而不是要延续仇恨。中日两国人民应该世代友好下去,以史为鉴、面向未来,共同为人类和平作出贡献。"

此外,在仪式中,还有77名南京市青少年宣读《和平宣言》这一环节。中国媒体发表的评论说,"今天,我们公祭南京大屠杀死难者,是对自己的和平发展负责,也是对世界的和平发展负责。只有还自己以信念和希望,才能给世界以信念和希望。"

紧接着,习近平又强调:"忘记历史就意味着背叛,否认罪责就意味着重犯。我们不应因一个民族中有少数军国主义分子发起侵略战争就仇视这个民族,战争的罪责在少数军国主义分子而不在人民,但人们任何时候都不应忘记侵略者所犯下的严重罪行。"

周永生对此指出,习近平这一表述颇具大局意识,"在这样一个具有标志性意义的重要场合,强调把极少数军国主义分子和广大日本人民区分开来,显然,这是一份面向未来的宣言。"

"但我们也应该认识到,与日本右翼势力的斗争将长期存在。对于试图否认侵略历史、美化侵略战争的任何言行,绝不能姑息,这是对中国负责,也是对日本负责,更是对世界乃至全人类负责。"周永生说。

在杨伯江看来,习近平这一表述颇具战略高度,不仅包括中日关系,对于处理与曾对中国进行过侵略的一些西方国家关系上,也具有重要现实指导意义。

任务一 拟 发 新 闻

新闻有广义和狭义之分。广义的新闻指的是社会上普遍存在的一切新闻事物、现象;狭义的新闻指对新近已经发生和正在发生,或者早已发生却是最近发现的有价值的事实报道。本章所讲的新闻是狭义的新闻。

新闻根据其写作特征,可以分为消息、通讯、特写和专访。其中,消息和通讯是最常见的两种形式。

一、消息

(一)消息的概念和特点

1. 消息的概念

消息,是以最直接的方式、最简洁的文字迅速传播新近发生或变动的事实的一种新闻文体。这里的新闻事实包括新近发生的或某些将要变动的事实。消息是新闻写作中使用得最广泛、最频繁的一种文体。

2. 消息的特点

（1）新。即消息报道具有新鲜性，主要体现在以下几个方面：一是时间新，消息报道的是新近发生的事情。新闻界有句名言："今天的新闻是金子，昨天的新闻是银子，前天的新闻是垃圾。"时间新对新闻工作的方方面面都提出了较高的要求；二是内容新，消息报道的是新鲜、新奇的事实；三是角度新，即使是同一新闻事件或人物，也可以通过选取不同的角度、不同的材料和不同的表达方式给读者以不同的感受。

（2）真。即消息报道的内容必须是真实的。真实是消息写作的本质特征，是消息写作的生命。无论一条消息报道的内容再新鲜、再刺激，但如果是虚构的，它不仅失去了新闻的价值、失去了读者的信任，还会为媒体和作者招来官司，严重的甚至会危害社会和国家的安全。

（3）快。即消息的报道必须及时快速。报界有句俗话"昨天的报纸只适合用来包鱼"，这就说明消息讲究时效性，消息最经不起时间的拖延，稍加延误就成了明日黄花。

（4）短。即消息往往短小精粹，一般一事一报。用较小的篇幅，简练的文字来叙述事实和传达信息，要求内容集中，言简意丰。

（二）消息的类型

根据消息的写作特点，中国新闻界倾向于将消息分为动态消息、综合消息、人物消息和述评消息。

1. 动态消息

动态消息是指以迅速、简洁的报道反映新近发生的事件，以反映事物发展过程中的新动态为主，具有内容集中单一、一事一报、文字简短、时效性很强等特点。这是一种最常见的消息形式。

2. 综合消息

综合消息就是围绕一个主题，对某一领域、系统、地区带有全局性的情况、动向或问题所作的报道。这类消息的涵盖面广，综合性强。这种形式适用于宣传各条战线的形势、某项工作的成就，或者反映群众运动的声势、规模、特点、趋向等。

3. 人物消息

人物消息就是以消息的形式报道新闻人物、反映人物思想和事迹的一种新闻文体。这里的新闻人物主要指国家政要、社会名流、各行各业的先进模范代表或体育、影视明星等公众人物。人物消息是新闻中报道人物最常用的文体，它的特点是篇幅短小、叙事单一、内容主题集中。特别注意的是，人物消息不同于人物通讯。写人物消息，作者不可以发表议论，只能选取最为精当的情节来点睛，并且要求意简言赅，信息量大，报道有现场感、真实感、形象感。而人物通讯，可选多个事例来充分刻画，调动多种手法来描写。

4. 述评消息

述评消息，就是以叙述新闻事实为主，加上作者对新闻事实恰到好处、鞭辟入里的评论。它的特点是：有述有评，边述边评，述评结合。它介于新闻和评论之间，既报道新闻事实，又在报道的同时对新闻事实的性质、特点、发展前景等作出分析、解释、评价。评述消息的内容可以是政治、经济、军事、科技、文教等方面的形式和动态，可以是某一阶段工作的经验、情况或问题，可以是社会上出现的具有代表性、倾向性的思想、思潮，还可以是变化发展呈现错综复杂的重要事件。

(三) 消息的结构和写法

消息的基本结构是标题＋消息头＋导语＋主体（＋背景材料）＋结语。

在消息的实际写作中，往往采用倒金字塔结构形式，这种结构写法起源于19世纪美国南北战争时期。当时为了争分夺秒地抢先把有关战争的消息发出去，记者就尝试着将信息中最重要的内容放在消息的最前面，次要的内容放在稍后的段落，最次要的放在消息尾部。这种结构就像倒置的金字塔，顶端内容最重要，越往下越次要。倒金字塔结构的优点：第一，便于读者阅读。消息内容中最精彩、最核心、最有价值的部分都放在最前面，可方便读者最快速地了解消息的主要内容。若读者对内容感兴趣，可以继续读下去。倘若读者对内容不感兴趣，可以随时停止阅读；第二，便于作者编辑。采用倒金字塔结构形式的消息，记者只需要从消息的尾部开始删减，就可以轻轻松松地缩短消息的篇幅；第三，便于写稿。作者在写作时，只需要将积累的材料按重要程度排序组织在一起，一篇具有完整的新闻结构的稿子就出炉了。

这种"倒金字塔"式的消息，一般由标题、消息头、导语、主体、背景、结尾六部分组成。

1. 标题

标题是揭示消息的主要内容或新闻事实本质的简短文字。标题是消息的眼睛，标题写得好，能吸引读者读下去；标题写不好，一篇好消息也可能因此埋没。因此消息的标题，要求写得既能够吸引读者，又得能够概括内容，具有精警、启发的作用。消息标题的形式有三种形式：

（1）单行式标题，即只有一个正题，它是消息内容的高度概括。例如《我国航天发射测控能力跻身世界先进水平》，此类标题不需要看详文，就能一目了然。

（2）双行式标题，即分为两行排列，又可分为：

1）引题＋正题，如：

（引题）为何调水，怎么调水，水质如何，水量够不够，会不会影响生态

（正题）五问南水北调

2）正题＋副题，如：

（正题）在缅怀中凝聚力量 在复兴中守望和平

（副题）首个南京大屠杀死难者国家公祭仪式侧记

（3）三行式标题，即分三行排列：引题＋正题＋副题。如：

（引题）一人创业可带动三人就业

（正题）我国将推动"创业促就业"

（副题）小额担保贷款落实难问题依然突出

三行标题的消息往往信息量较大，即可看到正题产生的背景或由来，又有副题对主题未尽事项的补充。

其中，正题是消息中心内容的浓缩或是主旨的体现；副题多是新闻主要内容的提要，它是对正题的补充，其位置在正题的下方；引题起交代背景，点明正题的由来、意义或对主题起烘托作用，其位置在主题的上方。制作标题采用单行还是多行，要根据消息的内容

和报道的需要来定。

2. 消息头

消息头是消息的标记，使消息区别于其他文种，是新闻发出媒体、地点和时间的交代与说明。对消息头，各媒介叫法不一，通讯社称"电头"，报社称"本报讯"，电台、电视台称"本台消息"。如"新华社（单位）北京（地点）12月8日（时间）电（电传）"。

3. 导语

导语是消息的开头。根据消息的倒金字塔形式，导语是消息中最重要的组成部分，需要用最精粹的文字，简明扼要地把消息中最重要、最新鲜、最吸引人的事实及其意义表达出来。

导语的类型主要分为以下四种：

（1）概括式导语，即提纲挈领地叙述消息的主要内容和主题思想。如"记者今天从海信集团获悉，据全球最具权威的耐用消费品零售市场研究公司GFK公布的南非市场数据显示，海信彩电销量约占南非市场的百分之十五，成为当地彩电第一品牌。"开头以概括性的叙述方式交代出记者从什么渠道了解到海信彩电销售成为当地彩电第一品牌之事。

（2）评论式导语，使用夹叙夹议的方法对报道的主要内容作出简要的评论，揭示其内涵和重要意义，增强宣传效果。如"导弹要上天，人才是关键。为把有限的科技力量攥成拳头，我军战略导弹部队今天组成了首批40名导弹技术专家方阵，这支队伍将在第二炮兵现代化建设中发挥特殊作用。"开头即以"导弹要上天，人才是关键"的评语表明作者对此消息报道的观点和看法。

（3）描写式导语，即在导语中采用描写的方式，再现现场的场景或气氛。如"鲜花、翠柏丛中，安放着中国共产党党员金山同志的遗像。千余名群众今天默默走进首都剧场，悼念这位人民的艺术家。"追悼会的消息报道通常是运用叙述的手法来写，但这篇《金山同志追悼会在京举行》却突破了以往写作的固定模式，用描写式导语报道名人逝世，令人耳目一新。

（4）引语式导语，即通过在导语中引述有关的言论，借以点出消息的中心内容。如"'和平像阳光一样温暖、像雨露一样滋润。有了阳光雨露，万物才能茁壮成长。有了和平稳定，人类才能更好实现自己的梦想。'13日，在南京大屠杀死难者国家公祭仪式上，中共中央总书记、国家主席、中央军委主席习近平这样说。"开头以习总书记所讲的一段话语，引出了关于南京大屠杀死难者国家公祭日的消息报道。以习总书记一段温情的话语作为开场，引出严肃庄重的消息报道，这样的写法不仅破旧陈新，独具匠心，而且更能拨动读者内心深处的那根弦。

4. 主体

主体是导语的展开或续写，是消息中最基本、最重要的部分。它紧承导语之后，对导语作具体全面的阐述，具体展开事实或进一步突出中心，以满足读者对事实进一步了解的需要。

一件新闻事实有很多材料，我们将那些最具有代表性和典型性的材料挑选出来，以叙述事实为主，按"时间顺序"或"逻辑顺序"围绕一个主题展开和深化，尽量做到集中、明确。

主体与导语相辅相成,导语是主体的浓缩与提要,主体是导语的展开和续写,二者不能脱节。

5. 背景材料

背景材料也叫新闻背景,指消息中有关新闻事实的历史、环境和原因等进行解释说明的材料。恰当地运用背景材料可以帮助读者全面、完整地理解消息的内容,深化对消息本质的认识。同时,也使消息内容更加充实、饱满,或增添消息的可读性。

我国新闻界一般把背景材料分为三类:

(1) 对比性背景材料。可以显露新闻事实的特点、意义;可以阐明新闻主题;可以表达记者观点。

(2) 说明性背景材料。可以使新闻更容易被读者理解;可以使新闻更全面、深刻;可以使新闻的意义更突出。

(3) 注释性背景材料。可以使新闻更通俗易懂;可以使受众增长见闻。

6. 结语

结语即消息结束的最后一句话或最后一段话。如果主体已将事实交代清楚,则可自然结尾;如果想要有个明显的结尾段落来前后呼应,总结全文的话,也可以采用小结、号召、激励、评价等方式对全文做个有分量的总结。

(四) 消息的写作要求

1. 内容新鲜

新闻是姓"新"的,这就要求新闻记者具有极强的新闻敏感,善于发现新问题、新现象、新成就、新见解、新经验。从而在众多新闻材料中挖掘出新近发生或发现的、具有价值的新闻。即使是一些"旧闻",也可以通过新的角度加以报导。

2. 事实准确

消息失真,是新闻的最大败笔。这就要求新闻记者提高职业素养和道德水平,具有辨别真伪的能力、坚持挖掘和报道新闻事实的崇高的理想信念,消除"客里空"思想的侵害。

3. 报道迅速

再好的新闻也经不起时间的耗损,被延误的消息也只能变成过时而没有价值的"明日黄花"。这就要求新闻记者在采编和报道的过程都必须迅速、及时。

4. 篇幅短小精粹

消息的写作提倡篇幅短小精粹但内容丰富。这就考验新闻记者筛选、组织材料的基本功了。

【例文 5 - 1】 动态消息

"上善若水 APEC 之旅"将持续至春节前结束

中新网北京 12 月 13 日电 (记者应妮) 正在举行的第九届北京文博会上,北京市国有资产经营有限公司的展区中的国家游泳中心(水立方)的展示十分有人气。该区现场再现了 2014 年 APEC 欢迎晚宴的合影背板和合影平台,参会者可以在这里身临其境感受 APEC 新景观,并现场合影留念。

记者从北京国家游泳中心13日在现场举办的"上善若水APEC之旅"推介会上获悉，水立方的"上善若水APEC之旅"将开放到春节前。期间，水立方外观灯和鸟巢网幕每晚同步点亮，相映相耀，供游客拍照留念，细赏慢品；水立方专门培训的"APEC之旅"讲解团队，为游客讲解APEC晚宴不为人知的细节和故事。

文博会期间，为了能让观众更加细致深入地了解"上善若水APEC之旅"，水立方将、在现场通过精彩图片和视频展示APEC欢迎晚宴的局部和细节，让大家直观感受APEC晚宴的盛况。同时，接受过专业培训的水立方专职讲解员现场为观众讲解APEC欢迎晚宴的小细节和小故事。对APEC欢迎晚宴感兴趣的观众，也可以现场提问，请水立方讲解员答疑解惑。

据了解，"上善若水APEC之旅"开放以来，水立方日均游客量8000人次，日均销售晚宴点心近千份。

相关负责人表示，未来，水立方将有效利用APEC文化遗产，进行晚宴餐具等相关纪念品的开发同时，水立方也期待2022年冬奥会申办成功，将冬奥会冰壶比赛的赛场落户水立方。

评析：

这是一篇动态消息，报道了国家游泳中心（水立方）的"上善若水APEC之旅"展区将开放到春节前一事。

此消息标题为单行式，醒目地概括了全文的内容。消息头简洁明了地交代出本消息的发出媒体、地点及时间。正文部分采用倒金字塔式结构，在导语部分交代出事情发生的时间是"现在"，地点是国家游泳中心（水立方）展区，事件的内容是2014年APEC的主题展示。主体部分围绕导语，进一步报道了水立方的"上善若水APEC之旅"的开放时间、具体内容，并且对该活动的日均游客量及销售晚宴点心情况等背景进行了必要的说明，结尾补充交代了水立方申办2022年冬奥会的未来打算。

此消息内容真实，要素齐全，报道及时，篇幅较短，很好地体现出了消息的特点。

【例文5-2】 人物消息

"中国飞天第一人"杨利伟到访

寄语年青学子要讲责任、敢担当、勇逐梦

在报告厅、操场上、实验室、宿舍里，每一处留下他身影的地方，都是学生们争相目睹的热闹场面。12月18日下午，"中国飞天第一人"杨利伟的到来，在桂林航天工业学院里刮起了阵阵旋风。这并非追星的狂热，而是年青一代对见证中国百年飞天梦圆航天人的崇敬，他们更希望通过和杨利伟面对面的交流，得到实现梦想的启发。

1. 千名师生倾听筑梦演讲

18日下午2时许，距离杨利伟的航天主题报告还有一个小时开场，能容纳几百人的主会场报告厅早已座无虚席。报告厅外，一些没能入场的学生，正在有序耐心地排队等候，只为一睹杨利伟的真容。当天，近千名来自广西各大高校的师生代表，参加了这场报告会。

这场主题为"勇于担当，共筑梦想"的航天主题报告会，杨利伟用三句排比句娓娓道

来——"有一种生活，你没有经历过，就不知其中的艰辛；有一种艰辛，你没有体会过，就不知其中的快乐；有一种快乐，你没有拥有过，就不知其中的真谛。"

接着，他配上了一段《百炼成钢》的短片，生动展现航天员选拔训练的严格过程，一下子便把师生们的注意力全部吸引了过去，让大家对航天员这个极具风险和挑战性的职业，在鲜花、掌声和光环背后，那条艰辛汗水铺就的"通天之路"有了更多的了解。

2. 爱国爱岗撑起飞天梦想

短短20年，11次飞行任务连战连捷，10名航天员叩开天宇大门，率先飞天的杨利伟有着很多体会，而让他体会最深的是一股强大精神力量支撑，让航天员们坦然面对艰苦和高风险而无所畏惧。

"10多年来，在那一次次挑战生理极限的训练中，我们没有一名航天员按下无法负荷的报警器，放弃训练。大家之所以能默默承受，是一份对国家和航天事业的热爱。热爱，甚至仰望自己的职业，对自己所在岗位负责，对自己的社会行为负责，这是我们每个人都应该守护的一种基本精神。"

杨利伟和大家分享了他在太空的所见所感。当他升空后可以解开束缚时，他第一时间来到舷窗前看向窗外，飘着白云的蓝色地球清晰映入眼帘。难掩激动心情，杨利伟在他的太空日志本封底，写下了这样一句话——"为了人类的和平与进步，中国人来到太空啦！"如今，这句有特殊意义的话语，连同这本日志永久地载入了中国航天发展史。

3. 寄语年轻人踏实逐梦

回想自己升空的2003年，那是对于世界航天史而言多灾多难的一年，包括美国哥伦比亚号解体、巴西火箭发射平台爆炸等接连发生的悲剧，多名航天员为此而牺牲。对于即将飞天的杨利伟和中国航天人来说，并没有因此胆怯，杨利伟谈到，反而请战的人越来越多，大家都对自己热爱的这份事业有着很深的理解，更有一份敢于担当的责任。

"在我们训练的这些年里，很多航天员都克服了巨大的困难。聂海胜出征前，母亲脑溢血，他的弟弟挑起家里重担，说出一个儿子为国家尽忠，一个儿子为母亲尽孝的感人话语，让他得以安心出发。航天员刘伯明在训练期间，母亲去世，家人怕影响他训练，一直都没有告诉他。"

在互动环节，不少学生对航天员的选拔充满好奇和期待，杨利伟希望这些有航天梦想的学生，锻炼出健康的身体、利用大学时间做好知识储备、培养良好的心态、练就过硬的综合素质。

（来源：2014年12月19日《南国早报》作者：唐晓燕）

评析：

这是一篇人物消息，报道了杨利伟在桂林航天工业学院里演讲时的近况。此消息标题为双行式标题，正标题"中国飞天第一人杨利伟到访"醒目地概括了全文的内容，副标题"寄语年轻学子要讲责任、敢担当、勇逐梦"既是对消息内容的提要，又是对正题的补充。正文采用一般文章的总分总结构，开头简明地交代时间、地点、人物、事件等基本要素，使读者一看开头便了解消息内容的梗概。主体部分分成三部分叙述了杨利伟的演讲内容，体现了杨利伟高尚的爱国主义情操和乐观开朗、坚韧不拔、富有担当、勇于逐梦的优秀品质。结尾处以杨利伟对怀有航天梦想的大学生的寄语结束全文。

项目五 传播文书写作

此消息重点突出,主次分明,而且善于通过人物的话语来表现人物的性格特点。

【例文 5-3】 述评消息

把南京之殇化成世界之戒

在首个南京大屠杀死难者国家公祭日来临之际,国家档案局公布了最新资料片《南京大屠杀档案选萃》。其中,有几位普通人面对大屠杀的表现,令人敬佩,也令人深思。

南京一家照相馆的小学徒罗瑾,冒着生命危险,拷贝日军军官送来冲洗的罪行照片,秘藏在寺庙当中,辗转同学吴旋之手,终于保存到抗战胜利,成为南京军事法庭审判的一号证据;金陵女大收容所的程瑞芳,白天不停工作,为难民撑起千疮百孔的"保护伞",晚上就着昏暗的灯光,含泪记录侵略者暴行,挣扎写下心路历程,成为中国版《安妮日记》;美国牧师约翰·马吉,用摄影机拍摄下日军罪证和南京市民惨状的影像资料,设法躲过日军检查带往上海,及时散发给国际社会,并成为远东国际军事法庭的重要证人……

南京大屠杀是日军犯下的滔天罪行,是中华民族心灵上永远的创伤。直到今天,让我们任何一个人去重温那一幕幕的罪恶,感受那惨烈的伤痛,都是生命所不能承受之重。美国华裔女作家张纯如生平第一次参观南京大屠杀照片展,首先的感觉是眩晕。当我们直面枪挑婴儿、火烧活人、轮奸虐杀等突破人类底线的暴行时,恐惧恶心和惊怒交加都是难以抑制的正常反应。也正因此,记载暴行和研究暴行的人们是真的勇士。正是那些忍辱负重的幸存者、那些坚持人道的外籍友人、那些勇于直面罪行深处的后继者,共同托举着中华民族的苦难穿越了历史,让大屠杀最终得以从个体记忆上升为国家记忆。

时至今日,南京市民的日记和证言、侵华日军自己的照片和自供、外籍第三方人士记述的罪行、战后中国政府对暴行的调查、远东国际军事法庭和南京军事法庭,已经形成涵盖受害与加害、串联中国与世界、跨越个人与国家的完整记忆链。这促使我们更多地去思考,大屠杀为何会发生,怎样才能把惨剧挡在人间之外?如何才能让和平长驻永存?

日本侵华战争期间,美国诗人奥登在访问中国时这样写道,"从地图上的确可以找出某些地方,那里的人民正笼罩在邪恶中:比如南京,比如达豪。"把欧亚两洲的反人类大屠杀联系起来,可以发现德国纳粹与日本军国主义在"种族优秀论"等许多方面的相似之处。南京大屠杀首犯松井石根就曾这样无耻地为侵略辩护:"我去前线并不是与敌人作战,而是怀着抚慰兄弟的心情前往。我们这样做并不是因为恨他们,相反,我们深爱他们。这就像在一个家庭中,当兄长对弟弟的不端行为忍无可忍时,为使他改邪归正,不得不对他进行严惩。"正是这种令人恐怖的逻辑,让无数日军凭着武力踩着和平与人权肆意施暴,彻底变成了魔鬼。

"侵略是人类最大的罪行"——远东国际军事法庭判决书的开篇词今天仍然振聋发聩。南京大屠杀永远都是人类文明的耻辱,洗刷它的唯一办法,就是把南京之殇化成世界之戒。然而直到现在,日本右翼势力还在百般抵赖暴行,国际社会对奥斯维辛集中营的认知远甚于对南京大屠杀的了解。以国家的名义记住南京大屠杀,祭奠死难同胞,披露日军罪行,不仅是中华民族浴火重生的必然,也是人类追求和平发展的必然。只有坚持公开真实的历史,深入检讨罪恶的成因,热爱和平的人们,才能反击仍然抱守军国主义死灰的危险思潮,警示这个仍有战火和暴行发生的世界。

(来源:2014 年 12 月 12 日《人民日报》作者:曹鹏程)

评析：

这是一篇述评消息，就首个南京大屠杀死难者国家公祭日来临之际，国家档案局公布了最新资料片《南京大屠杀档案选萃》一事，发表了作者的观点和看法。

标题为单行式，交代了消息的背景和主要内容：在首个南京大屠杀死难者国家公祭日来临之际，国家档案局公布了最新资料片《南京大屠杀档案选萃》。然后话锋一转，"其中，有几位普通人面对大屠杀的表现，令人敬佩，也令人深思。"引出正文中作者的看法。正文作者通过列举事实，进行分析评论。结尾处，作者表达自己的思想见解并提出希望：南京大屠杀永远都是人类文明的耻辱，洗刷它的唯一办法，就是把南京之殇化成世界之戒……只有坚持公开真实的历史，深入检讨罪恶的成因，热爱和平的人们，才能反击仍然抱守军国主义死灰的危险思潮，警示这个仍有战火和暴行发生的世界。

此消息针对社会热点问题发表看法，有述有评，逻辑严密，是典型的述评消息。

二、通讯

（一）通讯的概念与特点

1. 通讯的概念

通讯，是运用叙述、描写、抒情、议论等多种手法，具体、生动、形象地反映新闻事件、典型人物、典型经验或社会面貌和自然面貌的一种新闻体裁。它是记叙文的一种，是报纸、广播电台、通讯社常用的文体。

2. 通讯的特点

（1）新闻性。通讯是一种基本的新闻体裁，新闻性是其基本属性。第一，它反映的新闻事实是新近发生或新近发现的，具有新鲜性；第二，它反映的新闻事实是真实存在的，不允许半点夸张或虚构；第三，它反映的新闻事实也讲究时效性，经不起时间的延误。

（2）文学性。通讯尤其是人物通讯具有一定的文学色彩。通讯的语言形象生动；描写、抒情、议论、说明等多种表达方式无所不用；比喻、拟人、排比、借代等修辞手法多管齐下。它在报道新闻的真人真事的过程中，善于用细节刻画人物和事件，使得人物形象鲜明、感情强烈，读者阅读时仿佛再现情景，历历在目。

（3）倾向性。通讯在报道新闻的真人真事的过程中，往往通过议论、抒情等方式直接或间接地表明作者的倾向，以此感染读者。读者往往在不知不觉中接受作者的立场和观点。

（二）通讯的类型

通讯按内容一般分为人物通讯、事件通讯、工作通讯和概貌通讯。

1. 人物通讯

人物通讯是以人物为报道对象，反映新闻人物的思想、言行、事迹，着重以人物的精神面貌来感染、教育读者的一种通讯。这里的新闻人物主要指国家政要、社会名流、各行各业的先进模范代表或体育、影视明星等公众人物。近年来，在平凡的生活和工作中为人民做出贡献，实现自我价值的普通人也成为人物通讯题材发展的一种新趋向。

2. 事件通讯

事件通讯是报道具有典型的、有普遍教育作用的新闻事件的通讯体裁。它注重报道具有强烈新闻价值的典型事件，较为详细完整地介绍事情的来龙去脉、发展过程及其作用和影响。

3. 工作通讯

工作通讯是通过报道分析当前实际工作中的经验、问题和教训，以指导、推动工作进展的通讯体裁。它是报纸上经常运用指导工作的重要报道形式，它的政策性、指导性较强，要求写出工作情况的背景、成就、经验、教训和做法等内容。

4. 概貌通讯

概貌通讯也称风貌通讯，主要是从整体上勾勒某一地的社会面貌、今夕变化、自然风光、风俗习惯等的通讯体裁。它呈现给读者的是某地的新变化、新气象、新面貌，能开拓读者的视野，振奋读者的精神。

（三）通讯的结构与写法

通讯的基本结构是标题＋作者＋前言＋主体＋结尾。

1. 标题

通讯的标题形式主要有两种，单行式标题和双行式标题。

（1）单行式标题，即只有一个正题，它是消息内容的高度概括。如【例文5-5】《与猩猩谈判》。

（2）双行式标题，即正题＋副题。正题概括通讯的内容或主题，副题交代报道对象。如《"从现在起，我就是你的兵"——总参谋部通信训练基地士官李明明救灾纪事》，与消息不同的是，通讯一般没有引题。

2. 作者

作者在标题的正下方居中标注。

3. 前言

前言是正文的开头，通讯的开头往往不拘一格，既可以开门见山直述其人其事，直接抒发感情或直接发表见解；又可以设置悬念或提出问题，娓娓道来，然后再进入主题。

4. 主体

主体，是通讯的主要部分，是新闻事件或事实报道的核心，所占篇幅最长。在这一部分，要具体记人、叙事、描景、状物、抒情、议理，以此表达人物的品质面貌，事件的深远影响，经验的典型独特，风貌的千奇百态等。从通讯的内容来看，叙述单一事实的，一般采用时间顺序安排结构，而综合通讯多采用逻辑结构。

5. 结尾

通讯的结尾灵活多变而不拘一格，既可以写小结，作评价，又可以展望未来，发出号召等。不论采用哪种形式结尾，都要求收束自然，卒章显志。

（四）通讯的写作要求

1. 确定主题，选好典型

主题是通讯的灵魂，确定一个能够体现时代精神，表现时代风尚，有利于弘扬社会主义精神文明建设的主题，是决定新闻价值的重要因素。选好一个具有代表性，具有普遍意义、具有宣传价值和教育意义的典型，对通讯来说具有积极意义。

2．写好人物，展现风貌

无论是人物通讯还是事件通讯，写好人物是通讯写作的重要任务。写人必写事，写事也离不开人，如何用心刻画人物形象来展现人物的内心世界和精神风貌，对通讯写作具有十分重要的意义。

3．手法多样，角度新颖

一篇好的通讯，不仅写作手法要灵活多样，同时要以不同的角度去观察新闻的事实和人物。若能精心选择最佳角度去写，往往能使通讯别具一格，脱颖而出。

（五）通讯与消息的区别

1．结构不同

通讯的结构与一般记叙文相似，没有固定格式，基本上按时间、逻辑及二者结合的顺利来安排结构；消息则有固定的格式，多采用"倒金字塔"式结构。

2．外表形式不同

（1）标题不同。一般而言，通讯多采用单行式标题，即主标题。根据需要，通讯也可以加上副标题，即主标题＋副标题的形式。但通讯没有三行标题的形式；消息常用的标题形式就有三种：单行式标题、双行式标题和三行标题。

（2）开头形式不同。消息最明显的标志就是消息头，即"××社×地×月×日电"或"本报讯"；通讯则没有这种形式。即使是通讯社的电传稿，也是在通讯的结尾用括号附加"××社×月×日电"字样。

（3）表达方式不同。消息在表达上主要是平实的叙述，语言追求简洁、明快、准确。通讯则较多借用文学手段，可以采用描写、抒情、议论、说明等表达方式，运用比喻、拟人、象征等修辞手法。

1）时效性不同。通讯的时效性往往比不上消息。通讯强调报道的完整性，有时候必须等新闻事件有一个较充分的展示过程或事物有一个阶段性成果，才可以对材料加以整理并报道。同时，通讯写作要求的材料更丰富，写作手法更多样，因此通讯截稿的时间相对长一些；而消息的采写、发稿往往很多时候要求分秒必争。

2）表述详略不同。通讯报道的内容讲究细节描写，它的表述往往比消息更详尽复杂。因此，通讯的篇幅较长，消息的篇幅较短。

【例文5－4】 人物通讯

一位在韩老华侨的拳拳中国心

在韩国，提起韩晟昊，可谓是妇孺皆知，无人不晓。因为韩晟昊是个极富传奇色彩的人物，他不仅是悬壶济世的神医，更以一本《食品秘方》名满天下，发明了深受现代人青睐的自然食品保健疗法，而且是个打通中韩建交秘密通道的头等功臣。

2012年11月的一天，笔者有幸在韩国首尔见到这位传奇人物。会见场所就是他的办公室。笔者与他促膝长谈，没想到这位85岁的长者，是那样精神矍铄，富有青春活力。

算起来，当年21岁的青涩小伙子踏上韩国土地，已有六十多年了。聆听韩晟昊在异国他乡坎坷艰辛、跌宕起伏的生活经历，笔者深深感到他对家乡和祖国深切的眷恋与热爱。

一、红房矗立首尔江南，象征一片中国心

来到号称首尔首屈一指的富巷——江南某胡同，就会见到一幢红墙红瓦的三层楼房，这幢红房子在林立的高楼大厦中显得有些另类，特别是那红颜色有些扎眼。这幢房屋的主人就是著名侨领韩晟昊。

他这房屋的颜色，曾经两度惹起过是非。

头一次是韩国的朋友们，他们说这红色有点土，劝他换上时髦一点、有现代风味的色彩。韩晟昊凝重地说："我是中国人，在中国红色象征着大吉大利；而且，红色象征心脏，也就是我永远不变的中国心。"话说到这份儿上，朋友们也就不再说什么了。

另一次是中韩建交之后，一帮台独势力欲找韩晟昊的茬，逮住房屋颜色不放，诬蔑道："这不是赤匪颜色吗？韩晟昊就是赤匪！"韩晟昊毫不示弱，义正词严地反击道："你们说对了，我韩晟昊就是'赤匪'。我是拥护中国共产党的'赤匪'，是反对台独，主张祖国统一的'赤匪'！"经过这两次争论之后，再也没有人侈谈什么颜色了，红房成为韩晟昊的标签。他的红心伴随着红房，在韩国广为人知。

二、从不跟不义和邪恶妥协

韩晟昊天性耿直，他对卖祖求荣的不孝、分裂民族的不孝、殃及人类的不孝，深恶痛绝，无情地加以抨击。

1948年7月，韩晟昊刚刚踏入韩国土地时，韩国的华侨社会尚在中国台湾"大使馆"管辖之下，当时的华侨社会可谓是藏污纳垢之处，侨民聚居的中国城内的黄、赌、毒生意臭名远扬，且打架斗殴不断。

当时，韩晟昊刚刚担任华侨自治区域的文书组长，目睹这种丑陋光景，不免"手心捏汗、气爆肺胸"，觉得这些"垃圾"中国人，为了几个臭钱，丢人丢到国外，真是令人痛心疾首，无脸面对世人了。年轻气盛，韩晟昊打定主意要改革侨社，扭转丑陋风气。于是，他积极筹建"韩国华侨侨风促进委员会"，出任副会长兼总干事。

伴随着委员会的出台，以首尔与仁川为中心，一场轰轰烈烈的戒禁娼毒、打击赌博的"大革命"开始了。作为行动组的领队，韩晟昊本人同这些妓院、大烟馆的老板无冤无仇，他只是出于一片公心，无私无畏的正义感，想清理侨丑，为树立中国人的好形象作出应有的贡献。

三、担任总统密使，打通建交通道

1988年3月1日，卢泰愚刚刚就任韩国总统，韩晟昊应邀造访青瓦台总统府。卢泰愚和韩晟昊是多年的老朋友，可新任总统那天请这位老朋友却有着深意。

几句寒暄过后，卢泰愚郑重地说明了招他前来之意。

目前，中国在世界上的影响力越来越大。韩国虽然是一个经济较发达的国家，但是国内资源不足，要保证长期发展，必须开拓国际市场。从经济发展角度看，尽快与中国建立友好关系，加强经济合作，对双方都有利。

韩晟昊听到这里，不禁由衷地赞叹。"中韩不来往不友好的局面，确实应该尽快改变。"

"建立两国友好关系，是举足轻重的大事，我希望韩先生您帮我办成这件大事。"

应用文写作教程

韩晟昊遂作为总统密使，于当年4月赴山东拜访了当时的山东省委副书记、省长姜春云（后擢升为国务院副总理），商谈了有关问题并取得共识：在得到中国中央政府批准后，双方以韩国和山东为基地，开展中韩两国经济交流。

1988年6月16日和8月25日，经韩晟昊牵线，四十多年脊背相向的中国人和韩国人先后在山东和首尔小心翼翼而谦让友好地坐到了经济交流谈判桌前。

粗粗一看，似乎是一省对一国的交流，但实际上却昭示着中韩双方的经贸交流和合作正式拉开了帷幕。同时，这场会谈奠定了中韩建交的基础。

中国外交官入驻韩国大使馆的日子，一面鲜艳夺目的五星红旗在中华人民共和国国歌伴奏声中冉冉升起，飘扬在首尔蓝蓝的天空上。凝目这一历史时刻，韩晟昊的双眼热泪盈眶，呵，这是渴盼了多久的日子啊！

四、生是中国人，死是中国魂

1993年2月19日，韩国政府举行庄严隆重的仪式，授予韩晟昊国民勋章，以表彰他为中韩建交及经贸发展、韩医学研究作出的特殊贡献。国民勋章是韩国最高荣誉，韩晟昊为韩国建国四十多年来荣膺这个殊荣的唯一的外国人。

按照韩国法律规定，韩国国民勋章获得者可享受三十多种待遇，其中甚至包括免死罪的特权，可又规定假如不加入韩国国籍，上述待遇视同放弃。因此，许多亲朋好友都力劝他加入韩国国籍，可是韩晟昊一概婉拒。他看重韩国给予的荣誉，但更看重一个人的尊严和两国的友好。

他有一句话常挂在嘴边："我生是中国人，死是中国魂。"

五、中国一定要繁荣强盛

2005年10月的一天，韩晟昊应邀到北京大学光华管理学院演讲。演讲之后，有个大学生提出问题，问他如何看待某些国家筹划的"中国威胁论"。

"他们侈谈'中国威胁论'恰恰证明中国还不够强大。等将来中国真正强大了，他们才不敢提什么'中国威胁'呢。因此，现在不应空谈什么口号，而要各守岗位，各尽所学，各尽所能。每个人都敬业，这才是实实在在的爱国。"

这次演讲过后，北京大学聘任韩晟昊为MBA联合会咨询顾问。聆听他演讲的数百名大学生簇拥在他身边，一一等着他签名。

这一天，北京的夜晚格外清澈。韩晟昊饱经风霜的脸上洋溢着笑意，心中充满着希望。

就这样，韩晟昊飘零异国六十多载，坚定不移地恪守了中国人的操守和良心。如今，他虽然八十多岁了，犹在宵衣旰食，殚精竭虑地为祖国的和平和富强，促进中韩交流与合作而奋斗。

（来源：第二十四届中国新闻奖二等奖获奖作品，作者：洪吉男、全春峰、金秀永）

评析：

这是一篇人物通讯，作者记叙了一位在韩老华侨韩晟昊的爱国事迹，展现了一名优秀的韩国华侨的崇高形象。

标题采用单行式标题形式，高度概括了文章的主题。开头介绍了韩晟昊的身份和地位：他不仅是悬壶济世的神医，而且是个打通中韩建交秘密通道的头等功臣。

在主体部分，通讯分为五个层次，详细描述了人物事迹，展现人物高尚的品格和精神。第一层描写了韩晟昊因红房子而引起是非的两次事迹，体现了他拳拳的爱国之心；第二层记叙了韩晟昊积极筹建"韩国华侨侨风促进委员会"和开展戒禁娼毒、打击赌博的"大革命"事迹，体现他敢于和邪恶力量抗争的勇气；第三层记叙了韩晟昊担任总统密使，打通建交通道的事迹，充分体现了他在推动中韩建交的重要作用；第四层交代了被授予韩国国民勋章的韩晟昊因不愿意放弃中国国籍而自动放弃了多项特殊待遇的事实，展现了他"生是中国人，死是中国魂"的爱国情操；第五层记叙了韩晟昊在北京大学的一次成功演讲，深得大学生的爱戴和拥护。

最后一段用议论的方式概括人物的崇高形象，起到了点睛作用。

这篇通讯的报道对象典型，写法详略得当，既有场面描写，又有细节描写。综合运用叙述、描写、说明、议论和抒情的表达方式，充分地体现了人物的高尚品格和精神实质。

【例文 5-5】

与 猩 猩 谈 判

（作者：【美】梅·贝勒）

自从我与丈夫托德分手后，每个星期天，我都要带女儿韩娜上动物园。女儿特别喜欢动物，尤其喜欢动物园里的那只大猩猩苏基。4 个星期前，苏基生下了一只小猩猩莫利，韩娜更是迷上了它们母子俩。

韩娜是个不幸的孩子，今年只有 6 岁，在她周岁时，一场脑膜炎夺去了她的部分听力。不过，女儿很聪明，她很快就学会了手语，每次到动物园看苏基，她都亲热地用手比划着，大猩猩也友好地用手臂朝她挥舞。

1999 年 4 月的第一个星期天，我和韩娜又像往常一样来到动物园，然而，我们只看到了苏基。一名管理员说："莫利昨晚不幸夭折，现在苏基既不吃又不喝，正陷入极度悲伤之中。"

大猩猩用一双悲戚的眼睛看着韩娜，缓缓地走过来，这时惊人的一幕发生了，韩娜不顾一切地爬上围栏准备去安慰苏基，我赶紧跑上去，可还未等我去将女儿拉下来，大猩猩已迅速伸出手臂，将韩娜抱在怀里，随后快步朝它居住的那块大石头走去。

我浑身颤抖，恐惧地看着石头后面的大猩猩的头，韩娜的金色头发忽隐忽现。这时，动物园的一名官员赶到，他安慰我说："我们一定会将你的女儿解救出来的，我已经打电话请动物学家火速赶来，她与这只大猩猩关系很好，而且一直在教它手语，她可能在 1 小时后赶到。"

我抬眼看过去，几乎不敢相信我的眼睛，只见韩娜的脑袋靠在猩猩那巨大而悲戚的面庞旁，而苏基呢，正在轻轻地用手梳理着韩娜的头发。此刻，女儿根本就未意识到她的处境有多危险，难道说，她与苏基真的心有灵犀？

时间在不知不觉中流逝，突然，另外两只雄猩猩朝苏基所呆的地方走了过去。所有人的心都忐忑不安，现场一片死寂。那两只虎视眈眈的雄猩猩离苏基越来越近，只见苏基并不慌张，它将怀中的韩娜换到左臂上，然后高高地举起右臂，示威般地吼叫起来。此刻，我看到苏基仍一手搂着韩娜,另一只腾出的手则去捡地上的一块大石头,然后用超人的力量将石头掷向那两只来犯的猩猩。也许是被母猩猩的这一无畏之举镇住了,那两只猩猩悻悻退去。然后,苏基像安慰自己的孩子一样,开始轻轻地拍打正在轻声哭泣的韩娜。

时间过得真慢,一分一秒都那么难熬。终于,我看到一个年轻女子朝猩猩园里走来,我知道她就是期待中的那名动物学家。此刻,现场的气氛紧张极了,韩娜已停止了哭泣,但事情好像陷入了僵局,苏基显然不情愿将韩娜交给动物学家。这时,太阳正在落山,我的担忧也随着黑夜的降临而加深。不一会儿,那名动物学家芭芭拉通过保安向我问女儿父亲的名字。我赶紧告诉了工作人员托德的名字和电话号码。

夜幕降临了,我看到在猩猩的怀抱中待了几个小时的韩娜已非常疲乏,我也精疲力竭。这时,芭芭拉拿过一个大碗,将几根香蕉和几个橘子显示给苏基看,然后打着手势:"在你吃东西时,我能抱抱你的小家伙吗?"有那么一瞬,猩猩瞥了食物一眼,显然它也饿了,然而,它最后还是摇了摇头,它仍不想让芭芭拉带走韩娜。

随着时间的推移,我能感觉到这只大猩猩的情绪越来越不稳定,因此,此时的情势也更加危险。正当我深感不安时,我看到苏基正用一只手臂去抓香蕉,可它的另一只手却更紧地抓住韩娜。这时,我那个疲惫不堪但仍勇敢顽强的宝贝女儿将小手伸出来,然后镇静地在猩猩的面前打着手语:"你的宝贝现在非常饥饿,你能让我下来吃点东西吗?"

猩猩显然在"聆听",它似乎懂了女儿的意思,然后它转向芭芭拉,示意她赶快让我离开这里,这对我来说的确很艰难,可我别无他法。我知道,如果苏基觉得它的"孩子"有危险,它是不会让韩娜离开它的。可我呢,那可是我的孩子啊,我泪眼朦胧,几乎昏倒,只得浑身颤抖地扶住保安的手臂。这时,透过晶莹的泪花,我看到一个男人伸出手臂向我走来,那是托德。他紧紧搂住我,我们的泪水融合在一起,托德安慰着我:"他们一打电话我就赶来了,我一直在这儿祈祷,我想它会放了我们女儿的,我们要有耐心。"

半夜时分,当猩猩认为没有什么对它和"孩子"构成威胁后,它终于将韩娜放在地上准备给她喂食,当苏基去取一个苹果时,芭芭拉悄悄示意韩娜快跑,敏捷的女儿撒腿就跑,一名在石头后面的保安立即给苏基打了一针镇静剂,苏基手舞足蹈了一会儿便倒在地上。

托德迅速跑向女儿,将她一把抱在怀里,人群中传来一阵欢呼声,在大猩猩怀里呆了10个小时后,韩娜终于回到了我的身边。随后,我感到心力交瘁,眼前一黑便什么也不知道了。

翌日,本城的所有报纸和电视台都详细报道了韩娜和苏基的故事。其中有一篇文章这样写道:"在我们这个充满冷漠、敌意和仇恨的世界上,星期天晚上的桑地莱动物园却上演了既惊心动魄又感人至深的一幕:一只丧子的大猩猩和一个听力部分丧失的小女孩在一起度过了10个小时,孩子不顾一切地要去安慰猩猩,而那只母猩猩则一直十分小心地护着孩子直到最后将她放下……这个故事再一次证明了,爱完全可以超越人与动物的界限……"

在经过这一事件后,我和托德的爱也复苏了,我们终于认识到,横亘在我们之间的那道裂缝并非不可弥合,我们又重新走到了一起。

评析:

这是一则事件通讯。报道了失聪儿童韩娜安慰失去幼子的猩猩苏基而历险的过程。标题《与猩猩谈判》采用单行式标题，它高度概括了报道的主要内容并具有趣味性，容易激发读者的阅读兴趣。

开头部分交代了失聪少女韩娜喜欢每个星期天去动物园看大猩猩苏基和小猩猩莫利的背景，这是贯穿于全文的韩娜和苏基之间的特殊友情的一个重要提示和重要铺垫。

主体部分以时间顺序展开叙述，叙述了韩娜被困围栏，大家设法与猩猩谈判解救韩娜的整个过程。交代了事情的起因、发展、高潮、结果，叙述过程完整紧凑，扣人心弦。正文以韩娜妈妈的口吻进行叙述，其中穿插了大量心理活动和细节描写，使读者随着事件的发展或紧张，或庆幸，或高兴，不失为一则感人肺腑的事件通讯。

结尾部分揭示了报道的主题，通过人与动物之间的爱，来唤醒人世间人与人的真爱。这篇事件通讯通过新闻事实的报道，体现了爱的真谛，具有新闻意义。

【例文 5 - 6】工作通讯

凡人善举　闪亮桂中

——来宾培育和践行社会主义核心价值观透析

好人引领道德风尚，善举凝聚向上力量。近年来，来宾推凡人善举、奖平民英雄，并依托农村文化广场建设，以群众喜闻乐见的广场文化为切入点，结合具有民族气息的文体活动，在潜移默化中传递、弘扬社会主旋律、正能量，探索出了一条"以农村文化广场为平台，培育和践行社会主义核心价值观"的路子。

"全国最美警察"李东凌、"全国道德模范"蓝绍会、"最美孝心少年"何金妹、"瑶山公仆"赵文强等先进典型如点点繁星，装点出桂中大地璀璨夺目的道德星空。

崇善：来宾好人诠释价值观：面对一位倒地的路人，你能不能俯身帮一把？

这个简单的问题，曾引起网络大讨论，困惑人们许多年。而在根雕工人李华、团委干部覃婧看来，不需有丝毫的犹豫。他们用实际行动回答了这个问题。

今年3月8日晚，象州老人韦中颖被车撞倒，头部受伤，满脸是血，昏迷不醒。象州县大千艺术根雕厂的小伙子李华看到后，立即拦了一辆三轮车，把老人送到了医院。待老人的家人来后，李华悄然离开。

12月8日早上，共青团兴宾区委干部覃婧上班途中看到，一辆卡车突然掉下一个窗框，刚好砸中一名骑摩托车的女子头部，女子瞬间昏倒在地。覃婧毫不犹豫地上前帮扶并把伤者送去医院，让她转危为安……

在千钧一发、命悬一线的危急关头，你能不能挺身而出？

"救命呀！"7月18日11时许，一声凄惨的呼救声打破了瑶乡的宁静。

正在金秀瑶族自治县桐木镇瑶医医院上班的医生周意超和院长梁琼平透过窗户，看到一名男子正用刀捅一名女子，立即跑出去救人。几乎同时，该医院的护士、保安、药师也纷纷冲出大门，有人报警，有人追赶歹徒。附近的摩托车修理店老板、过路群众也加入追赶行列，最后将歹徒擒获。

扎根偏远民族地区，看不到多大的前途，有的只是辛劳和奉献，这样的工作你能坚持干多久？

　　金秀瑶族自治县扶贫办原主任赵文强干了一辈子！这个为大瑶山扶贫殚精竭虑的瑶族汉子2月初突发心肌梗塞离世。他的遗物里，两样东西，让人感慨不已——86本笔记，记载了他做官做人做事、自省自律自勉的感悟；21张手绘贫困村草图，详细标明村屯位置、人数和产业情况。

　　自治区优秀教师、兴宾区教育局副局长刘榴干了一辈子。倾心基层基础教育29年的她，就像一支蜡烛，燃烧了自己，照亮了别人，6月11日，在工作岗位上停止了跳动46年的心脏。

　　一个个平凡好人，他们用青春、责任、信誉、忠诚乃至生命，为社会主义核心价值观作出了生动诠释，给来宾这座好人之城植入了蓬勃向上的精神力量。但是面对赞扬，他们几乎都是淡淡一笑："这事很平常，换谁也都会这么做。"

　　培育：小小广场传递正能量。种子发芽需要沃土，道德成长离不开"社会营养"。

　　来宾好人频出不是偶然现象，正是源于来宾多年来围绕社会主义核心价值体系建设，拓展深化群众性文明创建活动，不断培育崇德向善的道德土壤。

　　今年5月，金秀瑶族自治县忠良乡林秀村的11岁女孩李晓莲，因家中电线短路起火，被困房中造成全身70%特重度烧伤。

　　"金秀女孩李晓莲，家贫大火祸相连，全身烧伤特重度，祈望爱心把手援……"一首山歌在瑶乡村屯的许多文化小广场接力传唱，引起社会广泛关注，一个多月就为她汇集到50多万善款。

　　小小文化广场激发无限正能量。截至目前，来宾的724个行政村全部建成农村文化广场，利用这个大舞台，全市广泛开展了以"农村广场舞 放歌价值观"为主题的广场文化活动，通过实施"三唱四讲一舞五演"等有效载体，用文艺形式加强核心价值观宣传教育，推进核心价值观进农村、进乡镇（社区）、进校园、进机关、进企业、进军营及上电视、上报纸、上舞台。

　　来宾建立善行义举榜，在学校主要围绕师德师风、学生德勤绩建榜；在农村社区主要围绕孝老爱亲、助人为乐建榜；在企业和窗口单位主要围绕爱岗敬业、诚信经营建榜。在此基础上，全市开展"最美来宾人""道德模范"、十星级文明户、"三阳光"先进典型、敬老孝老之星等评选……多种形式的宣传、评选，人们对道德模范、身边好人的事迹耳熟能详，一种"崇善"的风尚蔚然成风，一种"见贤思齐"的思想在心中萌动。

　　"近年来，来宾市培育与践行社会主义核心价值观和来宾好人不断涌现相辅相成。"市委常委、宣传部部长、副市长韦凤云说，"我们对善行义举进行全方位的宣传、表彰，就是要让好人成为大家热议、追捧、学习的对象，激发见贤思齐、明德惟馨的正能量，使榜样的典型效应转化为群体效应，进而升华为社会效应。"

　　传承："善善相报"带来连锁效应。德不孤，必有邻；德者先，从者众。

　　扎根丰厚的道德土壤，来宾的善行义举从开始的一个个"盆景"，发展成为一片片引人入胜的"风景"，道德模范的"标杆现象"被不断传递放大。

　　"有名英雄"的背后涌现出无数的"无名英雄"，越来越多的人跟随崇德向善的脚步，坚定前行。

忻城的樊容铭、韦克绍组建"爱心群",汇集近千名爱心人士常态化开展公益活动;金秀的致富能人陈永思为困难群众赠送七彩椒秧苗和化肥;兴宾凤凰镇龙头村15岁少女小张患重病,全村男女老幼捐资1.74万元……而被李华救助的韦中颖找到"救命恩人"后,才知道有一个后来被众人津津乐道的巧合。

"我被撞了又得到帮助的地方恰好就是我以前抓住一个杀人犯的地方。"原来,2006年,韦中颖曾在当晚他被撞倒的地方与一名杀人犯斗智斗勇,最终协助警察把罪犯抓住,其事迹曾刊登在报纸上,"看来这就是善有善报吧!"

"对于一个地方而言,经济是基、文化是脉、百姓是本,而民风则是魂。"市委书记李志刚坦言,结合培育和践行社会主义核心价值观活动,该市号召广大干部群众向赵文强等先进典型学习,同时进一步完善激励机制,让"好人有好报";完善保障机制,让道德模范"流血不流泪",为来宾文明进程提质增速筑牢基础,为引领社会风尚树起一面旗帜。

不断涌现的来宾好人,给这座秉持"天下来宾 来者上宾"的城市带来了良性连锁效应。2013年,来宾农村三大纠纷、治安案件、上访人次分别下降37%、65%和20%,继成功创建"国家公共文化服务体系示范区"后,今年9月又迈入"全国全民健身示范城市"行列。这两大"国字号"品牌均是目前广西的唯一。

(来源:2014年12月22日《广西日报》,记者:罗侠、卢彬彬)

评析:

这是一篇工作通讯,反映了近年来来宾培育和践行社会主义核心价值观的工作所取得的成绩和经验。标题采用正标题+副标题的形式,正标题概括了通讯内容的主题,副标题既是通讯内容的提要,又是对正标题的补充,点明了此通讯是对来宾培育和践行社会主义核心价值观的透析。

开头部分,记者总述了该文章的主要内容,交代了来宾培育和践行社会主义核心价值观的工作所采取的具体措施和涌现了许多全国闻名的先进人物典型。

正文部分以三个小标题分成三个层次。第一个层次,通过记叙根雕工人李华、团委干部覃婧、医生周意超和院长梁琼平等好人不断涌现的见义勇为的事迹,充分体现了来宾人民崇善的价值观;第二个层次,通过来宾民众为金秀女孩李晓莲筹集善款的典型事实交代了来宾培育和践行社会主义核心价值观的具体措施:开展以"农村广场舞 放歌价值观"为主题的广场文化活动和建立善行义举榜;第三个层次,作者通过采用大量鲜活的"有名英雄"、"无名英雄"的事实表明了一个事实:越来越多的人跟随崇德向善的脚步,坚定前行。此外,通过引用来宾市市委书记的话,叙述了来宾培育和践行社会主义核心价值观的具体活动措施。

这篇工作通讯把介绍来宾培育和践行社会主义核心价值观的工作所取得的成绩和经验作为主旨,采用大量鲜活的人物事实进行深入分析。语言形象、生动、深刻并富有文采,综合运用叙述、描写、说明、议论和抒情的表达方式,摆脱了以往工作通讯的枯燥乏味,是一篇精彩的工作通讯。

案例导入：

请分析这则广告文案的文体结构和特点。

红　　牛

广告语：轻松能量 来自红牛

标题：还在用这种方法提神

正文：

都新世纪了，还在用这一杯苦咖啡来提神。

你知道吗，还有更好的方式来帮助你唤起精神。

全新上市的强化型红牛功能饮料富含氨基酸，维生素等多种营养成分，更添加了8倍牛磺酸，能有效激活脑细胞，缓解视觉疲劳，不仅可以提神醒脑，更能加倍呵护你的身体，令你随时拥有敏锐的判断力。提高工作效率。

任务二　制　作　广　告

一、广告的基本知识

（一）广告的概念和特点

1. 广告的概念

"广告"一词源于拉丁语advertere，原意是"我大喊大叫"，以吸引公众的注意；演变为英语advertise，则有通知、诱导、披露等概念；中文的"广告"即广而告之之意。广告有广义和狭义之分，广义广告包括非经济广告和经济广告。非经济广告指不以盈利为目的的广告，如社会公益广告，政府行政部门、社会事业单位乃至个人的各种公告、启事、声明；狭义的广告根据《中华人民共和国广告法》第二条规定："本法所称广告，是指商品经营者或者服务提供者承担费用，通过一定媒介和形式直接或者间接地介绍自己所推销的商品或者所提供的服务的商业广告。"

2. 广告的特点

广告具有以下几个特点：

（1）情报性。广告最主要的目的就是把有价值的技术、商品、劳务等信息传递给公众，因此广告首先具有情报特征。

（2）真实性。广告中传递的信息内容必须是真实的。《中华人民共和国广告法》规定："广告应当真实、合法，符合社会主义精神文明建设的要求，广告不得含有虚假内容，不得欺骗或误导消费者。"广告所传递的关于企业、产品、服务的内容如果存在夸大或虚假成分，即使可以蒙蔽公众一时，也不能蒙蔽一世，最终只会搬起石头砸到自己的脚。

（3）艺术性。为了更好地吸引广告诉求对象的注意力，在广告的创意、设计、制作过程中就要积极地运用语言文字、声色动画等表现手段。赋予广告艺术美感和魅力，使广告新颖、生动、有趣，以此来感染它的诉求对象。商业广告是说服的艺术，目的在于影响消费者的行动。

(4) 效益性。广告的实质就是人们为了追求利益而制作的广告，效益性是广告的目的。它表现在两个方面：一是经济效益，二是社会效益。其中，以盈利为目的是商业广告的根本属性。向公众推销商品、介绍服务，目的在于激发公众的消费欲望，从而促进销售和服务。

(二) 广告的类型

1. 按内容分

(1) 企业形象广告。它是一种传播企业的经营思想、展示企业实力，以增进公众对企业了解的广告。重心在于树立企业自身的形象。企业利用赞助、捐赠某项公益、公众福利事业，在社会、政治、经济、文化、体育乃至国际交流中扮演各种积极角色的方式，提高企业在公众中的知名度和美誉度。

(2) 商品广告。它是指企业为了推销其生产的商品或服务，向消费者传播该商品的相关信息，以激发消费者购买行动的广告。电视、报刊、杂志上大多数的广告都属于此类。

2. 按媒体分

(1) 视听广告。例如电视、电影、幻灯、广播广告等。

(2) 印刷广告。例如报刊、挂历、产品目录、公司门票等。

(3) 邮寄广告。例如明信片、贺年片、信函等。

(4) 户外广告。例如招牌、路牌、旗帜、气球等。

(5) 公通广告。例如车、船、飞机上张贴的广告等。

(6) 其他媒体广告。例如雨伞、提包、食品袋等。

3. 按艺术形式分

图片广告、表演广告、演说广告等。

二、广告文案

(一) 广告文案的概念和特点

1. 公告文案的概念

广义的广告文案泛指广告作品的全部，包括广告的文字、图片、编排设计等。狭义的广告文案单指广告作品中的语言文字部分。本书所指的广告文案是狭义的广告文案。

2. 广告文案的特点

(1) 宣传性。广告文案的作用就是为了向公众推销商品、介绍服务，目的在于激发公众的消费欲望，从而促进销售和服务。因此，宣传诱导性是广告文案最重要的特征。

(2) 真实性。广告文案写作不仅要遵守《中华人民共和国广告法》的相关规定，同时要遵守商业道德和对公众负责。任何夸大或虚假的广告，都是苍白而没有生命力的，经不起半点推敲。

(3) 创意性。广告文案不同于一般的产品介绍或消费指南，为了吸引公众的注意，广告文案的创作者要费尽心思，以创意来吸引和打动消费者，从而引起公众的购买欲望。

(4) 效益性。一则广告文案有没有打动消费者的心弦并获得成功，终究是以实际的效益作为衡量标准的。

(二) 广告文案的类型

(1) 按传播媒介分为报纸广告文案、杂志广告文案、电视广告文案、广播广告文案、网络广告文案等。

(2) 按内容分为企业广告文案、产品介绍广告文案、联营广告文案、信息广告文案、文化广告文案等。

(3) 按写作体式分为简介体、证明体、短语体、论说体、说明体、比兴体、自述体、文艺体、新闻体、谐趣体等。

(4) 按范围分为总公司计划、分公司计划、地域（华北地区）计划、部门计划、个人计划等。

(5) 按篇幅分为长广告文案（400字以上）和短文案（400字以下）。

(三) 广告文案的结构和写法

一则完整的广告文案是由广告标题、广告正文、广告标语和广告随文四大要素构成，每个要素在文案中各自扮演着不同角色，为广告信息的有效传达发挥着重要作用。在实践运用中，广告文案的结构是灵活多样的，不是每一则广告文案都有上述完整的结构。一般来说，平面（印刷）广告文案的结构通常比较完整，而广播、电视广告文案则不拘一格，灵活多变。

1. 广告标题

始终处于广告文案中最醒目、最有效的位置。它旨在表达广告中最重要最核心的信息，现代广告教皇、奥美广告公司的创始人大卫·奥格威认为"80％的读者都要先浏览广告标题再看广告正文中的信息"。因此，广告标题的好坏直接影响到广告文案乃至整个广告的成败。

(1) 广告标题写法。

1) 直接标题：以最简明的文字直接表达广告最主要的内容，使受众一看到就明白广告的诉求重点。直接标题的基本成分一般包括品牌名称、企业名称、产品功效、服务特点、利益承诺等信息。

如"送礼就送脑白金。"——脑白金保健品广告；"尝尝欢笑，常常麦当劳。"——麦当劳广告。

2) 间接标题：在标题中不直接表明广告的主要内容，而是用暗示的方法含蓄地传递广告信息，或以富有情趣、耐人寻味的语句引导受众阅读广告正文。

如"我的眼里只有你。"——娃哈哈纯净水广告；"众里寻他千百度，想要几度就几度。"——伊莱克斯冰箱广告。

3) 复合标题：复合标题又称多重标题，它是由引题、正题、副题组成。引题位于正题之前，起到引起话题、交代背景、渲染气氛等作用；正题又称主标题，它揭示广告的主题，传递最主要的信息；副题位于正题之后，是对正题的补充说明。

第一种形式：引题＋正题。如"今年夏天最冷的热门新闻（引题）；西泠冷气全面启动（正题）。"——西泠空调广告。

第二种形式：正题＋副题。如"这辆新型'劳斯莱斯'在时速六十英里时，最大闹声是来自电子钟。（正题）；什么原因使得'劳斯莱斯'成为世界上最好的车子？一位知名的

'劳斯莱斯'工程师说：'说穿了，根本没有什么真正的戏法——这不过是耐心地注意到细节。'（副题）"——劳斯莱斯汽车广告。

第三种形式：引题＋正题＋副题。如"四川特产，口味一流。（引题）；天府花生（正题）；越剥越开心（副题）"——天府花生广告。

(2) 广告标题的表现方式。

1) 新闻报道式。通过新闻报道的方式，向受众传递最新的信息。常用词汇有：新、最新、发现、推出、首次、目前、现在、消息等。如"中国贵州茅台隆重推出新一代浓香型经典白酒。"——茅台集团"东方之子"酒广告。

2) 提问式。通过提出问题，引发受众的思考，从而激发他们的阅读兴趣。如："明天的明天，你还会送我'水晶之恋'吗？"——水晶之恋果冻广告。

3) 悬念式。通过设立悬念的方式，迎合受众追根究底的特征，激发受众的好奇心和期待感。如"我们从人们耳朵里取出来的东西"（旁边配以水龙头、哨子、锉刀、自行车铃、苍蝇等的画面），受众所联想到的能从耳朵里去取出来的东西绝不会是上述画面，最后通过思考才恍然大悟，原来广告实际要表达的是耳鸣者的痛苦。——耳鸣学会募捐广告。

4) 号召式。通过提倡和号召的方式，鼓动受众作出购买行为。如"果冻我要喜之郎。"——喜之郎果冻广告

5) 炫耀式。通过炫耀的方式，直接颂扬商品自身的优势或带给消费者的好处，彰显对产品或服务的信心。如"从台湾第一到世界金牌，统一鲜乳是最好的鲜乳！"——台湾统一特级鲜乳广告。

2. 正文

正文是广告的主体，是对广告主题的详细阐述部分。通常用来介绍产品的基本信息、功效，产品给消费者带来的利益，使受众充分了解产品信息并产生购买欲望。正文是广告文案中最重要的组成部分。

正文的表现形式多种多样，应该根据需求灵活运用。常见的表现形式有：

(1) 直述式。以陈述、诉说为主要表达方式，对产品的功能特性进行客观描述，使受众最全面、快速地了解产品信息。如："一气呵成，无需反复。增加强力蒸汽，喷气量大小可供选择，便于携带，易于存放，大面积熨烫，速度快，成型效果极佳。它的出现——改写了熨烫工具的历史。"——神奇牌蒸汽电熨斗广告。

(2) 独白式。即以人物自身的口吻或某用户的角度来表明观点，传达信息。如"黑，芝麻哎—— 小时候，一听到黑芝麻糊的叫卖声，我就再也坐不住了。如今，不管过了多久，它还是记忆中的那个味道。南方黑芝麻糊，滴滴好味道。"—— 南方黑芝麻糊广告。

(3) 故事式。通过趣味性的故事情节来引起人们的阅读兴趣，加深读者印象和好感。如贵州习水酒厂的习酒广告，运用鲁迅短篇小说《孔乙己》里的咸亨酒店小伙伴和常来喝酒的孔乙己的对话形式，来凸显习酒品质佳，口感醇的特点。这种具有故事情节的广告更深得读者的喜欢。

3. 广告语

广告语又称广告口号、广告标语。是为了加强受众对企业、产品或服务的印象，在广

告中长期地反复使用的宣传口号。一般要求：第一，朗朗上口，简明易记；第二，富有创意，追求个性；第三，契合受众心理，挖掘文化内涵。主要表现形式有：

（1）简短单句，即一句话的广告语。如"一切尽在掌握。"——索尼爱立信广告。

（2）简短双句，即由两个相互关联的单句组成的广告语。如："牛奶香浓，丝般感受。"——德芙巧克力广告。

（3）企业或品牌名称＋简短单句。如"金利来——男人的世界！"——金利来广告。

4. 随文

广告随文又称广告附文，是广告中向受众说明广告主身份、购买产品或接受服务的方法以及相关的附加信息的语言文字部分。随文是广告必要的附加说明，一般位于广告文案的结尾。

随文是用来告诉顾客购买产品或服务的方法。例如写明企业或商品的名称、联系人、地址、电话、网址、购买手续、银行账号、经销部门、权威机构认证标识或获奖情况等，有的还附有信息反馈表、抽奖、赠券、信息等。如"即日起，凡购买三星手机 T208/T508 任一款，即送宜而爽保暖内衣一套，送完为止。"——三星手机 T208/T508 广告。

（四）广告语和广告标题的区别

广告语与广告标题在结构上较为相似，有时一则广告文案的标题就是广告语，但两者又存在着区别：

1. 职能不同

广告语的主要职能是体现广告战略，集中体现广告产品的定位、品牌形象、企业理念等；而标题的主要职能是在一则具体的广告中起到导入主题，引起受众的注意，传递诉求重点的作用。

2. 使用时限、范围不同

广告语作为企业的广告战略的一部分，它是该企业在不同媒介中的广告作品的重要部分，被长期运用；而广告标语只出现在一则广告里，通常是一次性使用。因此，广告语的使用时限长，范围广；广告标题的使用时限短，范围窄。

3. 位置不同

广告语在文案中的位置是没有特殊限定的，它既可以放在广告文案的最前面，也可以代替广告标题，或置于正文中或附文后；而广告标题只能放在文案的开头。

【例文 5-7】 案例分析

不 良 品

这辆金龟车误了船期。

车身有个地方的镀铬脱落，造成缺点，必须更换。您也许不会注意到，但我们一位名叫 K. 古洛拉的质检员注意到了。

在金龟车制造厂有 3398 名员工，他们只有一个工作：检查金龟车制造过程中的每一步骤（我们每天生产 3000 辆金龟车，质检员人数多于此数）。每一个避震器都要经过检查（我们不允许抽检），每一面挡风玻璃也都要经过检查。一辆金龟车会因为肉眼看不到的刮痕而被打回来。

最后的检查更严厉,质检员把每一辆金龟车从生产线开到测试场,通过189个检查项目,当开回自动刹车平台,50辆中总有一辆被评为"不合格"。这样细密的事前检查,使这辆车比其他车耐用,维修费也花得较少(二手车比其他车要高)。

我们剔除不良品,使您获得高价品。

××厂
厂址:×××××
电话:××××××

评析:

该广告用了一个反向标题,向受众毫不犹豫地揭自己的短。它能引起受众的关注,同时也体现其广告诉求点:"这是一辆诚实的车子"。

广告正文运用细节描写和实证手法,用整个篇幅详细地、真实地表现了金龟车的检查过程和一系列真实、有说服力的数字,传递企业对产品检查过程中的感受和目的:"我们剔除不良品,使您获得高价品"。

广告正文还运用故事体顺序和归纳顺序交叉进行的写作方式,能更好地吸引读者。最后一段的评价和总结性语言,为广告正文的结尾部分,将检验的意义升华了,也成为该文案的点睛之笔——广告语。

本项目小结

我们生活在一个资讯相当发达的时代,每天都会接触到大量的传播文书。作为读者,阅读新闻和广告是我们放眼看世界的窗口;作为媒体,写新闻和广告文案是我们施展才干,实现职业理想和人生价值的途径;作为行政人员,写新闻是我们开展工作,完成任务的载体;作为广告主,广告是宣传商品和服务、建立商品和企业知名度、弘扬企业文化的重要工具。

本项目选取了传播文书中最常见的新闻和广告两种体裁,从概念、特点、类别、格式与写法、写作要求等方面进行了学习。希望读者们熟读教材,参考例文,会运用消息、通讯和广告的知识来分析新闻和广告作品,能规范地撰写消息、通讯和广告文案。

本项目练习

【情景模拟1】

A公司举办写作培训班,授课的王老师说课间休息后要检查大家对培训内容的学习情况。课间休息时,秘书晓红对白琳说:"一会儿要回答问题了,我有点儿紧张,你能帮我背背吗?"白琳翻翻笔记本说道:"好的。请问消息的文体结构是由几部分构成?"

【情景模拟2】

秘书晓红对白琳说:"我们公司今年在新产品研发方面取得了很好的成绩,积累了一些经验。经理让我写篇工作通讯,你能告诉我通讯和消息有什么区别吗?"

【情景模拟3】

秘书晓红对白琳说:"经理让我写这次新产品的广告文案,你能告诉我怎么写好广告语吗?"

【技能实训 1】

（1）最近，强生再次陷入"致癌门"。早在 2005 年，印度马哈拉施特拉邦食品与药物管理部门要求，美国强生公司取消部分产品的"婴儿使用"标志，因为这些产品中含有对婴儿有害的成分。2009 年，中国国家质检总局对强生（中国）有限公司生产的 26 种 31 个批次的婴幼儿洗浴用品进行检验，结果显示：婴儿香桃沐浴露中的一个批次检出含有微量的二噁烷。二噁烷是一种可致癌的物质。对此，强生公司表示会逐步停用，但是最新调查发现，在部分国家和地区，包括中国内地及香港出售的强生婴儿洗发水仍含有致癌物质。

请根据此材料写作一篇消息进行报导。

【技能实训 2】

请你就自己最敬佩的人写一篇人物通讯。要求文体结构完整，语言表述准确，材料翔实。

【技能实训 3】

2002 年以前，加多宝公司生产经营的红色罐装王老吉在广东、浙南地区销量稳定，销售业绩连续几年维持在 1 亿多元。但发展到这个规模后，加多宝的管理层发现，要把企业做大，要走向全国，面临一连串的问题，其中最主要的问题是消费者对红罐王老吉认知混乱，有的将其当"药"看待，有的当"饮料"看待，而两广以外的消费者没有"凉茶"概念，原有的广告推广语"健康家庭，永远相伴"并不能体现出红罐王老吉的独特价值。

为此，2002 年年底，加多宝找到成美营销顾问公司为红罐王老吉进行宣传，期望能推动销售。成美营销认为，此项目成败的关键在于品牌的定位，并突出红罐王老吉的独特价值。请根据你对王老吉的了解，为王老吉拟定一则广告文案，实现这两个诉求。

【综合练习 1】

给下列一则新闻拟标题，要求用上对偶修辞手法。

一段时间以来，一些内容不雅的"露骨广告"在广州市公交车的车体上频频露面，引起市民不满。如今，此类广告已"下站"，取而代之的是一些公益宣传，如"为幼儿让座 您会得到两颗心的感激""公交优先，绿色出行"等，它们已经成为公交车车身上一道靓丽的"风景"。

【综合练习 2】

请根据下面的资料为儿童安全座椅写作一篇故事型的杂志广告文案。要求：有广告标题、广告正文、广告附文、广告口号，字数须在 100 字以上。

儿童安全座椅

产品功能及特点：

1. 适合 6 个月～4 周岁儿童，根据东方儿童体形特征设计。
2. 五点式安全带，四种调节位置组合，适合不同体形儿童使用。
3. 安装方便，操作简单，适合各类车型（需配备标准汽车安全带）。
4. 采用进口高抗冲击塑胶原料一次射注成型，安全坚固耐用。
5. 可拆洗椅套采用高弹海绵及透气面料制做，乘座舒适。

6. 轻巧美观，方便提携，适合中国用户使用习惯。

售后服务：中国人民保险公司承保产品质量责任险。

不用安全座椅潜藏危机：即使是在车速很低的车祸事件里，对于前座的幼儿来说，也绝对无法抵挡全力向前撞射的冲击力量！当车速达到50km/h发生碰撞时，对一个没有使用儿童安全座椅和安全带固定的4岁孩子而言，所能产生的向前冲射力量可高达400kg，这个重量几乎等于一头小象！正确安装的儿童安全防护系统可以将可能致命的伤害减轻75%，重伤程度则能减轻67%。欧洲驾驶安全组织建议，父母应尽可能把儿童安全座椅安装在后座，特别是面向车后的儿童安全座椅，绝对不能装在具有车侧气帘（或气囊）的前座。

欧美地区车辆安置儿童安全座椅的风气早已行之有年，有一定的制度规范。

价格说明：750/套

产品数量：600

单位名称：车族电子有限公司

地址：深圳市福田区爱华科研楼

邮编：518049

电话：0755 - 81570704

传真：0755 - 83120247

联系人：王永辉

电子邮件：yonghui1217@yahoo.com.cn

【学习交流】

（1）将全班同学分成三个小组。第一个组讨论的主题是如何写好消息；第二个组讨论的主题是如何写好通讯；第三个组讨论的主题是如何写好广告。

（2）独自上机查找相关资料。

（3）以小组为单位，以PPT的形式在班上汇报小组的学习成果与学习心得。

项目六 科技文书写作

学习目标：

一、知识目标
(1) 了解科技文书的概念和特点。
(2) 了解科技文书的写作要求。
(3) 了解收集资料、分析资料的方法。

二、能力目标
(1) 熟悉常见科技文书的格式。
(2) 能较规范地撰写常见科技文书。

项目六 科技文书写作

案例导入：

阅读下面的文章，思考下列问题：
1. 实习报告与一般的事务性文书的写作格式有何不同？
2. 实习报告的写作内容有何特殊要求？
3. 实习报告有哪些类型？

毕 业 实 习 报 告

转眼间，三年大学生活已经接近尾声，毕业的钟声将要敲响。将课堂所学知识运用于实践成为毕业生们必经的道路。带着老师的忠告，2010年10月15日我有幸来到合肥华胜泡沫包装有限公司行政办公室实习。

合肥华胜包装有限公司始建于1994年，注册资金达到500万，占地面积16000平方米，年产值可达3000万。是生产聚苯乙烯泡沫定型产品和泡沫板材的专业生产厂家。目前这家公司已经拥有员工100多人，采用先进的大规模生产设备，这家公司自成立以来始终致力于聚苯乙烯泡沫的推广，拥有各式成型机，可以满足不同客户的要求。这家公司主要生产各种电动车电池，酒水食品，海鲜类保险箱，医用针剂，机械零件等各种包装。这家公司还生产不同尺寸规格，不同密度的泡沫板材。而且还可以根据客户要求，大小厚薄任意切割。

纸上得来终觉浅，绝知此事要躬行。在短暂的实习过程中，我深深地感觉到自己所学知识的肤浅和在实际运用中的专业知识的匮乏。刚开始的一段时间里，对一些工作感到无从下手，茫然不知所措，上班第一天领导就派给我个师父，让他对我的实习进行全程指导。刚上班时让我熟悉公司生产以及销售的流程，暂时没有分配什么工作给我。而我身为一个文员实习者，首先接触的应该是如何融入工作，该公司处理基本工作业务的流程是：首先由销售人员去各个有需要潜力的公司进行业务洽谈，然后签订生产合同。之后便是业务单位根据自己的日期需要提前对产品下订单，然后交由仓库进行已有货物和差额的统计，再将数据交给车间进行生产，仓库再按照指定日期安排货车送货。几天后知道自己的工作主要是产品数量统计这项工作，并且每天写工作总结。虽然平时我也到网站发博客、论坛，但感觉和自己的专业有些出入。

刚开始进行的是完成培训的工作。由于感觉和专业不怎么对口，所以对于培训便没有在意，总以为这些工作很简单，但是这种浮躁的态度让我忽视了实习的目的——接触和融入社会，以至于后来考核时有点手足无措。虽说发博客和论坛看上去有点像小学生都会做的事，可重复量如此大的工作如果没有一定的耐心和细心是很难胜任的。从此以后，我每天埋头于博客和论坛中了。平时与同事相处中，虽然年龄差距大，好在有师傅温和地指导，我发觉和各位长辈们相处也并不是很难，他们善于处事，有很大的包容心，我也慢慢融入这个大家庭，这得感谢各位前辈的谆谆教导。

时间过得真快，转眼间，在华胜包装有限公司的实习马上要接近尾声了。通过这三个月的实习，我接触到了真正的工作，亲手进行了简单业务单子的处理，真正从课本中走到了现实中，从抽象的理论回到了多彩的实际生活，细致地了解了现实业务处理的流程，认真观摩了专家们针对公司各项业务的处理，使我对一个公司的运行模式的认识从纯理性的上升到实践，从实践中的感性认识上升到了更深刻的理性认识。在学校总以为自己学的是中文，和实际很脱轨，但是在四年大学生活中学到的点点滴滴很多都能代入工作过程中。譬如如何与人相处、真诚对人，譬如不论干什么都需要本着踏实的态度不断学习，此刻在实习中我才真正领悟到"活到老学到老"的含义。实际的工作能力是书本上没有办法教授给我们的，必须要通过实际工作来积累与强化。

三个月实习满后，我带着学到的知识离开了合肥华胜包装有限公司。从那里，我学会了下面几点找工作的心态。

一、继续学习，不断提升理论涵养

在信息时代，学习是不断地汲取新信息，获得事业进步的动力。作为一名青年学子更应该把学习作为保持工作积极性的重要途径。走上工作岗位后，我会积极响应单位号召，结合工作实际，不断学习理论、业务知识和社会知识，用先进的理论武装头脑，用精良的业务知识提升能力，以广博的社会知识拓展视野。

二、努力实践，自觉进行角色转化

只有将理论付诸实践才能实现理论自身的价值，也只有将理论付诸实践才能使理论得以检验。同样，一个人的价值也是通过实践活动来实现的，也只有通过实践才能锻炼人的品质，彰显人的意志。必须在实际的工作和生活中潜心体会，并自觉地进行这种角色的转换。

三、提高工作积极性和主动性

实习，是开端也是结束。展现在自己面前的是一片任自己驰骋的沃土，也分明感受到了沉甸甸的责任。在今后的工作和生活中，我将继续学习，深入实践，不断提升自我，努力创造业绩，继续创造更多的价值。

我认为大学生实习难，就业难，除非你有关系，能给你轻松找到工作，否则就难逃市场选择的厄运。我在该公司实习总结了五个攻略，只有智勇双全，才能在这个社会中出人头地。

1. 宜主动出击

找实习岗位和找工作一样，要讲究方法。公司一般不会对外公布实习机会，可以主动和其人力资源部门联系，主动争取实习机会。可特别留意正在招聘人选的公司，说明其正缺乏人手，在没有招到合适的员工的情况下，很有可能会暂时选择实习生替代。

2. 宜知己知彼

求职信和求职电话要稳、准、狠，即稳当地了解公司所处的行业大背景及所申请岗位的要求，准确地阐述自己的竞争力，自信自己就是对方要找的人；同时很诚恳地表现出低姿态，表示实习的热望和决心。此外，规范的简历，良好的面试技巧都有助于提高实习成功率。

3. 宜避热趋冷

寻找实习单位时，宜避开热门的实习单位和实习发布网站，勇于找冷门公司，回避热点信息和实习高峰期，实习成功的可能性反而更大。

4. 忌免费午餐

实习生与实习单位之间是双赢关系，主动跟对方说我不要钱来干活是很糟糕的开始，说明自己缺乏自信。有价值的付出一定要有价值的回报，不存在施舍性的实习岗位，能够为雇主创造价值的实习生才是对方所需，而理性考虑到实习生价值的单位会给予实习生更多的锻炼机会。

5. 忌盲目实习

未来求职拼的是专业度而不是态度。谋职实习不应是简单的劳动经验积累和态度培养，比如端盘子一类的工作，可能会增加挫折体验；与专业不对口的实习在未来求职竞争时含金量很低，从找工作的角度，这样的实习弊大于利。

实际上，实习只是接触社会的一个过程，大学生实习的目的应该是为了自己日后的发展，而不仅仅是累计工作经验，然后帮助找到一个薪水较高的工作而已。在实习中，我严格按照实习规程进行操作。作为一名初出茅庐的普通大学生，我不会放松对自己的要求，我希望用自己一开始的学习热情来对待日后的每一项任务工作。在这次毕业实习期间，虽然经常感到很苦，很累，但苦中有乐，累中有趣，也都表现得非常地积极努力认真。

现在，实习已经结束，这次实习内容主要就是文员工作，时间虽然只有三个月，但我获益不浅，感慨良多。我感受最深的，有如下几点：

其一，实习是个人综合能力的检验。要想优秀完成工作，除了办公室基础知识功底深厚外，还需有一定的实践动手能力，操作能力，应付突发故障的能力，还要对办公室中常用软件都能熟练操作。作为一名工作人员，还要求有较强的表达能力，同时还要善于引导自己思考、调节与人相处的氛围等。另外，还必须有较强的应变能力、组织管理能力和坚强的毅力。

其二，此次实习，我深深体会到了积累知识的重要性。俗话说：要给学生一碗水，自己就得有一桶水。我对此话深有感触。以往觉得很容易操作的 office，但我的师父要求我完成某次产品统计的数据与记录时，我却一头雾水，感觉和平时计算机课堂中学的完全不一样，这也让我感到巨大的惭愧。因为以前的自己总以为这些东西学不学得好与专业没有多大联系，殊不知工作不是专攻一个方面，而是考察我们的综合知识水平。

再次，此次实习增强了我毕业就业的信心和勇气。这次实习，我觉得我表现得还不错，许多同学都认为，自己以后进入企业都是可以胜任的。由此看来，我们在大学里还是学到了不少东西，只是感觉不到而已。所以，我们有就业危机感是应该的，但不能过于自卑和担忧，否则会妨碍自己的学习。现在，我们能做的就是多吸取知识，提高自身的综合素质。这就是我本次实习的所感所想，再次感谢合肥华胜包装有限公司以及学校老师对我们人生路上的帮助。

任务一 撰写实习报告

一、实习报告的概念和特点

（一）实习报告的概念

实习报告是临近毕业的大、中专生在实习环节结束后，为及时反映实习内容、实习环节、实习效果、实习体会而写的应用文体。

实习报告能检验学校教育和教学的成效，能反映学生掌握和运用知识的情况，能给教育管理和课堂教学反馈信息。

(二) 实习报告的特点

1. 实践性

实习报告是以大量的科技实践、实验过程、成果为依据的。如果没有科学实践、实验，那么实习报告也就不成其为报告了。撰写实习报告，既可以反映实习成果，也可以反映实习工作的进展、过程，存在的问题及原因和改进措施等。因此，实习报告是来源于实践的报告。

2. 真实性

实习报告是在实习环节进行完毕后写的，它反映实习过程中的具体情况，如实习单位、实习岗位、工作内容、工作表现、实习体会和感想、需要增补或加强的知识或技能等，作者只有在亲身经历和有真实体会的前提下才能如实反映，而不是在没有参加实习的情况下凭空想象和杜撰出来的。尤其是实习的体会和感想要如实反映，如书本理论知识是否能运用于实际工作并解决实际问题，本人掌握和运用知识的程度及能力，需要增补和拓宽的知识等，都要如实反映，以便学校今后改进教育管理和教育方法，也方便自己弥补不足和拓宽知识面。

3. 灵活性

这是从文体写作上讲的。实习报告写作的基本表达方式是叙述、说明和议论，写作格式不受拘束，根据实习过程中的具体情况，文字可长可短。如可以介绍实习过程中与他人合作的新设计；也可以是对实习单位服务、管理中存在问题的思考与剖析；还可以报告某一实地实习考察的过程、收获等，只要实习报告内容翔实而具有可读性、结构严谨而具有合理性就行。因此，实习报告这种文体，写作灵活方便。

二、实习报告的类型

实习是指把学到的理论知识拿到实际工作中去应用，以锻炼工作能力的活动过程，包括认识实习、专业实习、顶岗实习、毕业（预就业学期）实习、社会实践或社会调研等方式。

(1) 认识实习：使学生全面了解生产、建设、管理、服务第一线的一般过程和相关单位的一般情况的实习方式，包括实地考察、参观等方式。

(2) 专业实习：学生在掌握一门或几门课程基础知识的基础上，到生产、建设、管理、服务一线参加实际工作，学习与课程有关的生产过程、技术应用、设备操作维护和管理知识的实习方式。

(3) 顶岗实习：学生在实习单位担当起某一具体岗位的工作，学习实际工作的生产、技术、设备操作维护和管理知识的实习方式。

(4) 毕业（预就业学期）实习：即将毕业（预就业学期）的学生参加综合技能训练的环节，通过在实习单位顶岗实习，在真实的工作环境中综合运用专业知识和技能解决工作中的问题。

(5) 社会实践或社会调研：学生通过实践或调研，接触社会，了解社会，认识社会，在实践或调研中增长知识与才干，提高认知水平。

实习报告一般分为两种：一种是纪实性的实习报告；一种是总结性的实习报告。

（一）纪实性实习报告

纪实性实习报告是学生把自己在实习单位的有关生产、建设、管理、服务等第一线的工作情况如实记录并向学校汇报的一种书面报告。

纪实性实习报告是实习活动和所见所闻的真实记录，要写清实习过程，但不能写成流水账，一定要突出重点，有针对性地反映实习的过程，同时注意条理清晰。

（二）总结性实习报告

总结性实习报告，顾名思义，就是将实习过程有条理、按要求地小结之后向学校汇报的一种书面报告。

实习是一个过程。汇报这个过程需要进行叙述和说明，而总结这个过程和阐述自己的收获或体会又需要议论分析。所以，实习报告写作时应该是叙述加议论的表达方式，有记叙描述、有介绍说明、有归纳小结和议论分析几种表达方式交叉运用。

三、实习报告的结构和写法

实习报告的结构一般包括标题、正文和落款三个方面。

（一）标题

实习报告的标题比较灵活，一般有以下几种写法：

(1) 实习内容＋实习报告，如《会计工作实习报告》《建筑工程施工工作实习报告》《秘书工作实习报告》。

(2) 学校名称＋实习报告，如《××机电工程职业技术学院实习报告》。

(3) 性质＋实习报告，如《毕业实习报告》、《见习实习报告》、《顶岗实习报告》。

(4) 单用文种：《实习报告》。

（二）正文

实习报告的正文内容很丰富，一般包含如下几项。

1. 开头

(1) 概述。

1) 实习单位简介——包括单位概况，主要产品（或服务）以及市场、消费群分布等。

2) 实习过程的基本回顾——简要叙述实习过程，实习的基本内容。

(2) 实习项目简介。

1) 项目介绍——实习所从事的具体业务或工作。

2) 基本原理（或规程）——所从事项目的工作原理或操作程序等。

3) 方案论证（或方案比较）——为完成工作所做的实施方案。这部分可选择若干方案进行比较，通过剖析各个方案的优缺点，达到论证所实习项目的方案是否合理的目的。同时应描述实习项目的技术成分，如新技术、新工艺、新工具等。

2. 主体

(1) 实习内容综合分析。这个部分是实习报告的重点，要较为详细地进行分析。它包含如下内容：

1) 本人承担的主要工作。

2) 方案实现的技术措施。

3) 专业知识和技能的应用（或创新点）。

(2) 实习总结。

1) 收获与体会，如对企业环境的认识，工作适应过程，知识和技能的综合提高，课堂理论在实际应用过程中的作用和具体问题等。

2) 问题与探讨。此处若能提出 1~2 个颇有价值的问题（如企业经营环节中存在的某些不足或其他被忽视的问题）进行探讨，然后有针对性地提出改进的建议，则更能体现实习报告的价值。

3. 结尾

必要的结束语，以简略的语言、真诚的态度对实习单位表示谢意。

4. 落款

实习报告的落款可以在报告的结尾书写，并写明日期；也可在标题下方居中书写，结尾写明日期。毕业实习报告一般在封面写明实习者的信息，包括学校、姓名、专业、学号等信息。

四、实习报告的写作要求

（一）做好实习计划，拟订写作提纲

实习的单位应事先确定，与所学专业对口进行。为了提高实习效率，达到预期的目的，在实习出发前，学生要尽快了解国内外有关生产、建设、制造等方面情况，阅读必要的技术资料，了解实习单位的岗位特点、工作性质等情况，制定实习提纲与计划。

制定好实习计划，是顺利进行实习、圆满完成实习任务的前提与保证。实习计划应该包括：实习目的与要求、实习内容、实习日记（记录）、成绩考核、实习纪律、时间安排等。

（二）注意收集和积累材料

在实习过程中，学生应按照实习计划，积极主动地对实习的全过程、各个环节进行深入细致的观察和调查研究，以增长见识、扩大眼界、开阔思路。收集资料时应注意材料的真实性、典型性，注意材料的广度和深度，随时做好相关记录，主动获得所需的写作素材，这有助于逐步形成自己的写作构思。尤其是实习中观察到的问题和不足，是发现问题、分析问题、解决问题的切入点，在这些问题和不足上做文章，是最能体现实习报告的价值的。

（三）认真分析材料，确定选题方向

实习报告写作过程是更生动、更切实、更深入的专业知识的学习。报告的写作，切忌人云亦云、道听途说或捕风捉影，以至失去实习报告的真实性。学生在掌握第一手实习材料后，应根据自己的实习实际，对材料进行整理、归纳、综合、分析，从中找出规律性的东西来，理论联系实际，确定选题方向，形成自己的观点，做到用材料说明观点，观点来自于实习材料中。此外，实习报告的选题一般不宜过大过深，内容不宜过于复杂、过于偏

僻，要求能够较好地结合企业实际情况，分析或解决专业领域中的某一具体问题即可。

（四）表述方式灵活，讲求朴实文风

实习报告根据实习类型的不同，报告的侧重点、表述方式也不一样。如着重考察事实，实习报告就要对实习了解到的现象和事实的详细陈述，多叙述，少分析，少议论；如着重经验和问题，实习报告就要重点介绍、科学分析和归纳实习或考察对象的基本情况；如着重作者的建议和主张，报告就要综合分析实习工作中发现的问题，提出解决问题的建议或切实可行的改进措施，依据相关理论，论证阐述自己的观点。

实习报告的内容讲求充实厚重，与此相对应，撰写实习报告也要讲求朴实的文风，要注意尽可能使用书面语言和专业化语言，语言要求简洁、精确、规范化。

【例文 6-1】

毕 业 实 习 报 告

1. 实习目的

根据学校对大学生的毕业实习要求，我在山东省××县农村信用合作社联合社进行了为期 4 周的毕业实习。毕业实习的目的是：接触实际，了解社会，增强劳动观点和社会主义事业心、责任感；学习业务知识和管理知识，巩固所学理论，获取本专业的实际知识，培养初步的实际工作能力和专业技能。具体要求如下：

（1）培养从事信用社前台工作的业务能力。了解并熟悉储蓄前台人员的日常业务和工作流程，学会独立工作。

（2）理论联系实际，学会运用所学的基础理论、基本知识和基本技能去参与到具体的前台工作中。

（3）培养艰苦创业精神和社会责任感，形成热爱专业、热爱劳动的良好品德。

预演和准备就业。找出自身状况与社会实际需要的差距，并在以后的学习期间及时补充相关知识，为求职与正式工作做好充分的知识、能力准备。

2. 实习时间

我于 2009 年 2 月 1 日到 3 月 1 日在山东省××农村信用合作社联合社进行了为期 4 周实习。

3. 实习单位

（1）单位地址与规模。山东省××农村信用联合社位于沂水镇南环路，法人高××，电话 0539-×××××××。××农村信用社拥有 258 名信合员工，辖 12 个信用社、1 个营业部、73 名客户经理，345 个协贷站。

（2）实习单位主要业务。办理存款、贷款、票据贴现、国内结算业务；办理个人储蓄业务；代理其他行的金融业务；代理收付款项及受托办保险业务；买卖政府债券；代理发行、代理兑付、承销政府债券。

（3）实习单位的历史与发展（略）。

4. 实习过程

2 月 1 日，我开始了我的农村信用社实习的过程。早上 8 点半，伴随着信用社大门的打开，大厅不一会就人来人往。大家都忙碌着，我无所事事着。主任说这样吧，这个月的第一期黑板报就你负责。总算有事做了，说干就干。高中的时候担任过出黑板报，还好基础不至于太差。其实也没写几个字，主要是关于"信用社预防职务犯罪教育"的普法知识，却忙碌了大半天。不过效果还是不错的，有顾客谈起来，心中也是很高兴的。

下午，我在实习指导老师的指导下首先学习信用社工作必需的基本技能，包括点钞、捆钞、珠算、五笔字型输入法、数字小键盘使用等。这似乎给了我一个难题，本来自以为信用社业务相当的简单，却没发现我原来有这么多基本的技能不会操作。看着同事熟练的点钞，真是很羡慕，而我只能从一张一张数起。还时不时地出错。对于珠算，刚开始我一直无法理解为什么不用计算器，这不是更方便吗？后来慢慢才了解，原来信用社柜员经常需要查点现金，看是否能账实相符，而人民币有多种卷别，在点钞时需要累加，这时使用算盘就要比计算器方便，因为计算器显示的结果超过一定时间便会消失。

这次实习，除了让我对农村信用社基本业务有了一定了解，并且能进行基本操作外，我觉得自己在其他方面的收获也是挺大的。作为一名一直生活在单纯的大学校园的我，这次的毕业实习无疑成为了我踏入社会前的一个平台，为我今后踏入社会奠定了基础。

在联社为期一个多月的实习是我走出校门，踏入社会的第一步，这个阶段是我从学生步入职场的重要的过渡，对我来说有很大帮助，为我将来走上工作岗位打下坚实的基础。通过这次的实习，我对自己的专业有了更为详尽而深刻的了解，也是对这几年大学里所学知识的巩固与运用。从这次实习中，我体会到了实际的工作与书本上的知识是有一定距离的，并且需要进一步的再学习。

其次，我觉得工作后任何人都必须要坚守自己的职业道德并努力提高自己的职业素养，做一行就要懂这一行的行规。在这一点上我从实习单位同事那里深有体会，比如，有的业务办理需要身份证件，虽然客户可能是自己认识的人，他们也会要求对方出示证件，而当对方有所微词时，他们也总是耐心的解释为什么必须得这么做。

最后，在信用社里每一位员工都是我的老师。实习期间我虚心学习经验，将所学的知识与实践结合起来，多思考，多总结，多请教，充分发挥自己的工作积极性。我觉得到了实际工作中以后，学历并不显得是最重要的，主要看的是个人的业务能力和交际能力。我深刻的体会了这一点。学历只是一张证书、只是代表你接受的文化教育的程度，但并不能完全的展现个人。以实际说话，也许你能说出很多新兴词汇，可是顾客不懂，那你就算不上是个优秀的员工。实习的时间虽然只有短短的一个多月，但是我感觉我的收获还是很大的。我要感谢信用社给我这个机会让我来到这个集体，感谢我的信用社的老师们，当我在业务上遇到什么不懂的问题请教他们时，他们都会悉心帮我解答，使我大大提高了对信用社业务的熟悉程度，这对我的实习经历来说是十分重要的。

通过实习，我体会到，如何将我们在大学里所学的知识与更多的实践结合在一起，使一个大学生具备较强的处理实务的能力与比较系统的专业知识，这才是我们实习的真正目的。

评析：

科研是大学生学习中的重要环节，科研素质是优秀大学生的必备素质。在当今科技水平快速提高的形势下，社会对大学生的综合能力及专业能力提出了更高的要求。因此，加强科研学习，提高科研素质，也是大学生在校学习期间的一个重要任务。大学生在学习期

项目六　科技文书写作

间的科研方式有许多种，其中毕业实习、毕业设计报告、毕业论文的写作也是提高学生科研能力的重要手段。这是一篇假期毕业实习报告，通过对自己在实习过程的情况的回顾，找到了提高自身素质和能力的方法，也提升了对自我的分析能力。报告的内容较为详实，结构完整，语言清晰简洁，格式规范。

【例文 6-2】

毕 业 实 习 报 告

一、实习目的

（1）加强和巩固理论知识，培养发现问题并运用所学知识分析问题和解决问题的能力。

（2）锻炼自己的实习工作能力，适应社会能力和自我管理的能力。

（3）通过毕业实习接触认识社会，提高社会交往能力，学习优秀员工的优秀品质和敬业精神，培养素质，明确自己的社会责任。

二、公司概况

惠宝电脑科技有限公司位于石家庄市高新区，专业研究、制造、组装、销售计算机整机及其周边产品，代理批发电脑组装所需各种硬件及配件。公司成立于1999年，员工120余人，代理七喜品牌电脑销售，批发零售华硕和盈通主板及ATI和NVIDIA各系列显卡。公司荣获"石家庄市优秀单位""石家庄市AAA级信用单位"等荣誉称号。

三、实习内容

我在惠宝电脑科技公司做电脑组装及销售工作，通过培训及亲身实践学习熟悉业务。公司首先对我们进行基本的电脑销售培训，同时也教我们去组装电脑。负责培训的工作人员首先给我们讲解大概的电脑安装顺序，电脑安装主要是主机的安装，各个部件的安装也是要求顺序，这样电脑组装起来才不会有所损坏，而且组装起来更加迅速。经过几次真正实践，我熟悉了硬件组装过程。装好电脑，接好线后，就是要装电脑操作系统，这个虽然简单，但也有细节要注意的，尤其是电脑显示器的屏幕测试，一定要够细心才可以。经过几次动手，终于掌握了基本的电脑组装。接下来要学的，就是要记住一些部件的型号、功能、价格等方面的信息。现代科学发展进步飞快，软硬件更新速度日新月异，面对一大堆电脑部件的信息，要想很快记住还是有一定难度的。整个培训虽然简单，但整个流程下来还是很费心的，我也深深体会到工作和上学的不同。

培训之后，正式开始接触销售了。

……

在实习过程中我也遇到各种不同的顾客，他们会用各种各样的态度来对待你，这就要求你有很强的应变能力。实习中不仅要面对顾客，还要搞好和同事与上级的关系，要自己自动自觉地去做事，才能得到大家的肯定。

一个多月来，我在公司部门领导和同事们的热心帮助及关爱下取得了一定的进步，综合看来，我觉得自己还有以下的不足之处：

（1）思想上个人主义较强，随意性较大。

（2）有时候办事不够干练。

(3) 工作主动性发挥的还是不够，对工作的预见性和创造性不够。

(4) 业务知识方面特别是与客户接触沟通方面没有足够的经验，所掌握的沟通技巧还不够扎实等。

由于公司规模较小，正处于发展阶段，我也发现了公司存在的一些问题，如：员工管理上较为混乱，职责不够明确，公司没有一个有效地激励机制，造成一些员工的工作积极性和效率不高。工作公司产品库存繁杂，很多配件没有明确的数据，更没有销售预测和较为合理的库存管理，这也造成大量的产品积压和库存成本，由于电子产品更新较快，一些产品甚至积压后成为淘汰品，造成大量的资金浪费，公司在库存管理方面，应该用较为明确合理的库存管理方法，精确记录每件产品和配件，包括产品的品种、数量和日期，形成完整的库存现状，这也省去繁杂的人工作业，节省人力，提高效率，也降低库存风险和库存成本。

……

实习，是大学生活的结束，也是自己步入社会努力工作的开始。在这短暂的实习期间，我深深感到了自己的不足，专业理论知识和实践应用上的差距。在以后的工作学习中，我会更加努力，取长补短，虚心求教，不断提升自我，在社会上贡献出自己的一份力量。将来无论在什么岗位上，都会努力上进，都会做一个对自己，对工作负责任的人！

评析：

这是一份毕业实习报告，作者对自己的实习情况做了细致的回顾，根据实习目的和实习情况撰写实习报告，报告既有对自己实习情况的反映，又有个人的实习体会以及得失的分析，还有对实习单位运行情况的分析，并提出了一些合理的建议，体现了实习者在实习过程的创新精神。此实习报告的内容全面，结构完整，语言朴实简洁。不足之处是对自己的不足分析不够具体深入，结尾没有表达谢意。

【例文 6-3】

钳 工 实 习 报 告

上周我们进行了钳工实训，总的来说受易匪浅。

刚开始我的心情是充满了疑问，不解的是，我们学计算机的，怎么会干钳工这样的活呢！但现在想一想，学了不少的课外知识，有些东西能让我终身受益。这是多么可贵的呀！

实习开始的时候，弯着腰，躬着背累得满头大汗，不时地手上还会出现一些红色的"图案"。但回头看看自己的劳动成果，则感觉与自己的付出不成正比，就感觉越来越烦躁。被老师发现后，对我进行了耐心的讲解，我才知道自己的加工姿势和部位均有错误之处。经过调整以后才算慢慢进入了状态。但还是漏洞百出，一会儿忘记尺寸公差的控制，一会儿又忘记了平面度、垂直度的协调。每当出现错误的时候，老师总是悄悄地来到身边进行正确地指导。使这样的错误在心中留下一个深刻的印象，避免以后再出现类似的错误。就这样完成了第一个零件。当拿到老师那里检测时，好多错误的地方经老师分析后才恍然大悟，而每次的分析指导都给我留下深刻的印象。就这样，依次完成了第二件，第三件……。每一次都有进步,但每一次都仍有错误,只不过错误越来越少而已。这则说明我的钳工技术正在一步步向更高层次的迈进,使我又多了一份自信。在此,我真诚地向老师说一声"老师!谢谢您!"

从安全教育,动作要领和工具的使用到拿起锉刀的实际操作,这无疑是一个从理论到实际的过渡。有些东西是要自己去摸索的,有些东西是要从理论中去发现用于实际。从开始的打磨平面,就让我学到了要想做好一件事并不是那么的简单,要用实际去证实它的真理。眼见的不一定真实(平面看上去很平,但经过测光就能发现它的不足);这让我想到了学校为什么要我们来这里实习,是要我们懂得学习的可贵,学习和打磨平面一样要有一丝不苟的精神才能做到最好,同时还要让我们认识到动手的重要性。只是一味地学习理论,那是远远不够的,没有实际的体验,发现不了自己的动手能力,这都需要理论与实际相结合。更需要头脑和双手的配合。

在这里我知道了,什么是钳工,知道了钳工的主要内容是为划线、錾削、锉削、研磨、钻孔、扩孔、铰孔、攻螺纹等等。了解了锉刀的构造;分类、选用、锉削姿势、锉削方法和质量的检测。

钳工实习锻炼了我们,提高了我们的整体综合素质,使我们不但对钳工的实习的重要意义有了深刻的认识,而且提高了我们的实践动手能力,使我们更好地将理论与实际相结合。实习巩固了我们所学的知识,同时让我们学到了老师的敬业精神。老师不厌其烦地给我们查找操作上的错误。我们还发扬了团结互助的精神,促进了同学们之间的友谊。

通过实习,我们取得了劳力成果——精美的螺母。看着这精美的工件,想到它是我亲手磨制成的,一种自豪感、成就感油然而生。真没有想到当初那么大的东西现在变成了一个精美的工件,而且是一下一下磨出来的,这也是就人们说的"只要功夫深,铁杵也能磨成针"吧!

六周的实习即将结束,至于总体的感觉只能用八个字来概括"虽然辛苦,但很充实"。

评析:

这是一篇专业实习报告,报告既有对实习过程具体记叙,又有对实习感受的深入概括,还能专业的角度记述工作的情况。报告条理较清晰,用语较为通俗、简洁。

【例文 6-4】

物流管理专业实习报告

实习目的:

选择身边的企业单位为对象,联系课上所学理论,采用实地考察跟踪其物流全过程的方法,对垫江物流业发展现状进行初步了解。培养实际调研能力,尝试检验所学知识,并从实际中进一步学习了解物流的内涵与外延。

实习方式:

采用实地调研的方式,具体采用了面对面的访谈了解、过程跟踪调查和侧面行为观察的方式。出动全组成员合理分工,每人负责不同侧面的内容,协同合作,调查后集体讨论分析,并总结出实习报告。

实习时间:2010 年 11 月 2—12 日

实习地点：重庆市垫江县

实习步骤：

一、前期准备工作

（1）11月2日下午2：00到中色物流公司报到。

（2）11月3日上午10：00在中色物流公司，听取物流管理的意见，并拟定实习方式、调查对象。

（3）11月4日下午通过登录网站、查阅报纸、杂志等方式寻找调查对象，并争取专业物流公司或单位的支持和协助。到系办公室开介绍信。

（4）准备数码相机、笔记本等实习所需物品。

二、开展实习活动

（1）11月6日，走访垫江县物流行业。

（2）11月7日，参观、调查申通物流公司。

（3）11月9日，走访垫江县圆通物流部门。

三、后期总结工作

11月11—12日收集并整理资料，对物流情况分析并定稿。

实习内容：

（一）实习准备工作

11月4日下午2：00我在明确了这次实习的目的、方法及注意事项后。从摄影、记录、财务、安全保障、撰稿方面进行了详细的部署，确定了实习方式、调查对象，并拟定实习计划。

（二）走访调查物流部门

11月5日下午我开始寻找调查对象，通过登录网站、查阅报纸、杂志等方式寻找专业物流公司，在垫江物流网上我们搜到几家物流公司，但当我们致电争取公司支持和协助时，却一次次遭到拒绝和打击。其中有的公司很干脆：没时间接待；有的单位老总出差，没人可以做主接待我们；有的要申请总经理的同意，可是就没了答复；还有的是我千辛万苦找到一家老总的手机号码，可是总也打不进去。总之，他们有足够的理由将我们拒之门外。功夫不负有心人，经过不断地询问，我们与重庆垫江物流行业的管理员取得了联系，并顺利争取到走访该物流的机会。

（三）实地调查情况

11月6日上午8：45，我来到了垫江申通物流部门，这是我本次实习的第一站。当我讲明了这次走访的目的后，便开始了这次人物访谈。首先该站管理员向我讲述了其物流管理的历程。随着市场经济的迅速发展，社会化大生产特别是工业化初步实现。使得产品极大的丰富，产品的大量交换、运输与仓储成为必然。各种各样物资的流动与日俱增，越来越受到人们的关注。垫江县政府认识到作为新的经济增长点的现代物流业必然成为垫江经济发展的基础产业。要充分发挥其区位优势。

……

11月8日上午，我有幸走访了一家物流货运部。大约在9：00，我来到鼎峰小区116号，这是一家规模较大的货运站，由于老板出差，接待我的是两位业务主管，王先生首先向我介绍了货运部的基本状况：该托运部是在构建社会"大物流"的市场背景下，配合垫江县整合垫江物流资源，打造完整物流产链的要求下组建的，是目前为止规模较大一家企业。投资雄厚以及投资规模的超前宏伟、在垫江县物流业拥有战略优势资源；并在县内同行业软、硬件业务操作能力的绝对优势，凸映出垫江县内规模最大、实力最强、具有国际先进物流理念的现代化物流企业，这一切构成了交远物流强大的后盾。

……

11月9日下午，我又走访了垫江圆通物流部，其主要管理员先介绍了总公司的发展状况：该公司是垫江具物流规模较大的一家企业，具有一定经济实力。本部分别开发建成了商储大厦和建材批发市场，商储大厦主楼12层，拥有高、中档标准间、套间客房等近200间，并设有商务中心、大小多功能厅、停车场等，是一座集住宿、餐饮、旅游服务为一体的功能齐全的综合型大厦，建材批发市场占地面积5000平方米，店面20余个，经营的建材有墙地砖、卫生洁具、石板材、水暖器材、陶瓷、木质地板、防盗门等十几大类，最高年销售收入达7000多万元。

……

（四）实习调查感想

经过一周多的实习，我收获了很多。走出美丽的象牙塔，感受外面的世界，才真正体会到社会竞争的现实性和残酷性。曾经的我们如井底蛙、笼中鸟，丝毫感受不到社会工作的复杂与艰辛。在大学校园里有的同学还过着空虚、无聊的生活，现在想想真不应该。我们学到的知识好少。没有实际操作经验和技能，书本上的理论和知识与现实有很大的差距，我们应该清楚地认识到物流业虽是一个新兴产业，具有很大的发展空间和市场潜力，就业前景非常可观。但是，它又是一种艰辛的行业，社会上需求更多的是实际操作人员，而管理层人才往往需求较少。因此，在大学期间我们除了应具备扎实的专业知识外，还应该培养吃苦耐劳、团结协作的精神，这对我们今后就业、择业非常有帮助。志当存高远，事应求卓越。前途是光明的，道路是曲折的。所以，再也不要觉得无事可做了，其实我们的路很长，道很远。

评析：

这是一篇专业实习报告，以调查为方式进行。报告有具体的实习目的、方式、时间、地点和实习步骤。实习步骤前期的准备工作、实习活动的开展、后期的实习总结进行，每一个步骤都有具体的实施方法，记叙得条理、清晰。在后期的实习总结中，重点分析实习的得失，总结实习心得体会，使实习报告的内容得到了升华，也让读者感觉到实习者的具体收获。此篇实习报告语言简朴、流畅。

案例导入:

阅读下面的文章,思考下列问题:
1. 毕业设计报告的结构有何特点?
2. 毕业设计报告的写作格式与一般的事务性文书有何区别?
3. 毕业设计报告一般的写作内容有哪些?

酒店客房管理系统设计与实现

摘要:

本文主要介绍了酒店客房管理信息系统的开发过程。论文详尽地论述了从需求分析,系统分析,概要设计,详细设计,到测试与调试的整个开发过程,总结了开发过程中的经验及本系统今后的改进方向。酒店客房管理系统研究的内容涉及系统登陆、客房管理、房客管理、消费管理、报表管理、系统管理、系统信息。

建立酒店客房管理信息系统,采用计算机对客房信息进行管理,可以进一步提高酒店的经济效益和现代化水平,帮助酒店工作人员提高工作效率,实现客房信息管理工作流程的系统化、规范化和自动化。本文将探讨怎样利用计算机实现对仓库的高效管理,利用VB作为软件平台,通过用VB的各种功能,了解各种功能在不同应用中的优缺点。利用VB的界面设计功能,进行仓库管理的人性化界面的设计,把实际问题和计算机应用合理的结合起来。

本系统主要有以下功能要求:

1. 用户登录模块

主要用于用户的登录。用户权限分为管理员和普通用户。当用户输入用户名和密码并经过确认为正确后,才能进入酒店客房管理信息系统,并使其拥有相应的权限。如果不是用户,拒绝进入本系统。

2. 房客管理模块

该模块是本系统的核心所在。主要用于用户对房客及其业务的情况进行管理,其中包括:

预定管理模块,主要包括预定信息的登记、查看、删除等基本操作。

接待管理模块,主要用于客户入住信息的登记、查看、修改、删除等基本操作。

结账管理模块,主要用于用户退房操作。

换房管理模块,主要用于入住用户的换房操作。

押金管理模块,主要用于对入住客户押金的补交、查看等基本操作。

3. 客房管理模块

该模块主要用于对客房的编辑操作和查看状态操作。客房的编辑操作主要有客房的添加、修改、删除等基本操作。

4. 消费管理模块

该模块主要用于对客人在入住期间的消费进行入账操作,包括消费入账、话费入账、餐费入账等操作。

5. 审查管理模块

主要用于该酒店管理者对酒店的基本数据信息进行查看,以便制定策略。包括客房状态报表查看,客人入住信息报表查看,历史客人报表查看等等。

……

具体的设计内容:

引言(略)

(一)项目开发背景(略)

(二)项目开发目标(略)

(三)项目开发的意义(略)

(四)项目开发方法概述(略)

第一章 系统分析

(一)可行性分析(略)

(二)组织结构分析(略)

(三)功能需求分析(略)

(四)业务流程分析(略)

(五)数据流程分析(略)

第二章 系统设计

(一)系统模块设计(略)

(二)系统流程设计(略)

(三)数据库设计(略)

(四)运行环境选择(略)

第三章 系统实施

(一)创建工程(略)

(二)添加模块(略)

(三)系统模块的设计(略)

第四章 系统运行

(一)系统登录(略)

(二)房客管理(略)

(三)客房管理(略)

(四)消费管理(略)

(五)报表管理(略)

(六)系统管理(略)

(七)系统信息(略)

结束语(略)

参考文献(略)

任务二 撰写毕业设计报告

一、毕业设计报告的概念和特点

(一) 毕业设计报告的概念

毕业设计报告是高等院校教学过程的重要环节之一,是工科大学毕业生针对某一专业方向或具体课题,综合运用已学理论知识和基本技能表述其工程设计情况的科技应用文。它包括下达设计任务书、教师指导下的设计活动、编写说明书、设计主体展示和答辩等过程,其作用主要是考查学生是否具备工程设计的初步能力,包括以下这些方面的实际能力:

(1) 运用原理(机械、电力、电子、计算机等方面)的能力。
(2) 查阅资料、工程手册、材料手册等方面的能力。
(3) 绘制图纸的能力。
(4) 分析模型数据的能力。
(5) 实验工作的能力。

毕业设计报告大多在工科毕业生中使用,文科和理科类毕业生大多以完成毕业论文为主要形式。工科毕业设计报告,又叫工科毕业设计说明书,是工科大学生综合运用所学知识对其工程设计进行解释和说明的科技文书,它在本质上是工科毕业生的科技论文。

(二) 毕业设计报告的特点

1. 应用科技性

毕业设计报告是学生融会贯通所学过的科技知识,进行工程、系统设计或解决工程难题的成果,具有明显的应用科技性。

2. 解释说明性

毕业设计成果的原理、应用范围、技术参数、工作流程等,只有通过文字和必要的图纸进行解释、说明,才容易被人了解,乃至认同。对设计成果的解释和说明,是毕业设计的有机组成部分。

3. 体现设计者的设计能力及综合素质

毕业生对基本理论、专业知识和技能的掌握和运用情况,以及思维能力、创新能力乃至文字表述水平,在毕业设计报告中将得到综合的体现。

由于毕业设计报告类型多,与其他文种相比,较难有比较统一的结构和写作模式。有的毕业设计由于项目大,往往需要几个学生组成一个小组,分别各就某一方面的问题进行设计论证。

二、毕业设计报告的类型

从涉及内容和性质上看,毕业设计报告主要有工程(工艺)设计报告、产品(设备)设计报告和活动策划文案设计报告三大类。

(一)工程(工艺)设计报告

工程(工艺)设计,是关于工程的整体布局和建设的设计,主要是工艺规程设计,也包括主要设备的旋梯和专用设备的设计以及其他辅助设施的设计等,如某汽车生产流水线的设计、某高层建筑的设计、某交通管理系统的设计等。

(二)设备(产品)设计报告

设备设计又分为单体设备设计和零部件设计,产品设计则是某一产品的模具设计。设备设计具有局限性,主要对某一具体设备和零部件的规格、形式、传动结构等进行设计。

(三)活动策划文案设计报告

活动策划文案设计是指调研活动、宣传活动和促销活动等方面的设计。包括活动环境分析、总目标、内容和措施、方案与实施、费用预算、日程安排等内容。

三、毕业设计报告结构和写法

毕业设计报告包括题目、摘要、关键词、目录、正文、致谢、参考文献和附录等几部分。

(一)题目

毕业设计的题目也就是毕业设计课题名称,它是毕业设计报告中最重要内容的概括,应该简短,明确,做到文、题贴切。通过题目能大致了解报告的内容、专业的特点和学科的范畴。题目中不要使用缩略词、符号、代号和公式,也不宜采用提问式。题目一般不超过20个汉字。

(二)摘要

摘要是毕业设计报告主要内容的提要,是报告内容不加注释和评论的简短陈述。摘要应说明毕业设计的目的、方法、结果和结论,主要包括以下内容:①毕业设计的目的与重要性;②毕业设计的主要内容,指明完成了哪些主要工作;③设计的结果或结论,突出设计的新思想、新方法、新见解;④结果或结论的意义。

摘要应具有独创性与自含性,即不阅读报告全文就可以获得必要的信息,是一篇独立而完整的短文。摘要应采用第三人称的方式表述毕业设计的性质与主题,书写要符合逻辑关系,尽量与正文的文体保持一致,避免将摘要写成目录,或内容介绍。摘要的结构要严谨,表达要简明,语义要确切,一般不再分段落。摘要字数一般不超过300个汉字。

(三)关键词

关键词是供检索用的主题词条,应采用能覆盖毕业设计报告主要内容的通用技术词条,一般列出3~5个。

关键词从毕业设计报告的题目、摘要和正文中选取出来,是对表述毕业设计报告的中心内容有实质意义的词汇或术语。关键词用作计算机系统标引毕业设计报告的内容特征,便于信息系统汇集,供读者检索,应尽量采用《汉语主题词表》等词表提供的规范词。

(四)目录

目录独立成页,包括毕业设计报告中全部章、节的序号、标题及页码。

(五)正文

正文是毕业设计报告的核心内容,包括前言、主体、结论三大部分。字数一般不少于

6000 汉字（包括标点符号、图表等）。

1. 前言

前言用在毕业设计报告的引论部分，一般要说明毕业设计选题的依据，设计的目的、意义、范围、设计思想、方法等内容，概括地写出作者的工作。前言要紧扣主题，简洁明确，不要与摘要类同。

前言还可以综述前人的工作并对现状进行分析，在此基础上说明本人将有哪些补充、纠正或发展，并简要介绍创新思想与实现方法。

2. 主体

主体是毕业设计报告的主要部分，应该文字简练通顺，内容实事求是，客观真实、准确完备、合乎逻辑、层次分明、语言流畅、结构严谨、重点突出、书写工整、符合学科与专业的有关要求。设计中的用语、图形、图片、表格等应规范准确，符合国家标准。文中出现的符号、记号、缩略词和首字母缩写字，应采用本专业学科的权威机构成学术团体公认的权威机构，否则必须在第一次出现时一一加以说明，给以明确的定义。使用各种量、单位和符号，必须符合国家标准，单位名称和符号的书写方式一律采用国际通用符号，引用他人资料要有标注。正文中可以采用图形、表格等形式辅助论述观点或描述设计过程，适当采用程序界面、关键源程序段，并结合设计任务或研究工作进行说明。但不要大量地粘贴图形和源程序（可作为附录）。

正文的主体部分主要陈述设计目标、方案论证、技术手段、设计过程、结果分析等内容。

（1）设计目标：明确用户需求，确定设计目标。阐述本课题的设计应为用户提供的主要功能，相应需解决的主要问题，及最终要实现的目标。

（2）方案论证：提出设计思路，选择设计方案，通过分析、比较不同的方案，从中确定一种技术先进、经济合理的方案，同时阐明选择该方案的理由及其特点。

（3）技术手段：根据设计方案，选取技术手段，包括选择、确定设计的软硬件环境、开发工具、核心技术和主要算法，采用的新技术、新方法、新工艺、新材料及其他创新的内容。

（4）设计过程：详述设计步骤，论证设计思路。通过对设计步骤与过程的详细描述，对设计方案与原理、实现方法与手段、技术性能与流程详尽准确地说明，借以表明自己对本课题了解、研究的程度，所掌握基础理论知识深度和专业实践技能高低，以及综合分析、解决实际问题的能力，同时反映自己在本课题的设计过程中付出的劳动。

（5）结果分析：总结设计结果，分析技术性能。在总结、归纳设计过程的基础上，说明设计的最终结果是否达到预期的设计目标，并对设计过程中所获得的主要数据、现象进行定性或定量分析，同时对设计成果所达到的技术指标与技术性能进行必要的阐述、得出相应的结论或推论。

3. 结论

结论是对整个毕业设计报告主要成果的归纳和评价，要突出设计的创新点，做到首尾对应；结论部分一般还应对设计过程中尚存的问题，以及需要进一步探讨的问题，作必要的阐述，并提出相应的见解、建议和设想，为更深入的研究打下基础。

（六）致谢

对指导教师和给予指导或协助完成毕业设计工作的组织和个人表示感谢。内容应简洁明了、实事求是，避免俗套。

（七）参考文献

参考文献是毕业设计和撰写设计报告过程中研读的一些文章或资料。要按照报告中引用的先后顺序，另起一页编号罗列。参考文献是设计报告中不可缺少的组成部分。它反映毕业设计报告的取材来源、材料的广博程度和材料的可靠程度。报告中引用的文献应以近期发表的与设计工作直接有关的学术期刊类文献为主。罗列参考文献即是对被引用文献作者的尊重，也是报告的有力补充。

为便于读者查找，应该遵循国家的著录格式要求书写参考文献，内容要完整准确。一般可供引用的参考文献包括四大类：著作类、期刊类、论文类和网络类。

（八）附录

附录是与毕业设计报告有关但不宜放在正文中，但又直接反映完成设计工作的成果内容，例如程序流程图、源程序清单、公式的推导、图纸、数据表格等有参考价值的内容。

四、毕业设计报告的写作要求

（一）对设计原理的表述要完整、准确

毕业设计报告的主体部分的表述要注意以下几方面。

1. 表述整体

在工科毕业设计中，无论何种工程、何种产品，都必然涉及其工作原理。工作原理当然有详细的图纸，但对总体进行说明时，多采用结构框架图或流程图的方式进行，这样易于让人从整体上先把握设计者的基本思路。

2. 重点（关键问题）说明

指工程设计原理的关键技术或核心问题的说明，需要采用图纸说明、模型或实验的验证说明等方式。

（1）图纸说明。图纸是产品生产的依据，也是生产原理的具体说明。需要结合图纸，阐述关键问题的原理，要说得清楚、有条理。

（2）模型或实验的验证说明。对于某些产品或工程，为了确保设计的成功，还采用类比模拟的方式，制作模型或运用实验手段来证明原理的可行性、技术的先进性。可将有关模拟的数据或实验数据、方法一一列出，用以证明原理的正确性。

（二）工程的特点或产品的性能表述要具体、清晰

技术或性能的科学性和先进性。优秀的设计总要体现科学性和先进性。对此进行说明的方式有以下几种。

1. 同类工程或产品的可比性

采用比较的方法，来说明设计的科学性和先进性，包括性能、质量、成本等方面的优越性。

2. 最新技术说明

采用何种最新技术，工程或产品的性能有何提高、质量有何提高，这都是需要说明的

地方。

3. 技术和质量标准的说明

技术和质量标准一般采用国家标准或国际标准。应按照国家质量技术监督局颁发的各类标准进行说明。

有的大型设计报告还有工艺分析等内容。

【例文6-5】

压缩机不工作故障排除的技术方案(电气)

2005级制冷与冷藏技术专业:王兴顺

指导教师:覃惠芳副教授

摘要:随着人们生活水平的不断提高,小型制冷设备空调、冰箱)已在人们的日常生活中扮演着越来越重要的角色,而制冷压缩机是制冷设备的心脏,压缩机不工作是制冷设备中最常见的故障。本方案根据压缩机不工作时的故障现象,进行技术分析,主要从电气维修角度来提出维修技术方案。

关键词:制冷压缩机 电气故障 维修技术方案

随着人们生活水平的不断提高,我国家用空调器、冰箱保有量逐年剧增,小型制冷设备(空调、冰箱)已在人们的日常生活中扮演着越来越重要的角色,因此对空调、冰箱进行专业的维护关系到人们的切身利益,而制冷压缩机作为制冷设备的心脏,对其进行故障技术分析与排除就显得尤为重要。

本方案主要阐述小型制冷设备(空调、冰箱)压缩机不工作的电气故障现象排除方法。具有较强的针对性和可操作性,能为制冷设备专业维修人员进行设备维修提供参考和依据。

一、家用小型制冷设备压缩机不工作的故障现象

(一)家用空调器压缩机不工作故障现象

(1)压缩机无法启动。

(2)压缩机在运行过程中突然停机,无法再次启动。

(3)空调器室内机组风扇工作,但压缩机不工作。

(4)空调器启动时发出"嗡嗡"声而不启动。

(5)空调器开机时间不长就停机。

(6)空调器开机后压缩机不启动。

(7)空调器风扇电机不工作,压缩机也不工作。

(二)家用电冰箱压缩机不工作故障现象

(1)压缩机不能启动,只听到嗡嗡声。

(2)压缩机不能启动也没有嗡嗡声。

(3)照明灯不亮,压缩机不工作。

(4)压缩机不启动、电路无电流。

(5)压缩机刚启动过载保护继电器即动作故障。

（6）通电后压缩机不工作。

二、家用小型制冷设备压缩机不工作故障分析

（一）家用空调器压缩机不工作故障分析

（1）压缩机无法启动故障分析。（略）

（2）压缩机在运行过程中突然停机，无法再次启动故障分析。（略）

（3）空调器室内机组风扇工作，但压缩机不工作。（略）

（4）空调器启动时发出"嗡嗡"声而不启动故障分析。（略）

（5）空调器开机时间不长就停机故障现象。（略）

（6）空调器开机后压缩机不启动。（略）

（7）空调器风扇电机不工作，压缩机也不工作。（略）

（二）家用电冰箱压缩机不工作故障分析

（1）压缩机不能启动，只听到嗡嗡声。（略）

（2）压缩机不能启动也没有嗡嗡声故障分析。（略）

（3）照明灯不亮，压缩机不工作。（略）

（4）压缩机不启动、电路无电流。（略）

（5）压缩机刚启动过载保护继电器即动作故障分析。（略）

（6）通电后压缩机不工作。（略）

三、家用小型制冷设备压编机不工作故障处理技术方案

（一）家用空调压缩机不工作故障的处理方案

（1）压缩机无法启动故障的处理方案。（略）

（2）压缩机在运行过程中突然停机，无法再次启动故障的处理方案。（略）

（3）空调器室内机组风扇工作，但压缩机不工作故障的处理方案。（略）

（4）空调器启动时发出"嗡嗡"声而不启动故障的处理方案。（略）

（5）空调器开机时间不长就停机故障的处理方案。（略）

（6）空调器开机后压缩机不启动故障的处理方案。（略）

（7）空调器风扇电机不工作，压缩机也不工作。（略）

（二）家用电冰箱压缩机不工作故障处理方案

（1）压缩机不能启动，只听到嗡嗡声故障处理方案。（略）

（2）压缩机不能启动也没有嗡嗡声故障处理方案。（略）

（3）照明灯不亮，压缩机不工作。（略）

（4）压缩机不启动、电路无电流故障处理方案。（略）

（5）压缩机刚启动过载保护继电器即动作故障处理方案。（略）

（6）通电后压缩机不工作。（略）

四、人力、物力的组织安排

（一）接待服务

（略）

（二）维修准备

（略）

（三）检修时的注意事项

（略）

五、修理后的附带业务

（略）

六、对技术方案的评价

压缩机在整个制冷系统中处于核心地位，其性能的好坏直接影响着设备性能的好坏，因此对压缩机的维护和维修就显得尤为重要，本方案基于此，以此为出发点，重点阐述小型制冷设备压缩机电气故障的检测和排除方法，内容详尽，对压缩机电气故障的排除具有很强的针对性，因而其可操作性较强，推广意义较大。本方案可作为于小型制冷设备空调、冰箱的压缩机电气故障检测与排除的技术参考方案，但本方案只详细罗列家用制冷设备的技术维修方案，具有一定的局限性。

参考文献（略）

评析：

这是一篇制冷与冷藏技术专业的工科毕业设计。该设计报告从家用空调器、电冰箱两个方面详细罗列了压缩机不工作的故障现象，分别进行了故障分析，并提出了技术维修方案。在设计组织维修方案时，分别从接待服务、维修准备、注意事项等人力、物力安排方面进行了比较周密的策划，且能从修理后的附带业务去考虑技术问题，整个方案写得比较详细完整，可作为空调、电冰箱的技术维修样本供维修人员参考，达到优秀毕业（设计）论文的要求。

【案例 6－6】

毕业设计
关于学生成绩管理系统的设计报告

×× 大学信息管理系 ×××

摘要：本文设计了一般学校通用的"学生成绩管理系统"。本设计采用目前通用的小型数据库 Foxbase 语言编写，以适应现行学校内部与外部交换信息的需要。

本设计以 Foxbase 为核心模块，开发出菜单模块、运算功能模块……采用功能模块式的组合方式，构建整个系统。

关键词：数据库　学生成绩　管理系统　设计

一、前言

目前，大多数学校在利用计算机管理学生成绩方面，还停留在"单独表格式文件管理、没有形成系统"的水平层面上，即采用的是半手工、半计算机式的管理方式。在计算机上录入编排学生成绩名册，并录入成绩，进行手工统计，最后排版打印。这种方式造成很大浪费，即计算机资源得不到分利用，且每学期录入一次名单，手工统计一次分数，费时费工。

为解决这一问题，我们先后调查了 5 所中小学和 3 所大学，分析了学生成绩管理工作一般过程的需要，设计了本管理系统。

二、系统原理说明

(一) 系统构建依据

本系统构建依据是一般学校的学生成绩管理过程。其过程是：新生学籍登记→一年级上下学期成绩登记，包括期中成绩登记、期末成绩登记、补考成绩登记→各个学期成绩登记→毕业成绩汇总。

(二) 系统内容和性能

在这个过程中，各环节所需要的功能如下：

学籍登记需要名单录入、修改、查询、打印等功能。

各学期学习成绩需要名单录入、学习科目名称录入、各科成绩登记、各科人均分数、各分数段人数统计、学生个人各科成绩平均分数，各科补考人数统计和补考成绩登记。

毕业成绩汇总需要登记各学期成绩，统计学习总分和平均分，登记毕业实习和论文成绩等。

以上各项必须具有录入、修改、查询和打印的功能，已录成绩需要具有计算、统计等功能。

整体系统如下图所示。

附：XSCJ系统流程原理图（图略）

三、系统设计

(一) 数据库文件

1. 成绩库文件字段含义

QCJ（A、B、C、D）库：

Q101——Q指期中，1指第一学期，01指第一门课程。

Q202——Q指期中，2指第二学期，02指第二门课程。

F101——FQ101＜60，读入1。

F2——第一学期不及格课程门数。

FZ2——第二学期不及格课程门数。

QZ——第一学期期中总分。

QZ2——第二学期期中总分。

QP——第一学期期中平均分。

QP2——第二学期期中平均分。

KQ01——第一学期期中考试门数。

……

2. 打印库文件

(1) 文件名：KCDY.BDF

说明：本库用途，用于打印各类成绩报表有关课程名称、学院名称、专业名称。与其他库的连接字段为"班级"。

本库的结构与各个"管理系统"中的"课程库（KCKA BCD）结构相同。（略）

(2) 文件名：XJDY.DBF

本库为学籍打印库，与XJKA BCD结构相同。（略）

(3) 文件名：BYDY.DBF

本库为毕业成绩打印库，与"BYKA.BCD"结构相同。（略）

（二）功能模块设计

1. 软件整体界面与功能模块程序设计（略）

2. 录入、修改、查询界面与功能模块程序设计（略）

3. 运算、统计、打印界面与功能模块程序设计（略）

（三）数据库文件与功能模块文件关系一览表（略）

附件：

1. 软件整体界面程序

2. 录入、修改、查询程序

3. 运算、统计、打印程序

参考文献

1. ×××．FoxBASE 编程．北京：北京科学技术出版社，1995

2. ×××．小型数据库实用案例．北京：电子工业出版社，1996

（节选自教育部高等教育司，张德实主编《应用写作》（第二版），高等教育出版社2003年版）

评析：

该设计报告书属于计算机程序设计类。作为学生的毕业设计实践，选题大小、难度均适当，又具有现实意义。从写法上来说，其整体为总分式，即先概括介绍整体设计思想，然后分项说明各项设计的具体内容，最后局部设计汇总，结构清晰。在表述上，多采用图表结合方式和典型设计程序说明方式，将设计思想阐述得比较清楚。具体程序文件，采用了附件形式说明，避免了因程序文件过长对阐述设计思想造成的影响。

案例导入：

阅读下面的文章，思考下列问题：
1. 文章的结构有何特点？
2. 文章的格式有何特殊之处？
3. 文章有几部分构成，各部分写作的主要内容是什么？

<h1 style="text-align:center">会计专业毕业论文</h1>

论文题目： 论我国会计电算化的发展趋势
学生姓名： ×××
学　　号： ××××××××
指导教师： ×××
专　　业： 会　　计
年　　级： 08级
学　　校： 中央广播电视大学

【摘要】Internet的普及和发展应用导致了电子商务浪潮的兴起，面对WTO和经济全球化的挑战，建立电子商务时代的全新管理模式成为必然。文章就我国会计电算化的国际化发展趋势的必然性和特征作了阐述。

【关键词】电算化　会计　发展　分析

<h2 style="text-align:center">目　录</h2>

一、会计电算化发展的必然性……………………………………………………… 3
二、会计电算化发展特点分析……………………………………………………… 4
（一）从技术角度看会计电算化的国际化发展趋势应具备的特征 ……………… 4
（二）从功能角度看，会计电算化的国际化发展趋势应具备的特征 …………… 4
……

<h3 style="text-align:center">论我国会计电算化的发展趋势</h3>

中国企业在面临网络化生存的同时，还需面对经济全球化的挑战。伴随e时代的到来，全球经济一体化趋势日益加深，置身于国际大市场的企业必须运用科学的理论和方法去改善其经营管理。财务作为企业管理的核心，企业如何站在全球战略的高度去建立一个处于企业管理系统核心的财务系统，是我国会计电算化发展中面临的新课题。

一、会计电算化发展的必然性

目前的电算会计是为替代手工记账，从以会计核算对外报告为目的传统会计中产生的，我国会计电算化的弊端主要有以下几个方面：

（一）体系封闭，无法实现网络化管理，更无法支持电子商务。（略）
（二）过分强调中国会计制度，会计信息缺乏国际可比性。（略）
（三）会计信息单一、滞后且缺乏前瞻性。（略）
（四）单币种、单语言。（略）

（五）对管理会计考虑甚少。（略）

二、会计电算化发展特点分析

面对互联网和电子商务的冲击，我国会计电算化必须走国际化发展的道路。这里的"国际化"特指参照国际会计理论及架构管理会计，以财务管理为核心，基于 Internet 技术，全面实现网络化管理和全面支持电子商务应用的一种全新财务管理模式和管理信息系统。

（一）从技术角度看会计电算化的国际化发展趋势应具备的特征：

1. 基于网络计算技术和 Intranet 技术。（略）

2. 通过大型数据库技术实现会计信息的海量处理。（略）

3. 多层结构技术和组件开发技术的采用，实现软件的 N 层分布式计算模式，从而为企业建立全面信息系统，开展电子商务提供有效的技术保障。

4. 开放性技术的全面采用，包括对各种网络平台、数据库平台等的开放。其中跨平台技术指对各种数据库平台的支持开放以及对各种网络操作平台的支持。

5. 网络安全技术。新的会计软件基于 Intranet 的应用必须从技术上对整个信息系统的各个层次都要采取安全防范措施和规则，建立综合的多层次安全防范体系。

（二）从功能角度看，会计电算化的国际化发展趋势应具备的特征：

1. 符合多国和国际会计准则，支持比较会计。（略）

2. 全面网络化管理，增强集团控制力。（略）

3. 全新架构管理会计，加强内部监控。（略）

4. 全方位开放体系，支持电子商务。（略）

5. 财务业务协同运作，企业物流、资金流、信息流、票据流的有效整合。（略）

【参考文献】（略）

任务三　写作毕业论文

一、毕业论文的概念

毕业论文是高职院校毕业生根据专业培养目标，在教师指导下，综合运用已学知识表述理论创造或表述分析的一种应用文体。它是大学生完成学业的标志性作业，是对学生在读期间所学各种基本知识和专业课程的一次综合性总结和检阅，是对大学生科学研究能力的初步训练，也是检验学生发现问题、分析问题和解决问题基本能力的一份综合答卷。

高等职业技术学院的培养目标是技术应用型人才，应用型人才能力结构的重要组成部分是实际工作能力，即运用所学理论知识与专业技能解决工作中实际问题的能力。在毕业论文的写作过程中，学生的社会活动的能力、查阅资料的能力、检索信息的能力、语言表达能力、观察提炼能力、逻辑思维能力等都将得到全方位的提高，在这个过程中，学生理论联系实际的作风、严肃认真的态度、求实创新的精神也将得到相应的培养。

毕业论文本质上属于学术论文，由于学历层次的不同，其考查要求的程度也不同。如硕士和博士，其论文就是学术论文，要求具有独创性；而大专和本科生，主要考查的是已学理论知识的应用。

二、毕业论文的选题

选题是大学生最困惑的问题，又是毕业论文写作的关键，学生必须高度重视。所谓选题就是选择毕业论文的题目，即确定"写什么"的问题。"题好文一半"，选题是论文成功的决定因素，它决定论文研究思考的目标，如果"写什么"不明确，"怎么写"就无从谈起。毕业论文的选题是决定论文质量的关键性环节，是研究工作实践的第一步，也是完成毕业论文的第一步。选题确立了，材料的取舍、结构的安排、创新点的判断、论文方法的选择等，就有据可依。选题可从以下几个方面考虑：

（一）选自己感兴趣的、有专业优势的

兴趣是个体对事物、活动等产生的积极的和带有倾向性、选择性的态度和情绪。每个人都会关注和探讨自己感兴趣的事物，毕业论文的写作需要付出大量的时间和精力，需要发挥学生的主观能动性，如果缺乏兴趣和热情就很难完成好。所以兴趣是毕业论文写作的动力。此外，专业理论、专业知识和专业语言是正确选题和写好论文的重要前提条件，是毕业班学生大学多年积淀下来的专业优势。放弃自己的专业优势，选择与自己所学专业无关的领域的问题来研究，也有可能写出比较好的论文，但难度更大，所以，高等院校一般要求本、专科生的毕业论文要在专业领域内选题，这样驾轻就熟，扬长避短，容易找到有价值的课题。

（二）选有能力、有条件完成的

选有能力、有条件完成的，是指选题一定要在自己综合能力可驾驭的范围中。毕业论文的选题是大学生综合能力的体现。大学生应根据自己的具体情况，找准方向，选自己有能力有条件驾驭的课题，量力而行，尽力而为。否则，知识储备不足，实践认识缺乏，就会极大地影响写作进程及论文质量。因此，选题应当小而具体，难易要适中，便于自己在规定的时间内结合学习实际和生产实习等社会实践活动，搜集足够多的调查资料，进行分析，并有深入的研究，形成观点，顺利完成论文的写作。

（三）选有理论价值和实用价值的

决定研究成果的价值有两方面：理论价值和实用价值。理论价值就好似在理论上有新的突破，具有开拓性意义或者丰富和完善了原有理论；实用价值就是在实践活动中有指导意义，对实际工作起到推动作用，产生实际效益的。也就是选题要着眼于应用性，特别注意结合改革开放的实践，选择符合学生所在单位生产经营管理方面的课题，尤其是生产经营管理中急需解决的问题，能反映社会发展和市场经济的需要。缺乏理论价值和实用价值的课题，写出来的论文文笔再好也无任何意义。毕业论文选题的价值，体现在论题是否具有理论意义和现实意义上。

（四）选容易出新意的题目

可从不同角度、不同侧面去做已有的课题。这样可以横向发展，拓宽课题的宽度，同样可以产生出一些新的观点，补充、完善旧课题。也可选择学术上有矛盾的问题入手进行选题，找出分歧的实质和焦点，对已有的缺陷、片面甚至不正确的理论提出质疑，对前人研究的谬误予以纠正，提出自己独到的见解。还可以选择科际之间交叉的问题，不同的学科在融合，在交错，不断形成新的学科生长点。近几年，交叉学科迅速发展壮大，出现许多新的课题，这也为论文的选题拓宽了领域。交叉领域往往容易被人忽视，许多有待研究的课题，恰恰积存在这里。选择科际之间交叉的问题，可在两门以上的学科之间寻找问题，运用这一学科的理论研究那一学科的问题。这些都容易形成新的观点，比较容易出新意。

毕业论文的选题是创新性思维活动，是学生在理论知识、实践经验、信息积淀的基础上，经过精心筛选、综合分析、反复推敲、想象提炼而产生的。因此，选题是广博和集中的有机结合，大学生必须尽早地掌握最新的信息资源，尽多地积累丰富的知识经验，尽快地形成自己的独特见解，为毕业论文的选题奠定基础。

三、毕业论文的格式和写法

对于毕业论文的格式，尽管每个学校要求不同，文理科也有差异，但我们认为毕业论文至少要有两个部分。

前置部分：封面、目录、写作提纲、标题、署名、摘要、关键词。

主体部分：绪论、本论、结论、致谢、注释（必要时）、参考文献、附录（必要时）。

（一）前置部分

1. 封面

毕业论文的封面包含的主要信息：标题、学生所在学校名称、所属系（部）、专业、班级、学生姓名、学号、研究方向、指导教师姓名、专业、职称、成文日期。

2. 目录

目录是毕业论文各组成项目、分论点所处页码的具体显现。目的是使毕业论文层次更加分明，便于指导老师、答辩老师、读者阅读、查找论文的某个分论点。长篇论文，除中心论点外，还有许多分论点。当需要进一步了解某个分论点时，就可以依靠目录而节省时间。同时使读者能够在阅读该论文之前对全文的内容、结构有一个大致的了解，以便决定是精读还是略读，是读还是不读等。目录一般单独设页。

3. 写作提纲

写作提纲是毕业论文思路的大体的表现，是毕业论文的蓝图、雏形。拟定写作提纲就是用简洁明了的语言安排论文结构，是梳理思路、谋篇布局的手段。写作提纲一般放在目录之后单独设页。

4. 标题

从内容上看，论文的标题有两种类型：一是指示论点的标题，这类标题直接反映作者对问题的看法，即标题是文章论点的概括。如：《中国需要第三产业》《当前应控制通货膨胀》《加强金融监管必要强化金融机构内部控制》，等等。二是揭示课题的标题，这标题所反映的只是文章所要证明的问题，而不涉及作者问题的看法。如：《论近代资本主义精神与新教伦理的关系》《分税制对农业投入的影响》《论商务英语教学中的交际法》等。

从形式上看，论文的标题也有两种类型：一是单标题，如上所示；二是双标题，正标题提示论点或揭示课题，副标题对正标题加以补充、说明或限制。如《加入 WTO 对中国经济的影响——××××银行发展的几点启示》《万涓成水 终汇成河——迅速崛起的××货运代理业》等。

以上标题形式是毕业论文写作中经常用的，学生应根据论文的内容需要、篇幅长短等情况灵活应用。使标题在毕业论文中发挥画龙点睛的作用。

5. 署名

署名是作者拥有著作权的声明，是文责自负的承诺。

6. 摘要

摘要是文章内容要点的概述，是毕业论文的缩影，是一篇完整、简练、连贯的 300 字以内的短文。它是毕业论文的重要组成部分，包含与毕业论文等量的主要信息，可以简要介绍论文的研究目的、方法，必须概括论文的要点，特别要说明论文的新见解和创造性成果。写摘要应注意：宜用第三人称叙述，不作自我评价；摘要中的内容应在正文中出现，不能对正文进行补充修改；摘要中不出现序号、公式、图表等。摘要一般在毕业论文标题、署名之下，空 1~2 行。为了美观并与正文区别开来，往往左右缩进 3 个字符。摘要译成英语，句首字母要大写。摘要的作用是供读者在最短的时间内确定是否阅读全文，为读者检索论文服务，为数据库检索提供方便。

7. 关键词

关键词，也称主题词，是从论文标题或内容中选取能揭示论文主题和主要内容的单词或术语，是最具实质意义的检索语言，它为文献检索和资料查询提供方便。每篇论文的关键词一般以 3~8 个为宜。第一个关键词是表示论文主题的单词或术语，后面是表示论文主要内容的单词或术语，关键词标引时，词与词之间空 1 格，中间不必加标点符号。

（二）主体部分

1. 绪论

绪论亦称序论、引论、前言、引言、导语，是论文主体部分的开端。写绪论的目的是向读者交代本研究的来龙去脉，使读者对论文先有一个总体的了解。绪论的写作包括如下内容：一是研究的理由、目的和背景；二是理论依据、实验基础和研究方法；三是预期的结果及其地位、作用和意义。绪论写作的要求是提纲挈领、突出重点、言简意赅、开门见山、实事求是。绪论放在关键词下面，空 1 行。

2. 本论

本论是毕业论文的主体核心部分，因而最能展现学生的研究成果和专业水平，应包括论文的论点、论据和论证等。论点是作者运用抽象思维和推理、判断的能力对繁杂的资料进行全面分析、去伪存真、去粗取精、提炼加工而成的。论点是文章的灵魂，作者主张什么，反对什么，要旗帜鲜明。论据是用来表现论点的各种材料。论点确立后，就要用论据来论证。论证就是运用例证、引证、类比、对比、归纳、演绎等方法把论据组织起来说明论点的过程。在这一过程中一定要处理好论点与论据的关系。论点靠论据说明。论据由论点统帅，论点和论据是辩证的统一。

毕业论文的本论要有一些创新点，即观点、材料、论证角度、论证方法等方面要有一点自己的东西。

3. 结论

结论是论文最终的归纳总结，是作者在调查研究和理论分析的基础上，通过逻辑推理而得出的指导性、经验性的结果。从表达的内容来说，它不是正文各段小结的简单重复，而是作者在认识上更进一步的深化。结论的主要内容包括：论文研究结果说明了什么问题；对前人的有关看法做了哪些否定、修改，做了哪些补充、证实，有何发展；解决了什么理论和实际问题。论文研究的不足之处或遗留未解决的问题以及解决这些问题的关键点和方向等。结论应该精练、鲜明完整、客观公正、实事求是。结论写作的常见问题是：没有结论、含糊不清、简单重复、概括不全、内涵偏大等。结论在本论之后，如果没有明显标志，应空半行排列，以和本论区别。

4. 致谢

致谢就是当成果以论文形式完稿时，对在论文写作或研究工作中给予帮助者表示感谢。致谢的对象和范围包括协助或指导本论文写作的指导教师；参加讨论或提出过指导意见的人员；对提供材料给予其他方便的人员；提供过某种信息，但又非论文的共同作者，且不对论文负责的人员。致谢词语要真诚、简洁、恰如其分。致谢放在正文之后，空1行。

5. 注释

注释是用来说明名词术语、引文出处等在正文的其他部分不便说明的各种事项。注释一般放在致谢之后，参考文献之前。

6. 参考文献

毕业论文写作过程的参考文献分两种情况：一种是在文中直接引用的文献，一般是用作引证，有的学者把它归入注释（本书也是归入注释）；另一种是作者写作之前亲自阅读过，受其思想、风格等方面的启发以及潜移默化的影响的文献。根据《中国学术期刊（光盘版）检索与评价数据规范》中的要求，下面以实例给出各类参考文献的著录标准。

（1）专著（类型标志［M］）、论文集（类型标志［C］）、学位论文（类型标志［D］）、报告（类型标志［R］）著录格式为：

［序号］主要责任者（写前3位作者，3人以上的写前3位，后用"等"字）. 文献题名［M］. 版本（第1版不标注）. 出版地：出版者，出版年，起止页码.

例：［序号］郑万均. 中国树木志（第2卷）［M］. 北京：中国林业出版社，1985.

（2）科技期刊的析出文献（类型标志［J］.）著录格式为：

［序号］作者（写前3位作者，3人以上的写前3位，后用"等"字）. 文献题名［J］. 刊名，年，卷（期）：起止页码.

例：［序号］钟海燕，张余权，孙汉洲，等. 茶油水化脱胶工艺研究［J］. 经济林研究，2004，22（1）：29-31.

（3）论文集中的析出文献（类型标志［A］）著录格式为：

［序号］析出文献主要责任者（写前3位作者，3人以上的写前3位，后用"等"字）. 文献题名［A］. 原文献主要责任者（任选）. 原文献题名［C］. 出版地：出版者，出版年：析出文献的起止页码.

例：[序号] 何电源. 南方土壤的肥力特性 [A]. 何电源. 中国南方土壤肥力与栽培植物施肥 [C]. 北京：科学出版社，1994：25-27.

(4) 报纸文章（类型标志 [N]）著录格式为：

[序号] 作者. 文题 [N]. 报纸名称，出版日期（版次）.

例：[序号] 江泽民. 在北师大建校一百周年庆祝大会上的讲话 [N]. 中国教育报，2002-03-08（第1版）.

(5) 专利（类型标志 [P]）著录格式为：

[序号]：专利所有者. 专利题名 [P]. 专利国别：专利号，出版日期.

例：[序号] 姜锡洲. 一种温热外敷药制备方案 [P]. 中国专利：881056037，1989-07-26.

(6) 国际、国家标准（类型标志 [S]）著录格式为：

[序号] 标准编号（或发文机关）. 标准（或规定）名称 [S]. 标准（或规定）制发者. 日期.

例：[序号] 教育部办公厅. 关于加强普通高等学校毕业设计（论文）工作的通知 [S]. 教高厅〔2004〕14号，2004年4月8日.

(7) 电子文献（载体类型及其标志）[DB/OL]——联机网上数据库；DB/MT——磁带数据库；[M/CD]—光盘图书；[CP/DK]——磁盘软件；[J/OL]——网上期刊；[EB/OL]——网上电子公告等，著录格式为：

[序号] 主要责任者. 电子文献题名 [电子文献及载体类型标志]. 电子文献的出处或可获得地址，发表或更新日期/引用日期（任选）

例：[序号] 国家教育部. 高等学校.

[EB/OL] http：//www.moe.edu.cn/highedu/gxtz/mbgx-20031107.htm，2004-2-12-13.

四、毕业论文的答辩

毕业论文答辩是对毕业论文审查的补充，是评定毕业论文成绩的重要依据之一，是检验学生课题把握深浅及综合研究水平高低的重要方式，也是锻炼学生快速反应能力、口头表达能力、综合概括等能力的有效手段，同时，论文答辩也是对每位学生心理素质的一种考验。毕业论文答辩是一种双向性的思想交流活动，是教学计划规定的、必须完成的教学内容，是整个毕业论文工作的重要组成部分。

毕业论文答辩主要有以下几个程序：

（一）学生发言提纲

起草一份发言提纲，发言提纲的内容应包括选题的缘由与价值、论文的论点、论据与论证、写作方法、写作过程、本人对论文的评价等。学生应事前认真试讲几次，把要讲的内容记牢，做好回答问题的准备，要求重点突出、简明扼要。

（二）教师提问

提问的范围包括：学科基本理论、专业知识和学科最新动向，研究的思路、方法、手段、过程、技能，论文存在的不足等。

（三）学生回答问题

学生要集中精神，认真听取答辩委员提出的问题，经过思考后，对答辩老师提出的问题和疑问，一定要抓住重点、言简意赅、条理清楚，然后明确回答问题。答辩时应沉着冷静，对没有充分依据的问题，不要牵强附会或强词夺理，要实事求是地应对，或换个方向思考和回答，注意答辩礼节。

（四）答辩委员会小结

主持答辩的专家、教师根据论文的质量和答辩情况给予肯定、补充、修改或指出错误与不足之处。

毕业论文答辩后，学生要认真听取答辩委员会的评判意见，进一步总结论文写作的经验、教训，作为今后的借鉴；对存在的问题，认真分析、找出原因，提出修改意见，使自己在原有的基础上更上一层楼。

附毕业论文的封面格式：

××××职业技术学院
毕 业 论 文

题目：_____
姓名：_____
学号：_____
专业：_____
年级（班级）：_____
指导教师（职称）：_____
系（部）：_____

××××年××月××日

【案例 6-7】

××××大学
毕 业 论 文

题目：<u>用科学发展观认识和理解秘书工作</u>
姓名：_____
学号：_____
专业：_____
年级（班级）：_____
指导教师（职称）：_____
系（部）：_____

××××年××月××日

目 录

一、什么是科学发展观……………………………………………………………… 4
二、什么是秘书工作和人们对秘书工作的误解…………………………………… 5
……
三、以科学发展观为指导，完善自我，消除误解，做好秘书工作 ……………… 10
……
主要参考文献 ……………………………………………………………………… 16

【摘要】

秘书是领导沟通上下、协调部门、联系内外、传递信息的中枢，是协助领导决策的"外脑"和处理日常事务的"手足"。秘书人员的道德品质、工作能力、工作效率、日常作风等情况，直接影响着机关形象、领导形象。要做好秘书工作，必须把科学发展观的要求落实到工作的方方面面，贯彻到各个环节，争创一流工作业绩。目前社会对秘书工作普遍存在着误解，如何用科学发展观来认识和理解秘书工作，来转变人们对秘书工作的认识，这要靠秘书正确理解秘书工作的性质，树立适应时代的科学发展意识，树立积极创新的理念，要提高统筹兼顾的能力，在工作中发挥秘书的主动意识，要提高提出问题，分析问题，解决问题的能力等，才能成为一名社会认可的合格秘书。

关键词：科学发展观　认识　理解　秘书工作

用科学发展观认识和理解秘书工作

我们的国家改革开放已经走过了风风雨雨的三十三年，这些年我们的国家取得的成绩是全世界人民有目共睹的，物质产品有了极大的丰富和发展，人民生活水平也有明显的提高，我们的国家还将继往开来、蓬勃发展，不断推进整个社会整体的全面可持续的发展，这正是全力贯彻执行科学发展观的体现。通过自考大学的学习，我觉得科学发展观在认识和理解文秘工作也起着极其重要的作用。只有用科学发展观才能清楚地认识和理解文秘工作，只有落实科学发展观才能做好秘书工作。具体阐述如下：

一、什么是科学发展观

……

秘书是当代领导者、主事者身边综合办理日常事务，即办文办事办会、沟通信息、协调事务、完成交办任务、提供跟踪服务的参谋助手。负有参政设谋，协调综合，督促检查，拾遗补缺等重大责任，秘书工作在领导事务上起着重要的作用。在这里我们有必要坚持科学发展观看待秘书工作，消除对秘书工作的误解，对秘书工作有个清醒的、正确的、科学的认识，以便不断提高秘书人员的自身修养和素质，提高秘书工作质量与效率，同时必须与时俱进，深刻学习，认真领会和落实科学发展观。秘书工作的性质正是处理人与人关系，秘书不仅要处理和上级的关系，还要处理领导之间，以及和下属的关系。中国是个大国，如果处理不好人与人之间的关系，构建和谐社会只是一句空话，科学发展观正是秘书工作的具体体现，必须坚持到底。

二、什么是秘书工作和人们对秘书工作的误解

（一）秘书分为广义秘书和狭义秘书

……

（二）人们对秘书工作的误解

秘书工作具有"三服务"，即是为直接领导服务，为相关各级领导服务和为人民群众服务。其核心是对领导的服务，就是这个核心服务让不了解秘书工作的人对做秘书工作的人有了很多的误解：

1. 误解一：秘书是领导个人的侍从

……

2. 误解二：秘书是领导身边的"花瓶"

……

3. 误解三：秘书是领导权力的代言人

……

4. 误解四：秘书是个"勤杂工"

……

三、以科学发展观为指导，完善自我，消除误解，做好秘书工作

……

（一）树立适应时代的科学发展意识

……

（二）树立积极创新的理念

……

（三）要提高统筹兼顾的能力

要用发展的眼光，主动服务全局，谋划推进工作，妥善处理好三个利益关系：一是妥善处理好局部利益和整体利益的关系；二是妥善处理好个人利益和集体利益的关系；三是妥善处理好当前利益和长远利益的关系。

……

（四）在工作中发挥秘书的主动意识

……

（五）要提高提出问题、分析问题、解决问题的能力

……

只有做到以上几个方面，才能够当一名合格的秘书。才能消除自身和社会对秘书工作的误解，才是落实科学发展观的具体体现。秘书工作是领导和群众的桥梁，是领导的参谋和助手，在快节奏的现实工作中，要求领导高效率的工作，更离不开秘书的协调和帮助。因此我们要坚定信心、努力学习、完善自我，做一名优秀的秘书，为社会做出更大的贡献。

参考文献（略）

评析：

这是一篇文秘专业毕业论文。整篇论文结构脉络清楚，全文分三个部分，从第一段开始，直接论述科学发展观与秘书工作的关系；第二部分阐述了人们对秘书工作的误解；第三部分论述了科学发展观对做好秘书工作的重要作用。这篇论文一步步展开，逐层深入，较好地论证了科学发展观对秘书工作的重要作用，文章最后提出了解决问题的方法。总的来说，本文是一篇结构完整，材料集中，论点鲜明的论文。

【例文 6 - 8】

××××大学

毕 业 论 文

电子商务对国际贸易的影响及我国的对策分析

姓　　名：_____
专　　业：商务管理
学生证号：_____
联系电话：_____
联系地址：_____
邮政编码：_____
邮箱地址：_____

目　录

摘要 ……………………………………………………………………………	3
第1章　绪论：电子商务………………………………………………………	3
第2章　电子商务与国际贸易的发展…………………………………………	5
第3章　我国发展电子商务面临的问题及对策分析…………………………	7
第4章　针对电子商务企业应用营销组合策略………………………………	15
第5章　结论……………………………………………………………………	22
参考文献…………………………………………………………………………	23
致谢………………………………………………………………………………	24

摘要

电子商务是运用现代电子信息技术以整个全球市场为基础的商务活动。各国政府和各相关的国际组织纷纷进行研究和探讨正是在这种背景下，全球电子商务得以逐渐展开。

作为本世纪主要增长点的电子商务,具有简化贸易流程、增加贸易机会、节省交易成本、达成交易率高和提高企业的市场营销能力等诸多方面,与传统的国际贸易相比具有无可比拟的优势。现阶段,电子商务以前所未有的速度,促进着经济贸易全球化的发展,营造新的商务环境,成为世界各国进出口贸易新的增长点。

为此,研究电子商务对国际贸易的影响是十分有必要的,同样,分析我国目前发展电子商务的状况,才能更好地在新的国际竞争格局中占据更有利的位置。

关键词: 电子商务 国际贸易 信息技术 对策

第1章 绪论:电子商务

1.1 定义

随着电子技术和因特网的迅猛发展,信息技术作为工具被引入到商务活动中,电子商务则应运而生。

电子商务是一个涉及面很广,包容量非常大的业务活动的手段和范畴。电子商务正在飞速发展,对电子商务的理论研究远远滞后于电子商务的实际应用,所以,电子商务的理论体系尚不完整,对电子商务的理解正在逐步完善和深入。目前,在国际社会中其定义主要分为狭义和广义两种:

……

1.2 电子商务的概述

……

第2章 电子商务与国际贸易的发展

由于世界不同国家的不同地区存在时差,从而造成了国际商务活动的不便。对于企业来说,提供每周7天、每天24小时的客户支持和服务,其成本费用是相当昂贵的。然而,与一般销售人员不同的是,互联网可以实现24小时的在线服务。业务人员可以随时随地与客户进行沟通,相互发送电子邮件,进行商务洽谈。从而,电子商务能够做到每时每刻都在营运,在国际贸易中越来越受重视,被众多企业所受欢迎。

2.1 电子商务在国际贸易领域中的功能与特点

……

2.2 电子商务在国际贸易中的应用与变革

国际贸易中开展电子商务的趋势将是势不可挡的,电子商务的媒介Internet是全球性的,具有高效、安全、准确、成本低等特点,突破了传统意义上的物质、时间、空间对国际贸易的限制,国际贸易已经走向电子化技术,引起了全球经济贸易的巨大变革。

……

第3章 我国发展电子商务面临的问题及对策分析

3.1 我国国际电子商务应用现状

目前,我国电子商务的发展仍处于萌芽发展阶段,但其快速发展促进了中国电子商务服务业的发展和繁荣。2008年中国行业B2B电子商务服务网站数超过4500家,网站的平均注册企业会员数约8万多名,为企业提供20多种电子商务网络服务,促使中国电子商务服务业快速发展。

3.2 我国国际电子商务发展存在的主要问题

由于我国是发展中国家，国内电子商务环境与国外还有较大的差距，其应用还处于低级水平，在开展过程中仍然有不少问题。以我国中小企业发展电子商务为例，存在以下突出问题：

……

3.3 促进我国国际电子商务发展的对策与建议

尽管现阶段存在这些困难和问题，但电子商务将给企业的发展带来大好机遇却是一个不可争辩的事实。要解决企业展开电子商务过程中存在的问题，一方面需要国家整个经济环境的改善，另一方面需要企业自身的努力，解决一些存在于企业内部的问题。

……

第4章 针对电子商务企业应用营销组合策略

当前，各行各业的竞争相当激烈，企业经营成本高企不下，企业看好中国网络经济形势利好，都希望通过电子商务来扩展业务。来自国内知名电子商务第三方研究机构中国电子商务研究中心即将发布的《2010你那中国电子商务市场数据检测报告》数据显示：截止到2010年12月，中国电子商务市场交易额已逾4.5万亿，同比增长22%。其中B2B电子商务交易额达到3.8万亿，同比增长15.8%，网上零售市场交易规模达5131亿元，同比增长97.3%，较2009年近翻一番，约占全年社会商品零售总额的3%。

由上述数据可见，电子商务的快速发展已有目共睹。因此，企业应用组合营销策略是十分有必要的，基本上从产品、价格和促销等基本营销概念着手，探讨营销组合在电子商务中的应用。

4.1 产品营销策略

……

4.2 价格营销策略

……

4.3 促销营销策略

……

第5章 结论

电子商务的发展对国际贸易领域所带来的影响是巨大的，它将推动全球经济一体化的发展和国际分工合作的进一步深化，改变了企业本身的生产、经营、管理。电子商务是互联网技术发展日益成熟的直接结果，是网络技术发展的方向。互联网具有开放性、全球性、地域性、低成本和高效率等特点，已成为电子商务的内在特征，并使电子商务超越了作为一种新的贸易形式所具有的价值。

以电子商务技术为代表的新经济时代，包括中国在内的广大发展中国家的贸易竞争，是在新的平台上推动经济结构调整创造了一个有利的机遇。同时，也给我们的对外贸易发展带来严峻的挑战。因此，中国发展电子商务既要符合中国的国情，走自己的道路，充分利用各种手段，促进企业转变经营理念，重视电子商务的发展，培养专业的电子商务人才，共同筑建新的电子商务发展环境。同时又要注意同全球电子商务接轨，在新的国际竞争格局中占据更有利的位置。

致 谢

  时光匆匆如流水,转眼间我的大学生活已经接近尾声,回首三年的大学校园生活生涯和社会实践生活,一路努力学习、探索,点点滴滴,犹如昨日重现,一幕一幕的情景浮现在眼前,感慨良多。

  随着本次毕业论文的完成之际,在此我要感谢学院为我们提供了一个环境舒适、洋溢着青春的气息和到处都充满学习气氛的校园。老师们给予了我丰富的专业知识与技能,使自己能够顺利地完成全部的教学课程。你们对我的循循善诱,对我的支持和鼓励,让我不仅收获了知识,收获了技能,更收获了做人的美德与修养。

  在此,首先我要特别感谢××××××大学为我们提供了这个专业的学习,从课题的选择到论文的最终完成,无不凝聚着老师的心血和汗水。周老师以一丝不苟的工作作风,严谨求实的教学态度,踏踏实实的思想精神,在论文的写作过程中,悉心指导,帮助我开拓思路,精心点拨,使我顺利地完成毕业论文。

  此外,我还要感谢我的父母和家人,在平时的生活中对我的无微不至的爱,在学习当中给予我无限的支持,使我顺利地完成本科的学业。

  最后,我要特别感谢在我身边所有的同学和朋友们,谢谢你们的照顾和宽容,一起开心、快乐地生活和学习,我不会忘记我们一起共度美好时光的回忆。

  在这即将告别美好的大学生活,踏上社会征途的时候,我将以饱满的热情,坚定的信念,用实际行动一步一步实现自己的人生价值与社会价值,并以高度的责任感去迎接新的挑战,创造美好的生活,演绎精彩的人生!

评析:

  这是一篇商务管理专业毕业论文。从摘要开始,正文共有五章,第一章是绪论,对电子商务进行概述;第二章是电子商务与国贸易的发展;第三章是我国发展电子商务面临的问题及对策分析;第四章是针对电子商务企业应用营销组合策略;第五章是结论;最后还有参考文献和致谢。整篇论文脉络清晰,内容丰富,论点明确,主题集中,论证充分,结构完整,是一篇较为规范的论文。

本 项 目 小 结

  科技文书是运用应用文写作的基本原理与科学技术,融科学技术的丰富内容和系统的写作知识、技能为一炉,以各种实用科技文体为主要形式的写作活动。

  本项目着重选取了毕业实习报告、毕业设计报告、毕业论文 3 种科技文书。实习报告、毕业设计报告、毕业论文是大学生在学习过程中或学习课程修满后完成的体现其所学专业特点的论文。3 种科技文书的特点各自不同,要注意理解这 3 种科技文书的概念,掌握实习报告、毕业论文的写作知识,毕业设计报告编写格式及写作要求,毕业论文的构成及答辩事项等。希望学习者通过这一项目的学习,能写作较规范的科技文书。

本 项 目 练 习

【情景模拟 1】

  根据"小题目反而能写出大文章"的道理,试写一篇与自己所修专业有关的毕业论文。

【情景模拟 2】

据某报报道，李泽厚先生有一次到厦门，一家专卖人文社科书籍的书店在门外贴广告：李泽厚签名售书。当地学生奔走相告：李泽楷签名售书！书店外排起长队。学生们走近一看都傻了：这个老头是谁？

根据上述材料，写一篇评论，谈谈你的看法。

【情景模拟 3】

某职业技术学院毕业班的学生们正在认真撰写毕业论文，准备毕业答辩，忙得不可开交。请模拟答辩会现场情景，举行一次论文答辩，然后总结经验教训，为今后毕业论文的写作和答辩打下基础。

【技能实训】

（1）根据实习报告的写作基本要求，结合本专业的实习（见习），撰写一篇实习报告。

（2）根据自己所学专业撰写一篇设计报告。

（3）结合个人兴趣和选修课，撰写小论文。

【学习交流】

（1）课外收集毕业论文、毕业设计报告、实习报告范文，同学间交换阅读。

（2）小组学习与交流：三到五人组成一个小组，选取有代表性的毕业论文、毕业设计报告、实习报告范文各一篇进行阅读，然后模仿写作，同学间相互交流阅读体会及写作经验。

附录一

党政机关公文处理工作条例

中办发〔2012〕14号

(2012年4月16日由中共中央办公厅和国务院办公厅联合印发)

第一章 总 则

第一条 为了适应中国共产党机关和国家行政机关（以下简称党政机关）工作需要，推进党政机关公文处理工作科学化、制度化、规范化，制定本条例。

第二条 本条例适用于各级党政机关公文处理工作。

第三条 党政机关公文是党政机关实施领导、履行职能、处理公务的具有特定效力和规范体式的文书，是传达贯彻党和国家的方针政策，公布法规和规章，指导、布置和商洽工作，请示和答复问题，报告、通报和交流情况等的重要工具。

第四条 公文处理工作是指公文拟制、办理、管理等一系列相互关联、衔接有序的工作。

第五条 公文处理工作应当坚持实事求是、准确规范、精简高效、安全保密的原则。

第六条 各级党政机关应当高度重视公文处理工作，加强组织领导，强化队伍建设，设立文秘部门或者由专人负责公文处理工作。

第七条 各级党政机关办公厅（室）主管本机关的公文处理工作，并对下级机关的公文处理工作进行业务指导和督促检查。

第二章 公文种类

第八条 公文种类主要有：

（一）决议。适用于会议讨论通过的重大决策事项。

（二）决定。适用于对重要事项作出决策和部署、奖惩有关单位和人员、变更或者撤销下级机关不适当的决定事项。

（三）命令（令）。适用于公布行政法规和规章、宣布施行重大强制性措施、批准授予和晋升衔级、嘉奖有关单位和人员。

（四）公报。适用于公布重要决定或者重大事项。

（五）公告。适用于向国内外宣布重要事项或者法定事项。

（六）通告。适用于在一定范围内公布应当遵守或者周知的事项。

（七）意见。适用于对重要问题提出见解和处理办法。

（八）通知。适用于发布、传达要求下级机关执行和有关单位周知或者执行的事项，批转、转发公文。

（九）通报。适用于表彰先进、批评错误、传达重要精神和告知重要情况。

（十）报告。适用于向上级机关汇报工作、反映情况，回复上级机关的询问。

（十一）请示。适用于向上级机关请求指示、批准。

（十二）批复。适用于答复下级机关请示事项。

（十三）议案。适用于各级人民政府按照法律程序向同级人民代表大会或者人民代表大会常务委员会提请审议事项。

（十四）函。适用于不相隶属机关之间商洽工作、询问和答复问题、请求批准和答复审批事项。

（十五）纪要。适用于记载会议主要情况和议定事项。

第三章　公　文　格　式

第九条　公文一般由份号、密级和保密期限、紧急程度、发文机关标志、发文字号、签发人、标题、主送机关、正文、附件说明、发文机关署名、成文日期、印章、附注、附件、抄送机关、印发机关和印发日期、页码等组成。

（一）份号。公文印制份数的顺序号。涉密公文应当标注份号。

（二）密级和保密期限。公文的秘密等级和保密的期限。涉密公文应当根据涉密程度分别标注"绝密""机密""秘密"和保密期限。

（三）紧急程度。公文送达和办理的时限要求。根据紧急程度，紧急公文应当分别标注"特急""加急"，电报应当分别标注"特提""特急""加急""平急"。

（四）发文机关标志。由发文机关全称或者规范化简称加"文件"二字组成，也可以使用发文机关全称或者规范化简称。联合行文时，发文机关标志可以并用联合发文机关名称，也可以单独用主办机关名称。

（五）发文字号。由发文机关代字、年份、发文顺序号组成。联合行文时，使用主办机关的发文字号。

（六）签发人。上行文应当标注签发人姓名。

（七）标题。由发文机关名称、事由和文种组成。

（八）主送机关。公文的主要受理机关，应当使用机关全称、规范化简称或者同类型机关统称。

（九）正文。公文的主体，用来表述公文的内容。

（十）附件说明。公文附件的顺序号和名称。

（十一）发文机关署名。署发文机关全称或者规范化简称。

（十二）成文日期。署会议通过或者发文机关负责人签发的日期。联合行文时，署最后签发机关负责人签发的日期。

（十三）印章。公文中有发文机关署名的，应当加盖发文机关印章，并与署名机关相符。有特定发文机关标志的普发性公文和电报可以不加盖印章。

（十四）附注。公文印发传达范围等需要说明的事项。

（十五）附件。公文正文的说明、补充或者参考资料。

（十六）抄送机关。除主送机关外需要执行或者知晓公文内容的其他机关，应当使用机关全称、规范化简称或者同类型机关统称。

（十七）印发机关和印发日期。公文的送印机关和送印日期。

（十八）页码。公文页数顺序号。

第十条 公文的版式按照《党政机关公文格式》国家标准执行。

第十一条 公文使用的汉字、数字、外文字符、计量单位和标点符号等，按照有关国家标准和规定执行。民族自治地方的公文，可以并用汉字和当地通用的少数民族文字。

第十二条 公文用纸幅面采用国际标准A4型。特殊形式的公文用纸幅面，根据实际需要确定。

第四章　行　文　规　则

第十三条 行文应当确有必要，讲求实效，注重针对性和可操作性。

第十四条 行文关系根据隶属关系和职权范围确定。一般不得越级行文，特殊情况需要越级行文的，应当同时抄送被越过的机关。

第十五条 向上级机关行文，应当遵循以下规则：

（一）原则上主送一个上级机关，根据需要同时抄送相关上级机关和同级机关，不抄送下级机关。

（二）党委、政府的部门向上级主管部门请示、报告重大事项，应当经本级党委、政府同意或者授权；属于部门职权范围内的事项应当直接报送上级主管部门。

（三）下级机关的请示事项，如需以本机关名义向上级机关请示，应当提出倾向性意见后上报，不得原文转报上级机关。

（四）请示应当一文一事。不得在报告等非请示性公文中夹带请示事项。

（五）除上级机关负责人直接交办事项外，不得以本机关名义向上级机关负责人报送公文，不得以本机关负责人名义向上级机关报送公文。

（六）受双重领导的机关向一个上级机关行文，必要时抄送另一个上级机关。

第十六条 向下级机关行文，应当遵循以下规则：

（一）主送受理机关，根据需要抄送相关机关。重要行文应当同时抄送发文机关的直接上级机关。

（二）党委、政府的办公厅（室）根据本级党委、政府授权，可以向下级党委、政府行文，其他部门和单位不得向下级党委、政府发布指令性公文或者在公文中向下级党委、政府提出指令性要求。需经政府审批的具体事项，经政府同意后可以由政府职能部门行文，文中须注明已经政府同意。

（三）党委、政府的部门在各自职权范围内可以向下级党委、政府的相关部门行文。

（四）涉及多个部门职权范围内的事务，部门之间未协商一致的，不得向下行文；擅自行文的，上级机关应当责令其纠正或者撤销。

（五）上级机关向受双重领导的下级机关行文，必要时抄送该下级机关的另一个上级机关。

第十七条 同级党政机关、党政机关与其他同级机关必要时可以联合行文。属于党委、政府各自职权范围内的工作，不得联合行文。

党委、政府的部门依据职权可以相互行文。

部门内设机构除办公厅（室）外不得对外正式行文。

第五章　公　文　拟　制

第十八条　公文拟制包括公文的起草、审核、签发等程序。

第十九条　公文起草应当做到：

（一）符合党的理论路线方针政策和国家法律法规，完整准确体现发文机关意图，并同现行有关公文相衔接。

（二）一切从实际出发，分析问题实事求是，所提政策措施和办法切实可行。

（三）内容简洁，主题突出，观点鲜明，结构严谨，表述准确，文字精练。

（四）文种正确，格式规范。

（五）深入调查研究，充分进行论证，广泛听取意见。

（六）公文涉及其他地区或者部门职权范围内的事项，起草单位必须征求相关地区或者部门意见，力求达成一致。

（七）机关负责人应当主持、指导重要公文起草工作。

第二十条　公文文稿签发前，应当由发文机关办公厅（室）进行审核。审核的重点是：

（一）行文理由是否充分，行文依据是否准确。

（二）内容是否符合党的理论路线方针政策和国家法律法规；是否完整准确体现发文机关意图；是否同现行有关公文相衔接；所提政策措施和办法是否切实可行。

（三）涉及有关地区或者部门职权范围内的事项是否经过充分协商并达成一致意见。

（四）文种是否正确，格式是否规范；人名、地名、时间、数字、段落顺序、引文等是否准确；文字、数字、计量单位和标点符号等用法是否规范。

（五）其他内容是否符合公文起草的有关要求。

需要发文机关审议的重要公文文稿，审议前由发文机关办公厅（室）进行初核。

第二十一条　经审核不宜发文的公文文稿，应当退回起草单位并说明理由；符合发文条件但内容需作进一步研究和修改的，由起草单位修改后重新报送。

第二十二条　公文应当经本机关负责人审批签发。重要公文和上行文由机关主要负责人签发。党委、政府的办公厅（室）根据党委、政府授权制发的公文，由受权机关主要负责人签发或者按照有关规定签发。签发人签发公文，应当签署意见、姓名和完整日期；圈阅或者签名的，视为同意。联合发文由所有联署机关的负责人会签。

第六章　公　文　办　理

第二十三条　公文办理包括收文办理、发文办理和整理归档。

第二十四条　收文办理主要程序是：

（一）签收。对收到的公文应当逐件清点，核对无误后签字或者盖章，并注明签收时间。

（二）登记。对公文的主要信息和办理情况应当详细记载。

（三）初审。对收到的公文应当进行初审。初审的重点是：是否应当由本机关办理，是否符合行文规则，文种、格式是否符合要求，涉及其他地区或者部门职权范围内的事项是否已经协商、会签，是否符合公文起草的其他要求。经初审不符合规定的公文，应当及时退回来文单位并说明理由。

（四）承办。阅知性公文应当根据公文内容、要求和工作需要确定范围后分送。批办性公文应当提出拟办意见报本机关负责人批示或者转有关部门办理；需要两个以上部门办理的，应当明确主办部门。紧急公文应当明确办理时限。承办部门对交办的公文应当及时办理，有明确办理时限要求的应当在规定时限内办理完毕。

（五）传阅。根据领导批示和工作需要将公文及时送传阅对象阅知或者批示。办理公文传阅应当随时掌握公文去向，不得漏传、误传、延误。

（六）催办。及时了解掌握公文的办理进展情况，督促承办部门按期办结。紧急公文或者重要公文应当由专人负责催办。

（七）答复。公文的办理结果应当及时答复来文单位，并根据需要告知相关单位。

第二十五条 发文办理主要程序是：

（一）复核。已经发文机关负责人签批的公文，印发前应当对公文的审批手续、内容、文种、格式等进行复核；需作实质性修改的，应当报原签批人复审。

（二）登记。对复核后的公文，应当确定发文字号、分送范围和印制份数并详细记载。

（三）印制。公文印制必须确保质量和时效。涉密公文应当在符合保密要求的场所印制。

（四）核发。公文印制完毕，应当对公文的文字、格式和印刷质量进行检查后分发。

第二十六条 涉密公文应当通过机要交通、邮政机要通信、城市机要文件交换站或者收发件机关机要收发人员进行传递，通过密码电报或者符合国家保密规定的计算机信息系统进行传输。

第二十七条 需要归档的公文及有关材料，应当根据有关档案法律法规以及机关档案管理规定，及时收集齐全、整理归档。两个以上机关联合办理的公文，原件由主办机关归档，相关机关保存复制件。机关负责人兼任其他机关职务的，在履行所兼职务过程中形成的公文，由其兼职机关归档。

第七章 公 文 管 理

第二十八条 各级党政机关应当建立健全本机关公文管理制度，确保管理严格规范，充分发挥公文效用。

第二十九条 党政机关公文由文秘部门或者专人统一管理。设立党委（党组）的县级以上单位应当建立机要保密室和机要阅文室，并按照有关保密规定配备工作人员和必要的安全保密设施设备。

第三十条 公文确定密级前，应当按照拟定的密级先行采取保密措施。确定密级后，应当按照所定密级严格管理。绝密级公文应当由专人管理。

公文的密级需要变更或者解除的，由原确定密级的机关或者其上级机关决定。

第三十一条 公文的印发传达范围应当按照发文机关的要求执行；需要变更的，应当经发文机关批准。

涉密公文公开发布前应当履行解密程序。公开发布的时间、形式和渠道，由发文机关确定。

经批准公开发布的公文，同发文机关正式印发的公文具有同等效力。

第三十二条 复制、汇编机密级、秘密级公文，应当符合有关规定并经本机关负责人批准。绝密级公文一般不得复制、汇编，确有工作需要的，应当经发文机关或者其上级机关批准。复制、汇编的公文视同原件管理。

复制件应当加盖复制机关戳记。翻印件应当注明翻印的机关名称、日期。汇编本的密级按照编入公文的最高密级标注。

第三十三条 公文的撤销和废止，由发文机关、上级机关或者权力机关根据职权范围和有关法律法规决定。公文被撤销的，视为自始无效；公文被废止的，视为自废止之日起失效。

第三十四条 涉密公文应当按照发文机关的要求和有关规定进行清退或者销毁。

第三十五条 不具备归档和保存价值的公文，经批准后可以销毁。销毁涉密公文必须严格按照有关规定履行审批登记手续，确保不丢失、不漏销。个人不得私自销毁、留存涉密公文。

第三十六条 机关合并时，全部公文应当随之合并管理；机关撤销时，需要归档的公文经整理后按照有关规定移交档案管理部门。

工作人员离岗离职时，所在机关应当督促其将暂存、借用的公文按照有关规定移交、清退。

第三十七条 新设立的机关应当向本级党委、政府的办公厅（室）提出发文立户申请。经审查符合条件的，列为发文单位，机关合并或者撤销时，相应进行调整。

第八章 附 则

第三十八条 党政机关公文含电子公文。电子公文处理工作的具体办法另行制定。

第三十九条 法规、规章方面的公文，依照有关规定处理。外事方面的公文，依照外事主管部门的有关规定处理。

第四十条 其他机关和单位的公文处理工作，可以参照本条例执行。

第四十一条 本条例由中共中央办公厅、国务院办公厅负责解释。

第四十二条 本条例自2012年7月1日起施行。1996年5月3日中共中央办公厅发布的《中国共产党机关公文处理条例》和2000年8月24日国务院发布的《国家行政机关公文处理办法》停止执行。

附录二

党政机关公文格式

GB/T 9704—2012

（2012年6月29日由中华人民共和国国家质量监督检验检疫总局和
中国国家标准化管理委员会联合发布）

1 范围

本标准规定了党政机关公文通用的纸张要求、排版和印制装订要求、公文格式各要素的编排规则，并给出了公文的式样。

本标准适用于各级党政机关制发的公文。其他机关和单位的公文可以参照执行。

使用少数民族文字印制的公文，其用纸、幅面尺寸及版面、印制等要求按照本标准执行，其余可以参照本标准并按照有关规定执行。

2 规范性引用文件

下列文件对于本标准的应用是必不可少的。凡是注日期的引用文件，仅所注日期的版本适用于本标准。凡是不注日期的引用文件，其最新版本（包括所有的修改单）适用于本标准。

GB/T 148　印刷、书写和绘图纸幅面尺寸

GB 3100　国际单位制及其应用

GB 3101　有关量、单位和符号的一般原则

GB 3102（所有部分）　量和单位

GB/T 15834　标点符号用法

GB/T 15835　出版物上数字用法

3 术语和定义

下列术语和定义适用于本标准。

3.1

字　word

标示公文中横向距离的长度单位。在本标准中，一字指一个汉字宽度的距离。

3.2

行　line

标示公文中纵向距离的长度单位。在本标准中，一行指一个汉字的高度加3号汉字高度的7/8的距离。

4 公文用纸主要技术指标

公文用纸一般使用纸张定量为 $60g/m^2 \sim 80g/m^2$ 的胶版印刷纸或复印纸。纸张白度

80%～90%，横向耐折度≥15次，不透明度≥85%，pH值为7.5～9.5。

5 公文用纸幅面尺寸及版面要求

5.1 幅面尺寸

公文用纸采用GB/T 148中规定的A4型纸，其成品幅面尺寸为：210mm×297mm。
GB/T 9704—2012

5.2 版面

5.2.1 页边与版心尺寸

公文用纸天头（上白边）为37mm±1mm，公文用纸订口（左白边）为28mm±1mm，版心尺寸为156mm×225mm。

5.2.2 字体和字号

如无特殊说明，公文格式各要素一般用3号仿宋体字。特定情况可以作适当调整。

5.2.3 行数和字数

一般每面排22行，每行排28个字，并撑满版心。特定情况可以作适当调整。

5.2.4 文字的颜色

如无特殊说明，公文中文字的颜色均为黑色。

6 印制装订要求

6.1 制版要求

版面干净无底灰，字迹清楚无断划，尺寸标准，版心不斜，误差不超过1mm。

6.2 印刷要求

双面印刷；页码套正，两面误差不超过2mm。黑色油墨应当达到色谱所标BL100%，红色油墨应当达到色谱所标Y80%、M80%。印品着墨实、均匀；字面不花、不白、无断划。

6.3 装订要求

公文应当左侧装订，不掉页，两页页码之间误差不超过4mm，裁切后的成品尺寸允许误差±2mm，四角成90°，无毛茬或缺损。

骑马订或平订的公文应当：

a) 订位为两钉外订眼距版面上下边缘各70mm处，允许误差±4mm；
b) 无坏钉、漏钉、重钉，钉脚平伏牢固；
c) 骑马订钉锯均订在折缝线上，平订钉锯与书脊间的距离为3mm～5mm。

包本装订公文的封皮（封面、书脊、封底）与书芯应吻合、包紧、包平、不脱落。

7 公文格式各要素编排规则

7.1 公文格式各要素的划分

本标准将版心内的公文格式各要素划分为版头、主体、版记三部分。公文首页红色分隔线以上的部分称为版头；公文首页红色分隔线（不含）以下、公文末页首条分隔线（不含）以上的部分称为主体；公文末页首条分隔线以下、末条分隔线以上的部分称为版记。

页码位于版心外。

7.2 版头

7.2.1 份号

如需标注份号，一般用 6 位 3 号阿拉伯数字，顶格编排在版心左上角第一行。

7.2.2 密级和保密期限

如需标注密级和保密期限，一般用 3 号黑体字，顶格编排在版心左上角第二行；保密期限中的数字用阿拉伯数字标注。

7.2.3 紧急程度

如需标注紧急程度，一般用 3 号黑体字，顶格编排在版心左上角；如需同时标注份号、密级和保密期限、紧急程度，按照份号、密级和保密期限、紧急程度的顺序自上而下分行排列。

7.2.4 发文机关标志

由发文机关全称或者规范化简称加"文件"二字组成，也可以使用发文机关全称或者规范化简称。

发文机关标志居中排布，上边缘至版心上边缘为 35mm，推荐使用小标宋体字，颜色为红色，以醒目、美观、庄重为原则。

联合行文时，如需同时标注联署发文机关名称，一般应当将主办机关名称排列在前；如有"文件"二字，应当置于发文机关名称右侧，以联署发文机关名称为准上下居中排布。

7.2.5 发文字号

编排在发文机关标志下空二行位置，居中排布。年份、发文顺序号用阿拉伯数字标注；年份应标全称，用六角括号"〔〕"括入；发文顺序号不加"第"字，不编虚位（即 1 不编为 01），在阿拉伯数字后加"号"字。

上行文的发文字号居左空一字编排，与最后一个签发人姓名处在同一行。

7.2.6 签发人

由"签发人"三字加全角冒号和签发人姓名组成，居右空一字，编排在发文机关标志下空二行位置。"签发人"三字用 3 号仿宋体字，签发人姓名用 3 号楷体字。

如有多个签发人，签发人姓名按照发文机关的排列顺序从左到右、自上而下依次均匀编排，一般每行排两个姓名，回行时与上一行第一个签发人姓名对齐。

7.2.7 版头中的分隔线

发文字号之下 4mm 处居中印一条与版心等宽的红色分隔线。

7.3 主体

7.3.1 标题

一般用 2 号小标宋体字，编排于红色分隔线下空二行位置，分一行或多行居中排布；回行时，要做到词意完整，排列对称，长短适宜，间距恰当，标题排列应当使用梯形或菱形。

GB/T 9704—2012

7.3.2 主送机关

编排于标题下空一行位置，居左顶格，回行时仍顶格，最后一个机关名称后标全角冒号。如主送机关名称过多导致公文首页不能显示正文时，应当将主送机关名称移至版记，标注方法见 7.4.2。

7.3.3　正文

公文首页必须显示正文。一般用 3 号仿宋体字，编排于主送机关名称下一行，每个自然段左空二字，回行顶格。文中结构层次序数依次可以用"一、""（一）""1.""（1）"标注；一般第一层用黑体字、第二层用楷体字、第三层和第四层用仿宋体字标注。

7.3.4　附件说明

如有附件，在正文下空一行左空二字编排"附件"二字，后标全角冒号和附件名称。如有多个附件，使用阿拉伯数字标注附件顺序号（如"附件：1.×××××"）；附件名称后不加标点符号。附件名称较长需回行时，应当与上一行附件名称的首字对齐。

7.3.5　发文机关署名、成文日期和印章

7.3.5.1　加盖印章的公文

成文日期一般右空四字编排，印章用红色，不得出现空白印章。

单一机关行文时，一般在成文日期之上、以成文日期为准居中编排发文机关署名，印章端正、居中下压发文机关署名和成文日期，使发文机关署名和成文日期居印章中心偏下位置，印章顶端应当上距正文（或附件说明）一行之内。

联合行文时，一般将各发文机关署名按照发文机关顺序整齐排列在相应位置，并将印章一一对应、端正、居中下压发文机关署名，最后一个印章端正、居中下压发文机关署名和成文日期，印章之间排列整齐、互不相交或相切，每排印章两端不得超出版心，首排印章顶端应当上距正文（或附件说明）一行之内。

7.3.5.2　不加盖印章的公文

单一机关行文时，在正文（或附件说明）下空一行右空二字编排发文机关署名，在发文机关署名下一行编排成文日期，首字比发文机关署名首字右移二字，如成文日期长于发文机关署名，应当使成文日期右空二字编排，并相应增加发文机关署名右空字数。

联合行文时，应当先编排主办机关署名，其余发文机关署名依次向下编排。

7.3.5.3　加盖签发人签名章的公文

单一机关制发的公文加盖签发人签名章时，在正文（或附件说明）下空二行右空四字加盖签发人签名章，签名章左空二字标注签发人职务，以签名章为准上下居中排布。在签发人签名章下空一行右空四字编排成文日期。

联合行文时，应当先编排主办机关签发人职务、签名章，其余机关签发人职务、签名章依次向下编排，与主办机关签发人职务、签名章上下对齐；每行只编排一个机关的签发人职务、签名章；签发人职务应当标注全称。

签名章一般用红色。

7.3.5.4　成文日期中的数字

用阿拉伯数字将年、月、日标全，年份应标全称，月、日不编虚位（即 1 不编为 01）。

7.3.5.5　特殊情况说明

当公文排版后所剩空白处不能容下印章或签发人签名章、成文日期时，可以采取调整行距、字距的措施解决。

7.3.6　附注

如有附注，居左空二字加圆括号编排在成文日期下一行。

7.3.7 附件

附件应当另面编排，并在版记之前，与公文正文一起装订。"附件"二字及附件顺序号用3号黑体字顶格编排在版心左上角第一行。附件标题居中编排在版心第三行。附件顺序号和附件标题应当与附件说明的表述一致。附件格式要求同正文。

如附件与正文不能一起装订，应当在附件左上角第一行顶格编排公文的发文字号并在其后标注"附件"二字及附件顺序号。

7.4 版记

7.4.1 版记中的分隔线

版记中的分隔线与版心等宽，首条分隔线和末条分隔线用粗线（推荐高度为0.35mm），中间的分隔线用细线（推荐高度为0.25mm）。首条分隔线位于版记中第一个要素之上，末条分隔线与公文最后一面的版心下边缘重合。

7.4.2 抄送机关

如有抄送机关，一般用4号仿宋体字，在印发机关和印发日期之上一行、左右各空一字编排。"抄送"二字后加全角冒号和抄送机关名称，回行时与冒号后的首字对齐，最后一个抄送机关名称后标句号。

如需把主送机关移至版记，除将"抄送"二字改为"主送"外，编排方法同抄送机关。既有主送机关又有抄送机关时，应当将主送机关置于抄送机关之上一行，之间不加分隔线。

7.4.3 印发机关和印发日期

印发机关和印发日期一般用4号仿宋体字，编排在末条分隔线之上，印发机关左空一字，印发日期右空一字，用阿拉伯数字将年、月、日标全，年份应标全称，月、日不编虚位（即1不编为01），后加"印发"二字。

版记中如有其他要素，应当将其与印发机关和印发日期用一条细分隔线隔开。

7.5 页码

一般用4号半角宋体阿拉伯数字，编排在公文版心下边缘之下，数字左右各放一条一字线；一字线上距版心下边缘7mm。单页码居右空一字，双页码居左空一字。公文的版记页前有空白页的，空白页和版记页均不编排页码。公文的附件与正文一起装订时，页码应当连续编排。

GB/T 9704—2012

8 公文中的横排表格

A4纸型的表格横排时，页码位置与公文其他页码保持一致，单页码表头在订口一边，双页码表头在切口一边。

9 公文中计量单位、标点符号和数字的用法

公文中计量单位的用法应当符合GB 3100、GB 3101和GB 3102（所有部分），标点符号的用法应当符合GB/T 15834，数字用法应当符合GB/T 15835。

10 公文的特定格式

10.1 信函格式

发文机关标志使用发文机关全称或者规范化简称，居中排布，上边缘至上页边为 30mm，推荐使用红色小标宋体字。联合行文时，使用主办机关标志。

发文机关标志下 4mm 处印一条红色双线（上粗下细），距下页边 20mm 处印一条红色双线（上细下粗），线长均为 170mm，居中排布。

如需标注份号、密级和保密期限、紧急程度，应当顶格居版心左边缘编排在第一条红色双线下，按照份号、密级和保密期限、紧急程度的顺序自上而下分行排列，第一个要素与该线的距离为 3 号汉字高度的 7/8。

发文字号顶格居版心右边缘编排在第一条红色双线下，与该线的距离为 3 号汉字高度的 7/8。

标题居中编排，与其上最后一个要素相距二行。

第二条红色双线上一行如有文字，与该线的距离为 3 号汉字高度的 7/8。

首页不显示页码。

版记不加印发机关和印发日期、分隔线，位于公文最后一面版心内最下方。

10.2 命令（令）格式

发文机关标志由发文机关全称加"命令"或"令"字组成，居中排布，上边缘至版心上边缘为 20mm，推荐使用红色小标宋体字。

发文机关标志下空二行居中编排令号，令号下空二行编排正文。

签发人职务、签名章和成文日期的编排见 7.3.5.3。

10.3 纪要格式

纪要标志由"××××纪要"组成，居中排布，上边缘至版心上边缘为 35mm，推荐使用红色小标宋体字。

标注出席人员名单，一般用 3 号黑体字，在正文或附件说明下空一行左空二字编排"出席"二字，后标全角冒号，冒号后用 3 号仿宋体字标注出席人单位、姓名，回行时与冒号后的首字对齐。

标注请假和列席人员名单，除依次另起一行并将"出席"二字改为"请假"或"列席"外，编排方法同出席人员名单。

纪要格式可以根据实际制定。

11 式样

A4 型公文用纸页边及版心尺寸见图 1；公文首页版式见图 2；联合行文公文首页版式 1 见图 3；联合行文公文首页版式 2 见图 4；公文末页版式 1 见图 5；公文末页版式 2 见图 6；联合行文公文末页版式 1 见图 7；联合行文公文末页版式 2 见图 8；附件说明页版式见图 9；带附件公文末页版式见图 10；信函格式首页版式见图 11；命令（令）格式首页版式见图 12。

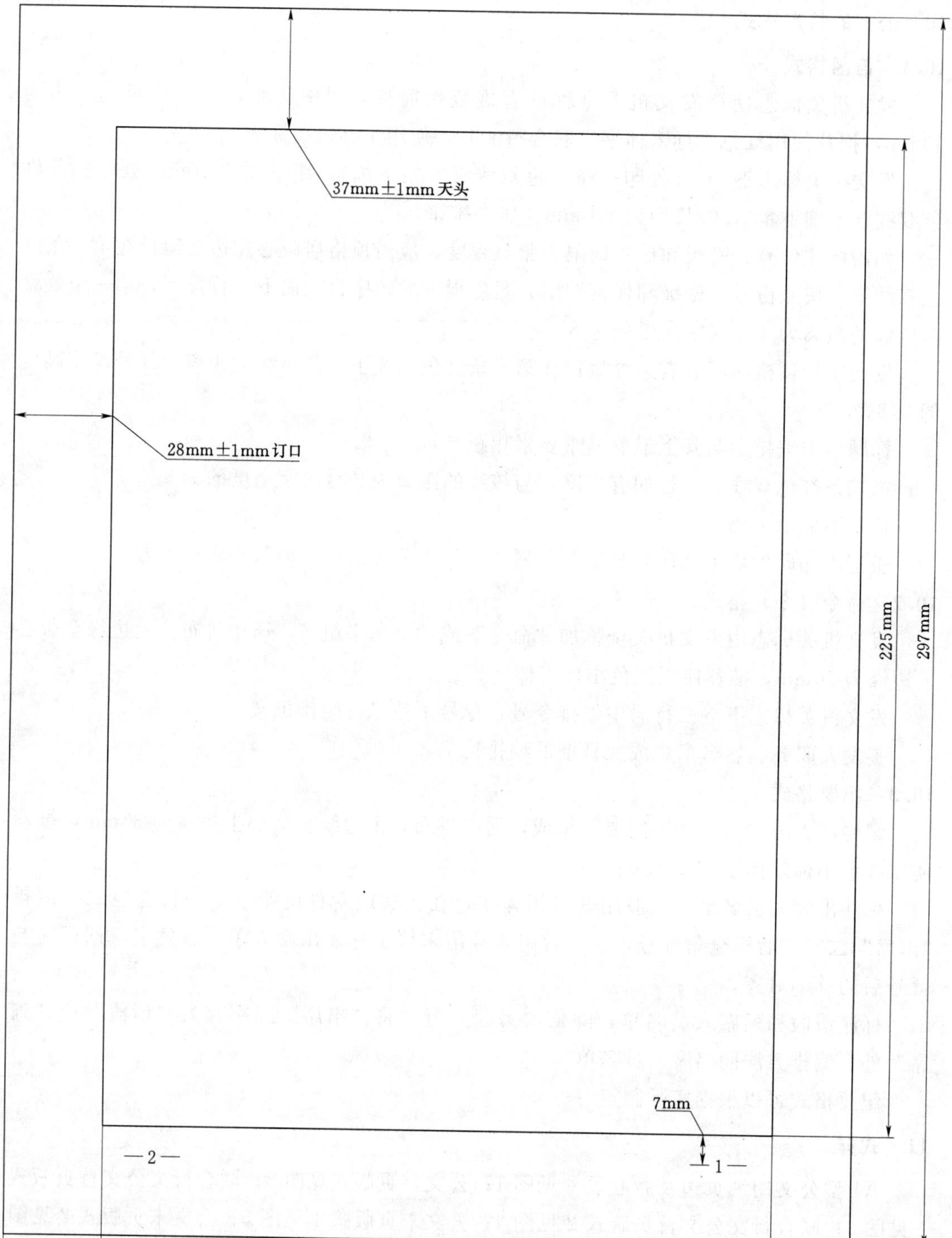

图1 A4型公文用纸页边及版心尺寸

附录二

000001

机密★1年

特急

×××〔2012〕10号

×××××关于××××××的通知

××××××××：
　　××。
　　××××××××××××××××××××××××××××。
　　××××××××××。
　　××××××。××。

—1—

图2　公文首页版式

注：版心实线框仅为示意，在印刷公文时并不印出。

应用文写作教程

```
000001
机密★1年
特急
```

×××××

× × ×　　文件

×××××

×××〔2012〕10 号

××××××关于×××××××的通知

×××××××：

　　××××××××××××××××××××××××××××××。××。

××××××××××××××××××××××××××××

— 1 —

图 3　联合行文公文首页版式 1

注：版心实线框仅为示意，在印制公文时并不印出。

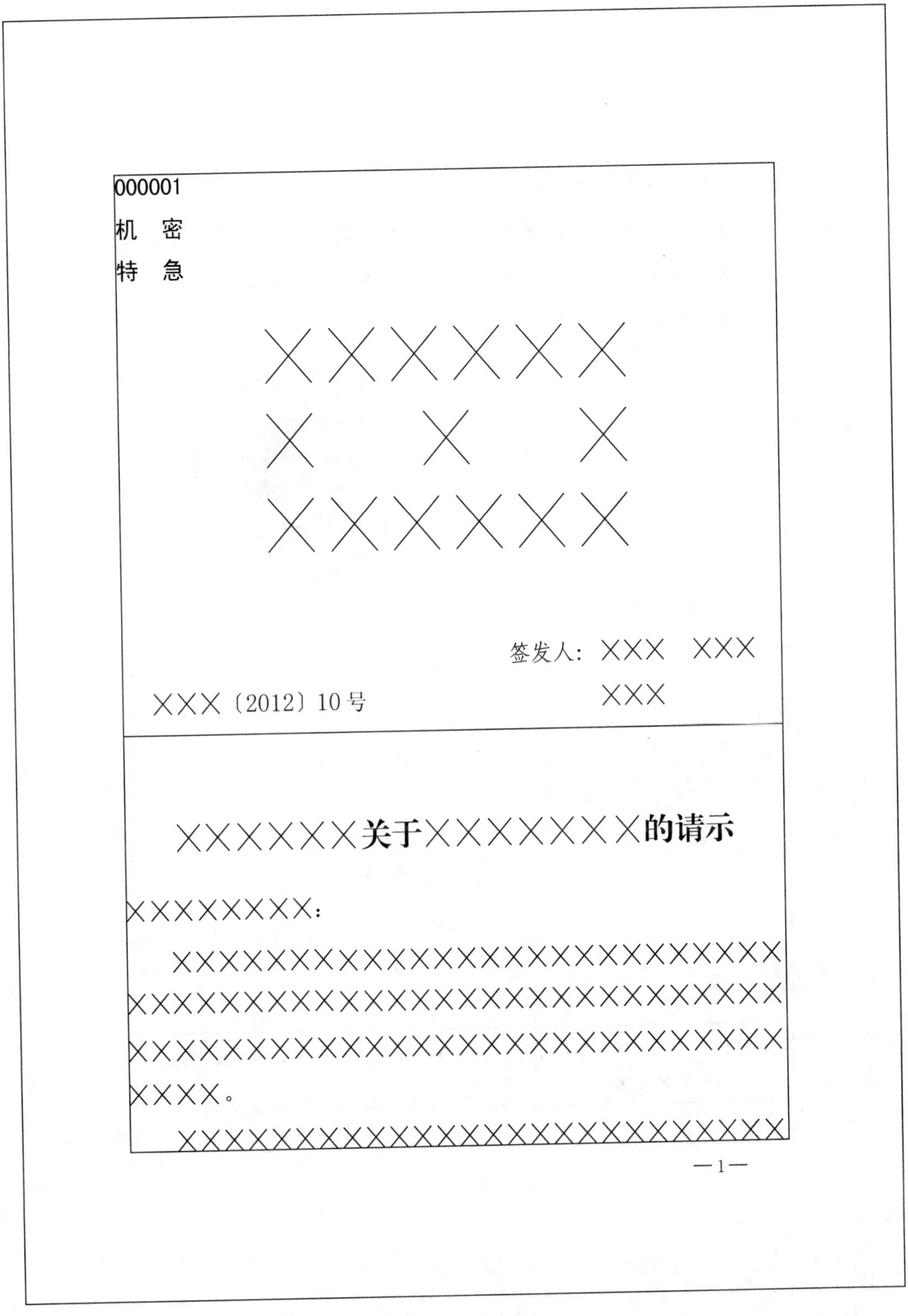

图 4 联合行文公文首页版式 2
注：版心实线框仅为示意，在印制公文时并不印出。

```
××××××××××××。
    ×××××××××××××××××××××××
××××××××××××××××××××××××
××××××××××。

                              （印章）
                            2012 年 7 月 1 日

（×××××）
```

抄送：×××××××，×××××，×××××，×××××，
　　　×××××。

×××××××××　　　　　　　　　　2012 年 7 月 1 日印发

图 5　公文末页版式 1

注：版心实线框仅为示意，在印制公文时并不印出。

附录二

```
××××××××××××。
    ××××××××××××××××××××
××××××××××××××××××××
××××××××。
                    ××××××××××
             2012 年 7 月 1 日

（×××××）
```

抄送：××××××××，××××××，×××××，×××××，
      ×××××。
××××××××   2012 年 7 月 1 日印发

—2—

图6 公文末页版式2

注：版心实线框仅为示意，在印制公文时并不印出。

图7 联合行文公文末页版式1
注：版心实线框仅为示意，在印制公文时并不印出。

附录二

××××××××××××××××。
　　××××××××××××××××××××××××××××
×××××××××××××××××××××××××××××××
××××××××××××。

2012年7月1日

（×××××）

抄送：×××××××，×××××××，×××××，×××××，
×××××。

×××××××× 　　　　　　　　　　　2012年7月1日印发

—2—

图8　联合行文公文末页版式2
注：版心实线框仅为示意，在印制公文时并不印出。

```
            ××××××××××××××。
        ×××××××××××××××××××××
    ××××××××××××××××××××××××
    ×××××××××××。
        附件：1. ×××××××××××××××××
              ×××××
           2. ×××××××××××
                            ××××××
                            ×   ×   ×   ×
                            2012 年 7 月 1 日
    （×××××）




    抄送：××××××××，×××××××，×××××，×××××，
         ×××××。
    ×××××××××              2012 年 7 月 1 日印发
```

—2—

图 9　附件说明页版式

注：版心实线框仅为示意，在印制公文时并不印出。

附录二

附件2

××××××××××

　××××××××××××××××××××××
×××××××××××××××××××××××××
×××。
　××××××××××××××××××××××
×××××××××××××××××××××××××
×××××××××××××××××××××××××
×××××××××××××××××××××××××
×××××××××××××××××××××××××
××××××××××××。

抄送：××××××××，××××××，×××××，×××××，
　　　××××。

××××××××　　　　　　　　　　2012 年 7 月 1 日印发

— 4 —

图 10　带附件公文末页版式
注：版心实线框仅为示意，在印制公文时并不印出。

中华人民共和国×××××部

000001　　　　　　　　　　　　×××〔2012〕10号
机　密
特　急

　　　　×××××关于×××××××的通知

×××××××：
　　×××。

图11　信函格式首页版式

注：版心实线框仅为示意，在印制公文时并不印出。

附录二

×××××× 令

第×××号

××××××××××××××××××××××
×××××××××××××××××××××。
×××××××××××××××××××××
××××××××××××××××××××××。

部　长　×××

2012 年 7 月 1 日

—1—

图 12　命令（令）格式首页版式
注：版心实线框仅为示意，在印制公文时并不印出。

参 考 文 献

[1] 林培明. 现代通用应用文写作教程 [M]. 北京：中国出版集团现代教育出版社，2013.
[2] 张德实. 应用写作 [M]. 2版. 北京：高等教育出版社，2003.
[3] 郭冬. 秘书写作 [M]. 北京：高等教育出版社，2014.
[4] 王志安，龙陵英. 应用文写作 [M]. 北京：科学出版社，2008.
[5] 张衡，杜生渝. 应用写作 [M]. 北京：北京经济学院出版社，1995.
[6] 陈子典. 实用文书写作 [M]. 北京：中国传媒大学出版社，2010.
[7] 金振邦. 应用文写作教程 [M]. 北京：人民教育出版社，2006.
[8] 李德芳，徐秋英，李保初. 应用文写作 [M]. 北京：北京师范大学出版社，1999.
[9] 李静，季春. 新编实用语文 [M]. 北京：高等教育出版社，2012.
[10] 郭筱筠. 建筑应用文写作 [H]. 北京：北京交通大学出版社，2010.
[11] 教育部办公厅. 关于加强普通高等学校毕业设计（论文）工作的通知 [S]. 教高厅〔2004〕14号，2004.
[12] 周俊玲. 商务文书写作实务 [M]. 北京：机械工业出版社，2012.